U0552433

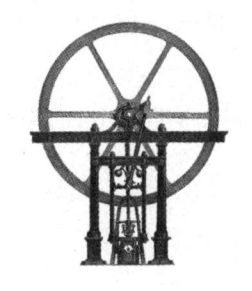

西方文明4000年

文聘元 ◎ 著

浙江工商大学出版社
·杭州·

图书在版编目（CIP）数据

西方文明4000年/文聘元著.—杭州：浙江工商大学出版社，2024.5
ISBN 978-7-5178-5835-5

Ⅰ.①西… Ⅱ.①文… Ⅲ.①文化史－西方国家－通俗读物 Ⅳ.① K103-49

中国国家版本馆 CIP 数据核字（2023）第 234291 号

西方文明 4000 年
XIFANG WENMING 4000 NIAN

文聘元　著

策划编辑	郑　建
责任编辑	高章连
责任校对	胡辰怡
封面设计	尚书堂
责任印制	包建辉
出版发行	浙江工商大学出版社
	（杭州市教工路198号　邮政编码310012）
	（E-mail: zjgsupress@163.com）
	（网址http://www.zjgsupress.com）
	电话：0571-88904980，88831806（传真）
排　版	浙江大千时代文化传媒有限公司
印　刷	杭州钱江彩色印务有限公司
开　本	710mm×1000mm　1/16
印　张	19.75
字　数	240千
版 印 次	2024年5月第1版　2024年5月第1次印刷
书　号	ISBN 978-7-5178-5835-5
定　价	78.00元

版权所有　侵权必究
如发现印装质量问题，影响阅读，请和营销与发行中心联系调换
联系电话　0571-88904970

目 录
Contents

第一章　什么是西方 ··· 001
　　欧洲的起源 ··· 001
　　何谓西方 ··· 003

第二章　光荣的希腊 ··· 005
　　希腊神话 ··· 006
　　幸运的施里曼 ··· 008
　　伊文思与克里特 ··· 012
　　真正的希腊史 ··· 013

第三章　雅典和斯巴达 ··· 015
　　勇敢的斯巴达 ··· 016
　　智慧的雅典 ··· 020

第四章　亚历山大大帝传 ··· 026
　　统一全希腊 ··· 026
　　毁灭波斯帝国 ··· 027
　　征服印度 ··· 032

第五章　帝国的崛起 035

罗马的诞生 035

罗马的改革 038

走向独裁 042

帝国时代 046

第六章　帝国的征服 049

征服意大利 049

布匿战争 052

汉尼拔 053

征服地中海 056

斯巴达克斯起义 057

征服高卢 059

最后的征服 060

第七章　封邦建国 062

西罗马帝国的崩溃 062

封建制的形成 065

国王、庄园主与农奴 066

决斗与骑士精神 068

封建制的消亡 070

第八章　法兰西的诞生 072

法兰克旧事 072

法兰西诞生 076

第九章　不列颠的成长 · 085

战国时代 · 085

来自法国的征服 · 087

第十章　脆弱的德意志 · 092

两皇相争 · 092

走向分裂 · 095

第十一章　战斗民族的超级扩张 · 101

古怪的起源 · 102

臣服蒙古 · 103

第三罗马 · 105

无尽的扩张 · 108

第十二章　文艺复兴漫谈 · 112

为什么会有文艺复兴 · 112

意大利的文艺复兴 · 114

德国、法国、西班牙的文艺复兴 · 122

最伟大的作家 · 126

第十三章　"发现"新大陆 · 131

寻找香料之路 · 132

发现新大陆 · 133

麦哲伦的危险之旅 · 136

第十四章 日不落帝国 … 139

- 寻找新航线 … 139
- 殖民非洲 … 141
- 殖民亚洲 … 142
- 殖民大洋洲 … 142
- 殖民美洲 … 143
- 永远的罪恶 … 144

第十五章 两次了不起的革命 … 149

- 光荣的革命 … 149
- 工业革命 … 161

第十六章 美国的诞生 … 168

- 美利坚民族的形成 … 168
- 战争前夕 … 171
- 战争进程 … 175
- 独立万岁 … 178

第十七章 法国大革命 … 182

- 为什么要革命 … 182
- 三级会议 … 185
- 攻克巴士底狱 … 187
- 马赛曲 … 190
- 吉伦特派 … 193
- 红色恐怖 … 197

领袖之死 ·· 200

　　热月党人 ·· 203

第十八章　拿破仑传 ·· 207

　　少年军官 ·· 208

　　大战意大利 ·· 210

　　登基称帝 ·· 214

　　奥斯特里茨战役 ·· 216

　　欧洲霸主 ·· 219

　　封锁大陆 ·· 221

　　受挫西班牙 ·· 223

　　惨败于俄罗斯 ·· 225

　　英雄末路 ·· 227

第十九章　英法德俄的百年变革 ·· 232

　　改革中的大英帝国 ·· 232

　　不断革命的法国 ·· 237

　　迅猛崛起的德国 ·· 245

　　俄罗斯的扩张与革命 ·· 250

第二十章　美国内战 ·· 260

　　大扩张 ·· 260

　　罪恶的制度 ·· 262

　　大内战 ·· 264

第二十一章　走向世界大战 …………………………… 270
战争前夕的西方各国 …………………………… 270
大战由来 …………………………… 278

第二十二章　第一次世界大战 …………………………… 286
1914：初尝热血 …………………………… 286
1915：大战东线 …………………………… 291
1916：血战之年 …………………………… 293
1917：危机迭起 …………………………… 300
1918：决战之年 …………………………… 304

第一章

什么是西方

在小小地球村，有个地方叫欧洲，它的原名叫"欧罗巴"，是一个很美丽的名字。

为什么它有这样美丽的名字呢？因为这原来是一个姑娘的名字，这里还有一个美丽的传说。

欧洲的起源

很久很久以前，在亚细亚的西部，有个叫腓尼基的国家。国王有个女儿名叫欧罗巴。她长得太美了，身为万神之王的宙斯爱上了她，决心得到她。

有一天，欧罗巴与几个姑娘来到海边玩耍，突然看见一头漂亮且强壮的公牛向她跑来，它的毛像金子一样闪闪发光，双角像弯弯的新月。这小姑娘见过不少牛，但是头一回见到这么漂亮的，更让她高兴的是，这头漂亮的公牛像只温柔的小猫咪般蹲在了她的身边。她像所有顽皮又勇敢的少女一样，飞身跳上这头如猫咪般温柔的公牛。她一跳上牛背，那公牛就飞奔起来。欧罗巴吓得花容失色，只好死死地抱住这头公牛。

带着她跑了数千里后，公牛终于停下来，摇身一变，变成了万神之王宙斯。他对哭泣的姑娘说："亲爱的，你休要哭泣，你的名字将不朽，因为我要把这片土地叫作欧罗巴！"

这就是欧罗巴洲的来源，欧洲就是欧罗巴洲的简称。

从地图上我们可以看到，欧洲与亚洲隔着乌拉尔山、高加索山、地中海。

在整个历史上，亚洲与欧洲的关系都在不断变动着。一开始，欧洲的文明来自西亚的两河流域文明。这些文明经过赫梯人、亚述人、腓尼基人的改革发展，深刻地影响了上古欧洲文明，尤其是欧洲文明的始祖——古希腊文明。

古希腊文明也影响了亚洲。欧洲的亚历山大大帝东征时，将希腊文明从欧洲带到了亚洲，创造了一个"希腊化时代"。

欧洲南面是著名的地中海，夹在亚洲、欧洲、非洲三大洲之间，它像一座巨桥把三大洲连成一体，将各种商品和强盗，乃至文明本身，在各个港口之间运来运去。所以，欧洲文明自古以来就是蓝色的海洋文明。海洋文明的优点是文明在发展中博采众长，比如希腊古典文明，它正是吸收了古埃及文明和古巴比伦文明的精华。海洋文明的缺点则是它的每个文明分支都极易被毁灭。地中海沿岸在古代产生过很多个文明，可是每个都像地中海中的泡沫一样消失了。

欧洲的西面是大西洋，对岸是美洲，北面则是终年白雪皑皑的北冰洋。

谈了欧洲在这个世界上的地理位置，那么欧罗巴洲呢？欧洲就自然条件而言是七大洲中最好的，它的大部分地区是青翠的草原，从德意志一直延伸到乌拉尔，南部和北部是莽莽的森林。它土地肥沃，气候温和，一年到头海风轻拂，带来了充足的雨水，真是块培育文明的宝地！

从法国拉斯科洞窟发现的那些原始岩画看，欧洲几万年前就有人居住了，这些人会画画，还会用火。欧洲的文明不是土生的，而是来自其他文明。欧洲人从非洲的埃及人那里学到了建大房子的方法，从亚洲的巴比伦人那里学到了绘画、雕刻等艺术，从亚洲的赫梯人那里学会了炼铁，从中国人这里学到了四大发明。西方文明就是这样产生的。

究竟是何方神圣把文明引到欧洲的呢？前面已经提过了，就是希腊人。

在具体讲古希腊文明的故事前，我们先解释一个概念——西方。

何谓西方

在古代中国人眼中，欧洲是"戎"，所谓"东夷、西戎、南蛮、北狄"中的"西戎"。

欧洲人则以自己为中心，将他们东方的世界按远近分成近东、中东和远东。近东是指现在的埃及、巴勒斯坦、叙利亚、沙特阿拉伯、伊拉克等阿拉伯国家，中东是指伊朗和阿富汗，远东就是指中国、日本、朝鲜、韩国、蒙古，以及东南亚诸国。

现在欧洲人把近东和中东统称为中东。

以上是地理上的西方。

除了地理上的西方，还有一个文化上的西方。

从范围来看，文化上的西方比地理上的西方要大得多，不但包括差不多整个北美洲，还包括亚洲的一大片土地。

有的读者也许会疑惑："怎么能将亚洲的一大片土地划到西方呢？"

其实是因为有那么一个国家，就土地面积来说是世界第一，却不得不把它叫作西方国家，这就是俄罗斯。请你打开世界地图看看，它在亚洲的北部占了多大一片地方！再看看北美洲，那里有两个国家：美国与加拿大。它们加起来占了差不多整个北美洲，都是典型的西方国家。

为什么称这些国家为"西方国家"呢？主要是因为它们在文化上都有共同的根——古希腊文明。西方文明就是古希腊文明的直系后裔。

伟大的古希腊文明孕育了西方文明，所以西方文明的历史也将从古希腊文明开始，此后还有古罗马人、中世纪的意大利人，以及现在的英国人、美国人、德国人、法国人等等，这些人都创立了灿烂的文明。

当然，西方并不只有这些国家，从古至今都有许多的西方国家，如西班牙、葡萄牙、瑞典、芬兰、荷兰、比利时等等。但这些都不会成为本书专门要讲的内容。之所以如此，主要有两个原因：一是这些国家虽是西方国家，但不是西方文明的代表；二是大家可能对荷兰、比利时、芬兰、瑞典等的历史相对没有那么大的兴趣。

所以本书只选取了几个国家来讲述西方文明。古代部分主要讲述的是古希腊和古罗马，现代部分主要讲述的是法国、英国、德国、俄罗斯、意大利、美国，它们能代表从古代到现代的西方世界与西方文明。

第二章

光荣的希腊

　　海伦,你的美貌
　　仿若昔日尼西亚的小船,
　　在芬芳的海上轻泛,
　　疲惫的游子
　　转舵驶往故乡的海岸。

　　久经海上风浪,惯于浪迹天涯,
　　海伦,你美丽的容颜,你紫蓝的秀发,
　　你那仙女般的丰姿令我深信
　　光荣属于希腊,
　　伟大属于罗马。

　　这是爱伦·坡一首赞美古希腊和古罗马的诗,很美吧!

从现在开始,我们要来讲西方的故事了。

讲西方的故事当然要从古希腊开始。

希腊神话

讲古希腊的故事要从特洛伊战争开始。

特洛伊战争是怎么回事呢?这还得从三个古希腊的女神说起。

有一天,天后赫拉、智慧女神雅典娜、爱神阿佛洛狄忒聚到一块。阿佛洛狄忒是古希腊人对爱神的称呼,在罗马神话中她叫维纳斯,实际上指的是同一个人。三个女神吹嘘起自己的美貌来了,都说自己最美。最终,三个人都说服不了别人承认自己最美。于是,她们决定请个人来做裁判。这时,凑巧帕里斯来了,他是特洛伊国王普里阿摩斯最小的儿子。

可帕里斯只是这个看看,那个瞧瞧,怎么也说不出谁最美来。这时雅典娜眉头一皱,计上心头,她把帕里斯拉到一边,说:"帕里斯呀,你知道我是谁吗?我就是专管你们凡人脑子的雅典娜呀,你要是说我最美,我就让你拥有天下最聪明的脑袋!"她想这小子四肢发达,头脑简单,肯定希望脑子也发达一点。帕里斯果真中计了,他张口就想说雅典娜最美,这时一只纤纤玉手捂住了他的嘴,原来是天后赫拉,她怎会不知雅典娜的鬼主意?她一把将帕里斯拉到一边,说:"帕里斯啊,你真傻,要智慧有什么用呢?你看普天之下的君王,有几个脑瓜子顶用?他们的臣子哪个不比他们聪明?可国王们高高在上,威权赫赫,哪个臣子不匍匐在他们面前?要是你判我为最美的女人,我将令你权倾天下,成为一国之君。"帕里斯一听,深感有理,因为赫拉所说原是他所亲见,于是他张口就要将天后判为最美丽的女人。这时,一直在一旁冷笑的爱神开口了,她说:"帕里斯啊,且请你听我一言,再作评判,请你闭上双眼,审视心灵深处,想想看,在一切你所渴望的东西之中,最想要的是什么?

请你想想，难道是聪明头脑，或者赫赫王权？虽然它们都很诱人，但哪个是你心灵最深处的渴求？在你如火般躁动的青春肢体中，最渴求的是什么呢？只要你有勇气面对自己，你会发现，那难道不是如玉花颜？我将给你的正是这个，只要你判我是天上最美的女人，我将给你人间最美的女人。"

帕里斯一听，如梦方醒，毫不犹豫地将"最美的女人"这一称号判给了维纳斯。这个"最美的女人"得到了一个苹果。

这件事就是特洛伊战争的祸根。后来，维纳斯履行了自己的诺言，在帕里斯去斯巴达时，用神力令斯巴达王的妻子爱上了帕里斯，使她离开了夫君，悄悄跟着帕里斯私奔到了特洛伊。

这斯巴达王的妻子就是人间最美的女人——海伦。

为了报夺妻之仇，斯巴达王墨涅拉俄斯去找了他的哥哥——希腊最强大的城邦迈锡尼的王阿伽门农。阿伽门农听到这消息，气不打一处来，率领全希腊勇士前来讨伐特洛伊，特洛伊也起来抵抗，由此爆发了长达10年的特洛伊战争。著名的荷马史诗就是对这场古代西方最辉煌的战争的记录。

虽然西方人对特洛伊战争耳熟能详，但他们都把荷马史诗当作一部"小说"。因为荷马史诗里所讲述的那个希腊在很早以前就消失了，迈锡尼等城市早就湮没在萋萋荒草之中，所留下的只是一部文学作品。甚至柏拉图与亚里士多德时期的古希腊，人们也将荷马史诗当作纯粹的传说，当作与历史事实无关的神话。

现在我们知道，荷马所说的一切，包括那些城市与战争，除了神的事之外，都是历史事实。

将荷马史诗由美丽的传说变成历史事实的人就是海因里希·施里曼。

幸运的施里曼

海因里希·施里曼出生在德国,后来入了美国籍,他像很多欧洲人一样爱读荷马史诗。由于家里穷,长大后没有上学,在隔壁村子里的一个杂货店做学徒,学做干奶酪和梅子。他发现做这生意一辈子也别想发财,于是漂洋过海到南美洲去了。他在船上做服务员,这样就不用买船票。他去南美洲也是为了金子,那时的欧洲人都听说南美洲曾有个印加帝国,在今天的秘鲁,是有名的"黄金之国"。1533年西班牙人皮萨罗征服它时,曾经将印加的末代皇帝关进一间大屋子里,命令印第安人用黄金填满整间屋子。可惜的是施里曼没有皮萨罗的运气,他的船还没有到达黄金之国就沉到海底了。他只好回到欧洲,在阿姆斯特丹的一家商行里帮人记账来糊口。但他没有放弃自己的理想。他利用晚上的时间自学了8种外语,包括俄语。后来他的老板便将他派到俄国的圣彼得堡,他到那里后不久便开了公司,专门做茶叶等生意。

恰在这时,克里米亚战争爆发了,这是一场惨烈的战斗,战斗的双方一边是俄罗斯帝国,另一边是奥斯曼帝国、大英帝国、法兰西帝国和撒丁王国。施里曼抓住这个机会签了许多军事合同,发了一笔财。克里米亚战争结束后,美国西部的加利福尼亚又发现了金矿,掀起了有史以来最疯狂的淘金热,他便毫不犹豫地加入了淘金队伍。后来他终于成了百万富翁。

一个梦想成真之后,他又忆起了另一个更遥远的梦想——决心寻找出荷马史诗中所描述的特洛伊城,于是回到了欧洲。

他先到了当时奥斯曼帝国的首都君士坦丁堡,那里现在叫伊斯坦布尔。他曾经与土耳其人做过生意,知道想在那里办事首要的不是产品质量,而是与官方的关系。他大把大把地送钱给土耳其的官员们,得到了通行证。

为什么要从土耳其弄到通行证呢?

原因很简单,特洛伊的所在地,现在属于土耳其。

发现特洛伊

施里曼来到了小亚细亚西部靠近爱琴海的地方,但去哪里发掘古代特洛伊呢?他知道有个法国学者勒舍瓦里曾经说过,古代特洛伊就在一个叫布纳尔巴希的村子里。他到了那里后,发现那里不可能是古代特洛伊的所在地,因为那里的地形与荷马史诗中所说的完全不一样。例如《伊利亚特》中说,一天之内,希腊战士可以在自己的海边军营与特洛伊城之间来回往返几次,他们甚至可以听到特洛伊人的幽幽长笛声。这说明特洛伊离海边肯定不远。但布纳尔巴希却离大海足足有13公里之遥,而且布纳尔巴希周围有好多悬崖峭壁,这样的话,那被阿喀琉斯追得屁滚尿流的赫克托尔怎能围着特洛伊城兜圈子呢?

施里曼断定特洛伊不在这里,他后来到了一个叫希萨尔雷克的小山脚下,立即发现这里就是特洛伊的所在。因为它的地理位置、周遭环境与荷马史诗中所说的简直一模一样!

打点好土耳其各级官员之后,他终于得到了苏丹的许可,开始了对特洛伊的发掘,条件是要将发掘到的一半财宝送给苏丹。

施里曼的发现比他想要发现的多得多。他在这座不起眼的小山上一共找到了7个城市,这些城市不是一个挨着一个,而是叠罗汉一样一个压在另一个上面,它们每个都是在前一个毁灭之后在废墟上建立起来的。在第二层里,他发现这里宽阔的大街上到处铺满了灰烬,他认为这就是他要找的特洛伊。不久,他又在那里找到了大量的金银珠宝。联想起荷马所说的大阔佬普里阿摩斯,就更加确信这里是特洛伊的故地了。

可怜的施里曼,到死都不知道,他所发掘的"特洛伊"实际上与发生特洛伊战争的地方还远着呢！空间上的确是同一个地方，不过就时间而言，就像汉代与宋明之间隔得一样远。他以为的特洛伊所处的实际上是比真正的特洛伊要早得多的另一种文明，那时人们对这种文明还全然无知。

施里曼死后，他的助手德普费尔德继续主持发掘工作，他写了一本叫《特洛伊与伊里翁》的书，将在特洛伊所发掘的城市分成了九层。他认为发生特洛伊战争的地方是第六层。德普费尔德与大老粗施里曼不一样，是一个训练有素的考古学家，可惜却依然与特洛伊"失之交臂"。他的分层是正确的，但特洛伊不在他所说的第六层，而在第七层。

精确地说，是在第七层的初期。这里才是真正的普里阿摩斯与帕里斯所在的特洛伊，是阿喀琉斯把赫克托尔追得屁滚尿流，最后被箭射中脚踵而死的地方，是"人间最美的女人"海伦曾经生活过10年的地方，是最后被狡猾的希腊人用木马计战胜并化为灰烬的地方。考古学家们发现，这个曾经一度辉煌的城市大约在公元前1200年被一场大火毁灭！

发掘迈锡尼

我们知道，特洛伊战争中的一方是以普里阿摩斯为王的特洛伊，另一方则是以阿伽门农为统帅的希腊盟军。阿伽门农是迈锡尼的王，而迈锡尼是古希腊最强大的城邦。

古希腊是由一个个城邦组成的，一座城市连带周围的农田便构成了一个城邦，一个城邦通常就是一个国家。迈锡尼曾是最富有的希腊城邦。

施里曼在找到他以为的特洛伊后，便来到了希腊。他的下一个目标就是迈锡尼。

与找特洛伊时大费工夫不同，迈锡尼是不用去找的。因为，荷马所说的巍峨、庄严的迈锡尼的狮子门，经过了2000多年的风吹日晒，依旧傲然挺立在伯罗奔尼撒大地上。

据古希腊的传说，阿伽门农在灭了特洛伊回国后，被他的妻子克里腾涅斯拉和奸夫埃吉斯图斯谋杀了。传说迈锡尼的城内、城外都有墓，但城内才有阿伽门农的墓。施里曼相信传说，就没理睬城外的古墓，而专心地挖起了城内的墓。他发现了五座古墓，是古代的英雄们的。施里曼相信这五位英雄就是阿伽门农和他的朋友们，其中一个英雄身材伟岸，骷髅旁边放了大量的青铜武器。他断定这就是伟大的阿伽门农——统率希腊英雄们战胜特洛伊的人。当然，更加重要的是古墓里的其他东西，包括盔甲、酒杯、饭碗，以及许多小装饰品，甚至有能戴在整张脸上的大面具，而这些东西统统是金子做的！这就更加印证了施里曼的想法：这些墓就是希腊英雄们的。因为荷马早就说过，迈锡尼有的是金子。

像发掘特洛伊时一样，施里曼还是找错了，他找到的并不是希腊英雄们的墓，而是另一些希腊人的墓，他们比阿伽门农还要大足足400岁。

我们有理由相信，这些人也是古代的英雄，他们也许与阿伽门农一样有过伟大的业绩，但他们的英名，像那逝去的时光一样，已经永远消失了，沉没在遗忘的长河里。

施里曼发现"特洛伊"后，他的工作给他带来英名的同时，也带来了骂名。有许多考古学家说施里曼与其说是发掘者，不如说是破坏者。他们这样说当然有一定的道理。因为施里曼不是考古学家，顶多算是一个考古爱好者，他在挖掘特洛伊的过程中，哪管什么考古的分层发掘，而是把不同地层、不同时代的东西乱七八糟地混在一块儿，这是考古发掘的最大禁忌。但是，如果没有施里曼的发掘，特洛伊就真的只是神话传说了。虽然施里曼也是为了找到金银财宝，但他同样想要证明那个远在亚里士多德与伯里克利之前的古希腊的存在。正因为他的工作，我们才得以知道西方文明的真正源头。

古希腊的历史就这样在施里曼等人的锄头下挖出来了。除了施里曼之外，他的第一助手德普费尔德、美国人卡尔·布列伦等也功劳不小。不过，对发现古希腊贡献最大的是英国人伊文思。

伊文思与克里特

在本书的起始，我们讲了欧罗巴的故事。但那个故事还没有完：宙斯把欧罗巴安置在以她的名字命名的地方，还与她生了好几个儿女，其中有一个叫米诺斯，成了一个英明的统治者。他的功绩被希罗多德与修昔底德所赞颂。

米诺斯统治的地方是克里特岛，他在这里建立了极其雄伟的克诺索斯城，他命令巧匠代达罗斯建造了著名的"迷宫"。

美丽的克里特岛位于希腊半岛的南面，岛上树很多，土地也很肥沃，是发展经济的好地方。但克里特人发展经济的主要手段似乎是做强盗，在海上抢劫商人们的货物。在那个时代，做商人与做强盗都是受人尊敬、再正当不过的职业。所以一个国王曾客客气气地问奥德修斯的儿子忒勒玛科斯："你是商人还是强盗？"

曾经一度辉煌的克里特，也像迈锡尼和特洛伊一样，早已消失在断垣残壁之中，是伊文思使它重见天日的。

与施里曼的出身大不一样，伊文思的老爸是阔佬，收藏了许多古物。伊文思从小受到良好的教育，搞考古发掘前曾在牛津的博物馆做过好多年文物保管员，后来决心向施里曼学习，发掘古希腊。

他要发掘的地方就是克里特。

他在克里特的发掘工作比起施里曼来要科学得多。他不但找到了大量的文物，还将发现的一切分门别类，甚至把宫殿都复原了，后来他将自己的发现写成了四大卷的《克诺索斯的米诺斯王宫》。

他的结论是什么呢？简单地说，克里特文明是欧洲文明的真正源头，是整个西方文明的祖宗，它从公元前3000年一直延续到公元前1200年。此后它神秘地消失了，在伊文思发掘之前，仿佛不曾存在过一样。

现在我们终于可以总结伟大的希腊文明的整个过程了，我将尽量让它像画卷一样明白地呈现在大家面前。

真正的希腊史

在施里曼之前，欧洲的历史是从亚里士多德的古希腊开始的。欧洲人都把这个"古希腊"当作自己的人文始祖加以大肆崇拜。施里曼的发掘使得大家恍然大悟：原来传统的希腊人不但不是第一个登上西方历史舞台的，甚至是最后出场的人物。在他们之前的特洛伊人、迈锡尼人与克里特人，早在雅典人为雅典卫城奠基的几千年前，就已经建立了高度发达的文明社会，拥有了一个文明社会所应有的一切：文字、法律、规模宏大的宫殿、艺术等等。

我们可以简明扼要地将整个古希腊的历史分成以下五个时期。

第一个时期是所谓的"爱琴期"。

这实际上算是西方文明的史前期，它比米诺斯王宫还要早。

大约距今6000年前，在爱琴海地区已经有人住了。他们使用磨制的石器，后来又用上了铜和青铜。人们居住在爱琴海一带从小亚细亚半岛直到克里特的广大土地上。这是一个极其漫长的时期，延续了大约4000年之久。

第二个时期就是前面我们说过的米诺斯时期。

这一时期到处都有文明的踪迹，但米诺斯王无疑是这段时期的"海霸"——他控制着爱琴海，拥有最先进的文化，首都克诺索斯可类比今天的纽约和巴黎。它延续了五六百年，史称克里特文明。

第三个时期是迈锡尼时期。

据说迈锡尼的发展是建立在它的先人的衰亡基础上的。与米诺斯时期的海洋民族克里特人不一样，迈锡尼人是生活在希腊半岛上的大陆人。他们本来比克里特人要落后得多，但他们接受了克里特文化，慢慢强大起来，终于变得比克里特人更强大。他们毫不客气地向他们文明的老师发动了攻击，并征服了克里特，将它变成了自己的殖民地。这一时期持续了大约500年。

还有另一个说法，认为克里特文明与迈锡尼文明实际上不是前后相接的，而是左右平行的。他们同时繁荣，时期大约是公元前2000年至公元前1000年，共持续了约1000年。

在这之后呢？

在这之后，我们突然失去了克里特人和迈锡尼人的踪影。爱琴海文明莫名其妙地消失了。

这就是第四个时期，即"黑暗时代"，几乎长达500年。

第五个时期就是我们最熟悉的古希腊了，我们称之为希腊的"古典时代"。在这个时期，伟大的希腊文明达到了巅峰，这也是我们下一章要谈的内容了。

第三章

雅典和斯巴达

迈锡尼人从历史舞台退出后，希腊文明进入了"黑暗时代"。这时，整个希腊回到了原始状态，既没有发达的文明，也没有强大的国家。这段时期大约从公元前1000年开始。

这段时期的希腊人有两大支：一支是毁灭了迈锡尼文明的多利安人，他们住在原来迈锡尼人住的希腊半岛上；另一支是伊奥尼亚人，他们住在小亚细亚半岛西部和爱琴海中多如牛毛的大小岛屿上。

这些多利安人和伊奥尼亚人分成一个个很小的国家，称为"城邦"。这些所谓的国家其实就是一个个小城市及其周围的农村地区，要是某个城邦有3万人，那就是大国家了。

希腊半岛并不是块肥沃的宝地，相反，它到处是石头山，绝大部分土地十分贫瘠。希腊人将目光瞄准了辽阔的大海。他们离开故乡，来到爱琴海上，有的去做商人，有的去当海盗，有的则去做殖民者。大部分人是三者都做。殖民者去了东面的小亚细亚，西面的意大利、西班牙和高卢，在那里建立起一个个城市，这些城市都是希腊人的城市，也称为希腊城邦，这些城邦同希腊本土的母邦没什么两样。几百年后，地中海沿岸的好多地方都有希腊人建立的城邦。

这些城邦之间的发展程度也大不相同，后来慢慢地出现了两个最大的城邦，它们使希腊走出了"黑暗时代"。

这两个城邦就是斯巴达和雅典。

勇敢的斯巴达

斯巴达有时也被称为拉西第梦或拉科尼亚，位于希腊半岛南部的伯罗奔尼撒半岛的南部，他们的祖先就是毁灭了迈锡尼文明的多利安人。

斯巴达人自古以来就酷爱打仗。他们住在肥沃的欧罗塔斯河流域，大约公元前8世纪征服了麦西尼亚平原，按照老习惯把原来的居民变成了奴隶，斯巴达人称他们为希洛人。从此这些斯巴达人便洗心革面，不再到处侵略了，安心过起了奴隶主的悠闲日子。

斯巴达人的生活方式举世闻名。

生活在斯巴达的人有三个分明的等级：希洛人、裴里欧齐、斯巴达人。

希洛人占了总人口的大多数。他们是奴隶，但处境很怪。一方面，他们要替斯巴达人耕种土地，供养主人；另一方面，他们的生活却相当优裕且自由。平时主人绝不会去地里监工，用鞭子逼他们干活。他们每年只要将相当有限、数量固定的一部分收获交给主人，其余的全归自己。他们都有相当数量的私有财产，主人绝不会肆意勒索他们。不过他们也有危险，由于希洛人生活好，养得起孩子，他们的人口往往比斯巴达人增长得快。他们痛恨奴隶的生活，一有机会就起来造反。为了削弱希洛人，斯巴达人每年都会向希洛人搞一次"宣战"，这时斯巴达人有权随意杀死那些身强体壮、可能造反的人。

裴里欧齐是自由民，他们自耕自作，不是奴隶，但也没有政治权力，不能做官。

斯巴达人则是斯巴达的主人。他们是奴隶主，占有几乎所有的土地，享有所有政治权力。

斯巴达人有一个特点，就是极其鄙视生产劳动，甚至用法律来禁止斯巴达人干活。他们终生只有一个工作——战争。

为了这个唯一的工作，斯巴达人采取了许多匪夷所思的措施，也许正是这些措施令斯巴达人威名远播。

我们下面就来谈谈斯巴达人是怎么教育他们的孩子的。

斯巴达人刚生下来时，会被送到家族长老面前。长老会仔细检查他的身体，如果面色红润、哭声响亮，才会把他交回父母手里，如果看上去身体不那么健康，就会立即把他扔到深水潭里去喂鱼。

长到7岁，斯巴达人就得离开自己的父母，开始上学了。不过他们上的与其说是学校，不如说是军营。在这"学校"里他们过的是这样一种生活：他们被分成许多组，每组选出一个胆子大的孩子来做老大，负责指挥；他们学习的内容不是书本知识，而是一些对造就一名战士有用的东西，例如如何在没有粮食的荒山野岭中生存，如何忍受痛苦和饥饿，以及如何打斗击剑等；另一项重要的内容是学习服从，对斯巴达人来说，与勇敢同样重要的是纪律，具有钢铁一般的纪律性乃是斯巴达战士之所以强大的重要原因之一；他们12岁以后就不穿外衣，大部分时间都赤身裸体地在一起游戏，浑身脏兮兮的，他们一年只洗两三次澡，睡在草床上；大人们教唆他们去偷东西，但如果被捉到了就要受处罚——不是因为偷东西，而是因为偷得太笨。

在这样的"学校"里一直待到20岁，然后他们住到"男子之家"，在这里被训练成斯巴达战士，直到满30岁。

30岁后他们成为正式的斯巴达公民。不过他们仍要过集体生活：他们所有人都吃公共食堂，包括国王。

不用说，饭肯定管饱。斯巴达人绝不会没有粮食，但也仅此而已。在斯巴达，没有公民富有，也没有公民贫穷。他们每个人都拥有国家分配的一块大小相同的土地，由他们的奴隶去耕种，他们的一切收入仅此而已。他们的土地不能买卖，他们甚至连金子和银子都不许拥有。为了限制大家做生意，他们的钱是用铁做的，如果想要一只羊，也许得拿比羊还重的铁去买。邻邦的商人们当然也不会要这样的钱，所以他们从不来斯巴达做生意。

斯巴达人认为外面的世界奢侈腐朽，所以不允许自己的公民到外邦去，外邦的公民如果没有特许也不许踏进斯巴达。

在斯巴达还有一个有趣的现象。在女性普遍受歧视的古代社会，斯巴达人对女性却非常尊重，妻子在家里绝不是附庸，例如有五分之二的家庭财产是属于她们的。她们经常鼓励丈夫和孩子要做一个真正的勇士，如果他们没有做到这一点，她们会公开鄙视他们，甚至会把丈夫从床上赶下去。

凭着这些，斯巴达人培养出了堪称古往今来最强大的战士。虽然斯巴达公民最多时也不过1万人，其中能打仗的不过几千人，但他们称霸希腊几百年之久。每次战斗，斯巴达战士无不以一当十甚至以一当百。

最为有名的当数温泉关之战。

公元前480年，波斯大军第二次大举入侵希腊，斯巴达也参与了抵抗异族侵略的行列。斯巴达王李奥尼达率领300名斯巴达战士驻守温泉关，这是从北面进入希腊的唯一通道。

战斗艰苦无比，波斯士兵的数目超过斯巴达人百倍，斯巴达人英勇奋战，一直打了3天，波斯人一次又一次地发起疯狂的冲锋，除了在关前留下小山般的尸体，没能前进一步。狡猾的波斯人开始想别的主意了。

他们找到一个熟悉地形的当地农民，用大量的金子贿赂了他。这个农民便告诉他们，有一条小路可以通往温泉关后面。

后面的战斗就不用说了，波斯大军从后面攻来，团团包围了温泉关，斯巴达战士们没有后退一步，也没有一个投降或者被俘的，他们英勇战斗，直至全部壮烈牺牲。

此前，有两个人因为得病到后方治疗去了，听到温泉关失守的消息，其中一个眼睛已经瞎了，他命令他的奴隶把他牵到战场，他乱舞着刀剑冲向波斯人，马上被砍成了肉酱。另一个已经病得动不了了，就没有去，他回到斯巴达后，成了人人鄙视的对象，被称为"特瑞萨斯"，意思是"逃命的家伙"。

第二年，这个"逃命的家伙"在反抗波斯入侵的普拉太亚战役中勇敢非凡，战死沙场，洗刷了耻辱。

后来，在温泉关的旧战场上，人们竖起了一块纪念碑，上面刻着这样的诗句：亲爱的过客，请告诉拉西第梦人，我们忠于他们的嘱托，在此地长眠。

在打败波斯人后，斯巴达人又在另一场战争中显示了他们的力量。不过，前面的一场战争给希腊带来了福音，后面的这场战争却给希腊带来了灾难。

这场战争就是伯罗奔尼撒战争。战争的起因是斯巴达与另一个伟大的希腊城邦——雅典——之间的争霸。

这场可悲的战争从公元前431年开始，持续了近30年，开始相持不下，后来斯巴达取得了胜利，雅典被毁。斯巴达的这场胜利却是整个希腊文明的失败，曾经一度辉煌的希腊文明从此衰落了。

击败雅典使斯巴达人成为整个希腊的霸主，但他们的霸权并没有持续多久，希腊的城邦联合起来反抗他们的压迫。公元前371年，底比斯人使斯巴达人遭受了前所未有的惨败。

斯巴达人从此一蹶不振，赫赫威名消失在希腊大地。

智慧的雅典

与斯巴达人不一样，雅典人并不是外来入侵者，而是自古以来就住在他们的土地上，这块土地就是阿提卡半岛。

阿提卡半岛也位于希腊南部，比斯巴达要靠北一点。这是一个狭长的半岛，土地十分肥沃，商业也很发达。当然，更发达的是令雅典永垂不朽的哲学与艺术。

雅典一开始也只是希腊众多小城邦中的一个，最初实行君主政体，由国王和贵族们进行统治，后来改由好几个执政官一起掌政，最大的执政官就是首席执政官。

在君主政体或贵族政体下，土地可以自由买卖，有钱人经常趁着别人需要用钱时把他们的土地买下来，或者放高利贷，当借钱者还不起时就把他们的土地夺过来甚至把他们变成奴隶，即债务奴隶。

很多雅典公民因此失去了土地，随着失去土地的人越来越多，他们就起来反抗，他们获得了众多平民的支持，随后他们要求改革。这就是"梭伦改革"。

梭伦在公元前594年时做了首席执政官。他的改革措施很简单，也很严厉，具体内容大家从中学课本中已经知道了，这里不再多说。改革的中心，一方面是废除债务奴隶制，使那些因欠债成了奴隶的公民重新成为自由人，另一方面是让那些没有财产的公民也能参加公民大会，成为最高权力机构中的一员。

在这场改革中得到最多好处的当然是平民，地主贵族们则吃了大亏。他们哪会心甘情愿地听摆布呢？他们不停反抗，想夺回失去的权利。在这种情形之下，平民们发展出了一种新的政体——僭主政体。

僭主是一些靠武力上台的人，他们的靠山就是人多势众的平民。上台后，他们采取了一系列措施来"劫富济贫"。

第一个僭主叫庇西特拉图，约在公元前560年成了僭主。他掌权后，把贵族地主们的土地抢过来，划成小块分给平民们。

庇西特拉图死后，出现了另一个更有力量的僭主，名叫克里斯梯尼。他几乎彻底剥夺了贵族们的权力，建立了一个新的权力机构——五百人会议，这个会议掌握了几乎所有大权，更重要的是，所有满30岁的公民，不管有钱没钱，都可以当会议代表。这种形式与今天的议会制差不多。

公元前500年前后，雅典终于发展出了一整套民主制，为雅典走向文明之巅奠定了牢固的基础。

使雅典终于走上文明之巅的是希波战争。

希波战争是希腊与波斯之间的战争。波斯人是亚洲人，生活在小亚细亚半岛。他们建立了世界历史上第一个伟大的跨洲帝国——波斯帝国。它的第一个王叫居鲁士二世，第二个王叫岗比西斯二世，是居鲁士二世的儿子，第三个王叫大流士一世，他不是岗比西斯二世的儿子，而是岗比西斯二世的一个大臣的儿子。他是热爱征服的人，建立了一个横跨亚、欧、非三大洲的庞大帝国，把整个小亚细亚、叙利亚、埃及、地中海东岸直到印度河都收进了他的帝国，中间有许多古老且有名的王国，像吕底亚、赫梯、亚述、巴比伦、米地亚等等。

从公元前6世纪中期开始，波斯人征服了小亚细亚的希腊城邦，但有一些城邦不服，发动了起义，并且向母邦求助，得到了希腊半岛上母邦的响应。大流士一世很愤怒，为了一劳永逸地解决希腊人问题，他决定进攻希腊本土。

他先派使者到希腊向各城邦索要土和水，这意思大家都明白，有的城邦因为害怕就答应了，但斯巴达人把使者扔到了井里，雅典人把使者扔到了海里，叫他们自己去取土和水。

大流士一世派出了大军，在公元前490年发动了第一次希波战争。

波斯大军是从海上登陆希腊的，他们庞大的舰队中有专门运输骑兵马匹的大船。他们在一个叫马拉松的地方登陆，给他们引路的是一个希腊人，他是雅典僭主庇西特拉图的儿子，波斯人答应他，如果他们征服了希腊，他就可以做雅典的僭主。

雅典人奋起反抗，并派出使者到强大的斯巴达人那里去求援。

这个使者名叫裴第庇特斯，希腊著名的神行太保。他跑啊跑啊，不到2天就跑到了斯巴达。斯巴达人立即派出了2000名战士奔赴马拉松，3天就走到了。那时，战争已经结束了，雅典人已经打败了波斯人，赢得了马拉松战役的胜利。

战役的经过是简单的，雅典人毫无惧怯地扑向波斯人，在雅典人这种不要命的作战风格面前，波斯人第一次尝到了害怕的滋味，他们逃跑了，逃到了停泊在海边的船上，启程回到了波斯。他们的损失并不大，他们还会再来。

这时便有了一个关于马拉松起源的说法：雅典人取得胜利后，一个使者被派往雅典城报喜，他不停地跑啊跑啊，一口气跑到了距马拉松约40公里的雅典，向等在广场上的人们说了句"我们胜利了"，就倒了下去，力竭而死。

为了纪念这位伟大的神行太保和这次伟大的胜利，以后希腊人便在每届奥林匹克竞技会上都跑这么一次，这就是马拉松长跑的起源。

10年后，波斯大军再次猛扑过来。

这次斯巴达人早早参与了进来，他们知道波斯人想征服的不仅仅是雅典，而是整个希腊。这次战斗前面已经讲过了：斯巴达王李奥尼达率领 300 名斯巴达勇士在温泉关英勇抵挡 10 万波斯大军，由于被奸细出卖，被波斯人抄了后路，最后全部英勇战死。

波斯人乘胜前进，占领并洗劫了雅典城。

但决定战争胜负的并不是雅典一城之得失，当波斯人到达时，雅典差不多是空城了。不久，以雅典为首的希腊联军海军在雅典南面的萨拉米斯湾与波斯海军展开大决战。虽然波斯海军舰数量庞大，然而波斯海军是由许多不同民族的人组成的大杂烩，纪律涣散且没有斗志。战斗爆发不久，在希腊人的勇猛进攻之下，波斯人很快大败而逃。

这幕景象被在岸上高处观战的大流士一世的儿子薛西斯看得清清楚楚。像拜伦的一首诗里所说的那样，波斯王一觉醒来，发现他繁星般的舰队已经灰飞烟灭。

不久，在另一次大战——普拉太亚之战中，希腊联军又赢得了陆战与海战的双重胜利，打败了世界上第一个伟大的帝国，取得了希波战争的最终胜利。

希腊世界从此安宁了，希腊人将视线转向了和平与创造。

由于雅典是希波战争的实际领导者，战争结束后，雅典成了整个希腊的霸主。它联合希腊诸城邦及爱琴海中的各个岛屿，建立了提洛同盟。雅典实际上操纵着整个同盟，以及盟友们缴纳的入盟金。

到公元前 450 年左右，雅典城邦实际上已经变成了雅典帝国，它的实力从希腊半岛一直扩展到大西洋，而雅典的财富也空前地多了起来。

雅典进入了它的黄金时代，整个古希腊文明也是如此。

这时，正如他们伟大的统帅伯里克利所说，雅典成了"整个希腊的学校"。

伯里克利统治雅典 30 余年，为雅典建立了由全体男性公民组成的公民大会，把国家最高权力集中到他手中，让每一个雅典人都自由地生活、尽情地创造。雅典人也这样做了。所以这段时期雅典产生了许多伟大的事物，尤其是哲学与艺术。

他统治的这段时期是希腊古典文明的巅峰时期，也是整个西方古代文明的巅峰时期。

但雅典的强大和成功却令斯巴达不高兴了。

公元前431年开始，爆发了持续数十年之久的伯罗奔尼撒战争。战争一开始不相上下。因为斯巴达的陆军举世无双，雅典的海军也天下无敌，斯巴达在陆上逞英雄，雅典人在海上显好汉。

但一场天灾改变了一切。公元前430年，雅典爆发了一场大瘟疫，死了一半人，包括他们的伟大领袖伯里克利。雅典的实力大打折扣，在战争中开始处于下风。

14年后，雅典决定派海军远征西西里，那里是斯巴达的粮仓。但雅典的整个海军如修昔底德所言："舰队和军队统统从地球表面消灭掉，什么也未能保全下来。"

雅典又顽强地抵抗了10年，公元前404年终于投降。

伯罗奔尼撒战争结束了，雅典完了，整个西方文明的黄金时代过去了。

要知道战争最耗钱财，伯罗奔尼撒战争的结束并没有给斯巴达人带来好处，相反，它使整个希腊世界变得一穷二白，失去了活力。

被打败的雅典人并没有甘心服输，他们联合底比斯人展开了反击。公元前371年，底比斯人彻底击败了斯巴达人，把斯巴达人几百年来的威名扫得一干二净。

在这之后，希腊像中国的春秋战国时期一样诸雄乱战，甚至连一个霸主都没有。直到公元前338年，马其顿国王腓力二世在喀罗尼亚之战中大败雅典和底比斯联军，将整个希腊并入了自己的领土，希腊第一次真正统一在一个政权之下。

公元前336年，腓力二世被暗杀，他的儿子执掌了王权，他就是伟大的亚历山大大帝。

整个西方的古典时代终结。

第四章

亚历山大大帝传

讲亚历山大大帝，要从马其顿讲起。

马其顿人是一个古老的民族，生活在希腊的北部。他们与希腊人大体上是同一个民族。

马其顿是在腓力二世的统治下开始强大起来的。腓力二世从小就在底比斯做人质，正是在这里，他看到了希腊人的致命弱点——不团结。

公元前359年，他当上了国王，立即着手改造国家，建立了一支强大的军队，他从朴实而勇敢的农民、猎人中招兵买马，训练他们掌握强大的底比斯方阵，并且做了不少改进，使之更加强大，史称"马其顿方阵"。

统一全希腊

建立军队后，他就着手征服希腊。

当时的希腊正处在各城邦互相混战之中，雅典和斯巴达都已无力成为霸主。公元前338年，在喀罗尼亚战役中腓力二世大败雅典和底比斯联军，整个希腊再没人敢同他对抗了。次年他在科林斯召开了全希腊大会，会议正式宣布建立全希腊大同盟，并将这个同盟置于腓力二世的监控之下，同时宣布腓力二世将统率希腊大军前去攻伐波斯帝国，掠夺它庞大的土地和财富。

当腓力二世正要启程去开始伟大的征服时，一件事情决定他永远迈不开脚步了：一个卫兵在他参加他女儿的婚礼时杀了他。这年他不到50岁。

腓力二世死后，他的儿子继位，这就是未来的亚历山大大帝。

成为国王时他只有20岁，命运却已把一副泰山般沉重的担子放到了他年轻的肩膀上。亚历山大完全没有年轻人的幼稚，相反，他立即表现出他甚至是一个比他父亲更加强大的统帅和征服者。

继位伊始，亚历山大大帝立即着手开始父亲的未竟之业——远征亚细亚。但他也深知"攘外必先安内"，对他而言，"安内"就是彻底压服希腊人，防止他们趁他远在东方时在后院放火。

他压服希腊人的关键一役是毁灭底比斯。

当亚历山大大帝北上色雷斯时，希腊人乘机反抗，大帝立即回师希腊，向底比斯杀去。城中所有建筑物均被摧毁，绝大多数人被杀，活下来的则被卖为奴隶。只有一样东西例外——他保全了著名诗人品达的居所，以表达他对文明的尊敬。

希腊人被亚历山大大帝的野蛮吓蒙了，随即停止所有抵抗，老老实实地做起了大帝的附庸。

安定后方之后，亚历山大大帝立即将矛头指向了他期待已久的目标——波斯帝国。

毁灭波斯帝国

公元前334年，亚历山大大帝率领大军越过现在的博斯普鲁斯海峡，入侵波斯帝国。不久，在格勒奈克斯河畔遇上了波斯军队，大帝轻松地打败了波斯，这更增添了他的信心。

大帝的总战略是这样的：由于他没有海军，为了避免被波斯帝国海军抄后路，他必须先消灭海军。

他沿着海岸前进，沿途毁灭波斯帝国的每一个海军基地，这真是一个釜底抽薪的妙招，须知没了基地的海军就等于剥了壳的乌龟。

接着他沿海岸进行了一系列攻城略地，把沿途经过的帝国的重要海港悉数占领。

出征第二年，也就是公元前333年，他发动了入侵波斯以来第一场真正的征服之战。

大帝这时仍在沿海，波斯帝国的皇帝大流士三世率军前来迎击。两军之间仅隔一重山。

亚历山大大帝知道波斯大军来到之后，并没做过多战备工作，只率领他的军队向波斯大军冲去。

一方是亚历山大大帝久经沙场、士气高涨的常胜之师，另一方却是波斯皇帝只能用乌合之众来形容的军队，不但士兵来自不同民族，彼此言语不通、情感不睦，而且压根儿没有什么统一的指挥和严明的军纪，甚至军中还带着成百上千的妇女儿童，以及大批乐师仆侍。皇帝如此，皇帝的那些将领也是如此。

后宫的嫔妃、小姐、丫鬟成群结队跟在后面，打扮得花枝招展，好像不是来进行一场有关家国兴亡的血战，而是来看戏找乐子。

如此，两边战斗的情形可想而知。甫一交战，亚历山大大帝的大军如虎扑群羊一样向波斯军杀去。波斯军回过神来，拔腿就跑。之后的战斗就纯粹是屠杀了，大流士三世从他的战车里跳出来，骑上马发狂似的从战场逃走了。他的三宫六院统统落到了马其顿人手里。

这就是古代历史上著名的伊苏斯之战。

战后,亚历山大大帝没有追赶大流士三世,他很宽厚地对待波斯皇帝的妻子儿女,接着便重新回到大海边,这次他要征服的对象是腓尼基。不过这时的腓尼基既不是一个国家,也不是一座城市,而是一片地区。大帝注目的主要是两座城市——西顿和推罗。尤其是推罗,很早以前就是名城了,强大的新巴比伦之王尼布甲尼撒曾经围攻它14年也没攻下来。现在轮到亚历山大大帝了,他是否能打破推罗坚不可摧的神话呢?

他首攻西顿,西顿不战而降,大帝由此获得了一支宝贵的舰队。不久从塞浦路斯又来了一支增援的大舰队,亚历山大大帝统领新老军力,决心展示下自己的攻城技法。

由于推罗城位于一个小岛上,大帝的第一步就是用强大的海军取得制海权,把小岛团团围住。但下一步他并没有直接去攻城,他知道这样只能使他成为第二个尼布甲尼撒。大帝采取了一个令人难以置信的法子:他从大陆开始,筑了一道长城,筑得像推罗的城墙一样高,一直朝海上的推罗城延伸而去。当它接近推罗的城墙时,大帝下令在城墙上架起了高塔和巨大的撞城槌。

这样推罗的命运就被牢牢握在亚历山大大帝的铁拳中了。出于对推罗人不识时务的愤怒,大帝下令毁灭这座城市。

占领推罗后,大帝完全控制了大海,取得了可靠的后勤补给线。此后,他率军进入埃及。注意这个词是"进入",不是"攻入",因为埃及人并没有任何抵抗,他们原来处在暴虐的波斯帝国的统治之下,对由较为文明的马其顿人代替波斯人并不反感。阿蒙神庙的僧侣们还郑重宣布:亚历山大大帝乃是埃及的阿蒙神的儿子,是古代法老们的合法继承人。

大帝就这样成了世界最古老文明的统治者。

他在埃及做的第二件大事是建立亚历山大城,那里一度是世界上最大的城市之一，现在还是一座繁荣昌盛的城市。

离开埃及后，大帝挥军北上，直指另一个古老文明的发祥地——两河流域。这两河就是底格里斯河和幼发拉底河，它们共同哺育了古巴比伦文明。

当他的大军到达古老的尼尼微城时，与大流士三世在伊苏斯惨败后聚集起来的波斯大军相遇。

战斗一开始，波斯帝国的军队就露出了他们技术上的致命弱点：他们采用的依旧是古老过时的战车。这些战车外面绑着锋利的刀刃，看上去很吓人，但实际上根本不实用，为什么？一是缺乏机动性，这是其致命弱点；二是只要拉战车的几匹马之中有一匹受伤跑不动了，整个战车就完了，因为其他马总不能拖着受伤的马跑吧？战车上的士兵们都披着厚铠重甲，一旦战车完了，他们就成了任人宰割的羔羊。相对于波斯帝国的笨重士兵，大帝的军队却灵活勇敢，且军容严整。因此虽然大帝的军队在人数上居于劣势，但大帝的士兵无不以一当十，奋勇接战。

先发动攻击的是大流士三世，他命令战车们朝马其顿的骑兵和步兵冲去，但刚一冲，前面所说的战车的毛病一下就出来了，还没来得及冲到敌人面前，十辆就有八辆瘫在半路了。

亚历山大大帝的骑兵们随即劈波斩浪般向已经开始溃散的波斯军冲去，直指在那里指挥作战的大流士三世。波斯人的阵线顿时波开浪裂，纷纷败退，一看这情形，大流士三世不但没有组织抵抗，反而吓得魂飞魄散，像在伊苏斯之战中一样没命地逃走了。

失去了统帅的波斯军像被捅了一棍子的马蜂窝，更加混乱了，在漫天黄沙笼罩下拼命飞逃，波斯人的血染红了莽莽黄沙。

这就是高加米拉之战，发生在公元前331年10月1日。这也许是迄今为止第一场时间上精确到日的大战。之所以如此精确，是因为战争之前双方占卜师都看到了一次月食，天文学家们根据月食精确地推算出了时间。

在高加米拉之战中大奏凯歌后，大帝继续麾军前进，下一个目标是巴比伦。这个名字可谓如雷贯耳了。它是最伟大的古代文明之一，曾出过一个伟大的领袖汉谟拉比，他制定了人类历史上第一部成文法典。当亚历山大大帝到来时，汉谟拉比的古老巴比伦已经消失了，连尼布甲尼撒大帝的新巴比伦也已经湮没在历史的萋萋荒草丛中，现在的巴比伦不过是波斯帝国辖下的无数大城之一。

对大帝的到来，巴比伦人没有进行任何抵抗。亚历山大大帝没有为难驯服的巴比伦人，他越过巴比伦，直趋波斯帝国的首都波斯波利斯。在那里，他继毁灭底比斯、推罗之后又做了一件坏事，他把波斯帝国的首都、这座壮丽辉煌堪称当时举世无匹的宫殿之城，一把火烧了个精光。他这样做的借口是波斯人曾经破坏雅典卫城。

现在，即使过了2000余年，人们仍可在伊朗看到波斯波利斯那荒凉但不失壮丽的遗址。

痛痛快快地放了一把火之后，大帝开始追逐大流士三世了。

这时的大流士三世在两次大战中的怯懦表现令他的将军们极度失望，他们不再听从于他。当大流士三世想向亚历山大大帝投降时，他们气得发狂，将大流士三世囚禁起来，挟持着他往帝国的东方逃去。

大帝知道他们的去向，率领铁骑日夜不停地追击。而波斯人呢？他们还带着老婆孩子、金银财宝，看到追来的军队，只好将之全部扔下，骑到马上没命地逃跑。

被扔下的除了美女财宝，还有一个衣裳异常华丽的人，他胸前有一个可怕的洞，血已流干。大帝一眼就看出来了，他就是号称"万王之王"的大流士三世。

公元前 330 年，一度统治欧、亚、非三大洲的广大地区，作为世界上第一个超级大帝国的波斯帝国，就这样覆灭了。

征服印度

公元前 330 年，大帝时年只有 26 岁，正是热血沸腾、豪气干云的时候，要他停止征战，那实在太难了。他生来是个征服者，停止征服对他来说意味着生命失去了意义。

于是他将目光投向了更遥远的东方。

更遥远的东方，也就是现在的伊朗、阿富汗、巴基斯坦和印度北部一带，居住着粟特人、巴克特里亚人、帕提亚人等等，他们是比希腊人落后不少的游牧或半游牧民族，大部分原已归顺波斯帝国，亚历山大大帝没经过大战就把他们一一收服。之后大帝一直打到帕米尔高原的莽莽群山下，他没有再东进，转而南下，直抵印度北部。

大帝抵达印度时，统治印度的早已经不是那建造伟大的摩亨佐·达罗城的人们了，而是一个来自北方、自称"雅利安人"的民族。

这群雅利安人可不是那么好惹的，他们的自豪与勇敢不亚于马其顿人，当亚历山大大帝率军到来时，他们立即奋起抵抗。他们的领袖是个有着巨人般身材的家伙，名叫波鲁斯，他领导着当时整个印度最强大的国家。波鲁斯率领他的大军，包括由许多头大象组成的特殊骑兵，与亚历山大大帝决战。结果，一向以为天下无敌的波鲁斯始知强中自有强中手、一山更比一山高。他心悦诚服，向大帝投降了，亚历山大大帝便令他仍旧领导他的人民，不过不再是国王，而是亚历山大帝国的总督。

依着亚历山大大帝的脾气，他还要再南下，去攻击那里从未谋面的民族，然而他的部下实在受不了了，越来越炙热的太阳、越来越茂密的森林、越来越多的蚊子令他们感到前所未有的恐慌，况且他们离开家乡已经差不多10年了，思乡之情与日俱增，坚决不肯再打下去了。

面对将士们的坚决要求，大帝只好同意回去。这时他们已经抵达印度文明的摇篮——恒河的岸边了。这里成为大帝东征的最后一站。

在东征的过程中，亚历山大大帝还做了一件对历史有重大影响的事。由于大帝一向自称是伟大的希腊文明的代言人，负有开化野蛮人的神圣使命，因此每到一地，他都要建立起新城市，把他带来的大批希腊人安置在那里，这些希腊人也把希腊当时先进的技术，例如制陶、榨油等等带了过来，在新城市里开铺子做起了生意。那些被征服的民族看到这些外来人不但会打仗，而且制作的东西也这般精巧，便心甘情愿地当起学徒来，从语言习俗到衣食住行等各个方面都模仿希腊人。不但如此，大帝还鼓励他的部下同亚洲人结婚。据说他曾举行过一个盛大的集体婚礼，他的90个将领同时娶了亚洲妻子，他自己也娶了大夏国的美女罗克姗娜为妻，他的好几千名士兵也这样做了。大帝鼓励他们这样做，并送了新婚礼物。他要令欧亚合为一体，犹如夫妇。

诸如此类的措施最后造就了历史上一个重要的时代——希腊化时代。

这个时代在地理上属于东方，但在文化上属于西方，所以它既属于东方，又属于西方。

如何回去呢？要知道他们已经距故乡万里之遥，亚历山大大帝和他的战士们打过来时兴冲冲、不知疲倦，而这时却陷入了深深的苦恼。斟酌再三后，大帝采取了兵分两路的巧法子。

他组建了一支舰队，令其沿印度河顺流而下，他自己则率领陆军沿岸而行，两军就这样平行走着，直到进入大海，然后转而向西，也就是舰队在海上航行着，陆军在岸上走着，一直走到波斯湾。一路的艰苦自不用说，无数人倒毙在炎炎烈日、莽莽黄沙下，活着的人继续在他们意志如钢的领袖的带领下跋山涉水。

公元前 324 年，波斯湾尽头飘荡起了亚历山大大帝的军旗。

从公元前 330 年灭波斯帝国起到公元前 324 年，在这漫长的 6 年之中，亚历山大大帝成了一个不折不扣的游牧民族首领，几乎每天都在奔波跋涉，寻找水草和敌人。这样的征服称得上是一部宏伟的史诗。

回到巴比伦，亚历山大大帝过上了短暂的和平的生活，他天天沉湎于无穷无尽的酒宴和娇妻美妾的怀抱里，戎马倥偬的岁月与他渐远。

有一天，大帝像往常一样喝得酩酊大醉，回宫后，突然感到不适，他的另一个妻子——波斯公主立即招来了御医，然而此时的大帝已是油尽灯枯，回天乏术了。

西方历史上第一位大帝，也是西方整个历史上最伟大的帝王和征服者之一的亚历山大大帝就这么死在了距家乡万里之遥的地方，年仅 33 岁。

他死后，他的帝国迅速瓦解了，国土成了部将们任意争抢的战利品，帝国的继承者们——他的儿子、弟弟、母亲和妻子也迅速地被杀掉了，他所博得的一切已经荡然无存。

不过他毕竟仍拥有并将永远拥有一样东西，那就是不朽的英名。

第五章

帝国的崛起

"光荣属于希腊,伟大属于罗马。"

希腊与罗马如两颗并肩闪烁的双子星,照亮了整个西方历史的天空。西方人因希腊的光荣而自豪,因罗马的伟大而骄傲。

我们已经讲述了光荣的希腊人的历史,这章将讲述伟大的罗马人的故事。

罗马的诞生

罗马的故事也得从那场古老而动人的特洛伊战争开始。

在《伊利亚特》中可以看到,特洛伊人是希腊人的敌人,他们与希腊勇士们一样英勇无畏,普里阿摩斯和赫克托耳的智慧和高贵也与阿伽门农和墨涅拉俄斯不相上下。

在特洛伊众王子之中,除了赫克托耳,还有一个最引人注目的,他就是埃涅阿斯。与希腊人最伟大的战士阿喀琉斯一样,他也是神的儿子,他的母亲是爱神维纳斯,他是集俊美、勇敢与智慧于一身的英雄。

特洛伊被希腊人用木马计攻破之后，特洛伊人遭到了希腊人的大屠杀，侥幸逃生出来的人没有几个，埃涅阿斯就是其中之一。他背着年迈的父亲，妻子和孩子跟着他，据说他的孝心甚至感动了进行残酷屠杀的希腊人，他们看见他背着老父亲在大街上奔跑，因此没有杀他，放任他逃走。

埃涅阿斯逃到了爱琴海上。大海茫茫，日复一日地漂泊，使他历尽危难，老父亲与妻儿先后死去，最后他孑然一身，总算在意大利靠了岸。

这时意大利有一个国王名叫拉丁努斯，他久仰埃涅阿斯的英雄之名，把自己的女儿拉维妮娅嫁给了埃涅阿斯。埃涅阿斯后来独自建城，城以他热爱的妻子为名，叫"拉维尼亚"。这里的人民也以埃涅阿斯的岳父拉丁努斯的名字为名，叫"拉丁人"。

这就是拉丁人的起源。拉丁人也就是现在的意大利人、西班牙人乃至拉丁美洲的拉丁人。

埃涅阿斯死后，他的儿子阿斯卡尼乌斯，或者叫作尤鲁斯，建立了阿尔巴隆加城，城中的人们自然也是拉丁人，尤鲁斯的后人就是拉丁的王族。

在阿尔巴隆加城，尤鲁斯的后裔们将王位代代相传，后来传到了一个叫努米托的人的手中，他生了一个女儿叫西尔维娅。

努米托有一个叫阿木略的弟弟，是个野心家。他设法篡夺了兄长的王位，但没有将他杀死，而是杀了他的儿子。他怕努米托的后人们来报仇复位，便令西尔维娅做了女祭司。做女祭司有一个前提条件：必须是处女。这样一来西尔维娅只好做一辈子老姑娘了。阿木略还不放心，又把西尔维娅关进一个高塔里，任何男人都别想见到她的芳容。

可是，战神马尔斯爱上了她。高塔挡得住人，却挡不住神。他来到塔里，和西尔维娅共度良宵。西尔维娅怀了双胞胎，生下后分别取名叫罗慕路斯和勒摩。

他们的叔外公、篡位的阿木略知道此事后,将这对婴儿抛入了台伯河中。这时他们的战神父亲出现了,让河水将孩子漂到了岸边。

但两个孩子太小,如果没有奶吃,要不了多久就会活活饿死。这时一头母狼来了,它刚生了小狼,看见这两个漂亮孩子,不但没有伤害他们,还给他们哺乳。从此这两个小孩就由母狼养育长大。

过了好久,牧人法斯图鲁斯来到了台伯河边,看到了被母狼养得筋强骨壮的两兄弟,就把他们抱回了家。

两兄弟长大后,知道了自己的悲惨身世,不由得大怒。他们来到阿尔巴隆加城,杀了阿木略,让被废黜的外公重登王位。

他们又想到之所以有今天,多亏一头母狼哺育了他们,便来到台伯河边,但哪里还有什么母狼,有的只是秋风瑟瑟,河水清清。

他们惆怅之余,看到这里水流平缓,附近土地肥沃,前头不远就是巴拉丁山,在这里建城寨的话易守难攻,于是决定在这里建造一座新城。新城以兄长的名字命名,叫"罗马",居住在罗马城里的人就叫罗马人。

以上就是罗马诞生的曲折过程。

罗马建立之初发生了两件大事。

第一件事是罗慕路斯与勒摩建城不久就发生了争吵,结果兄长把孪生弟弟杀了,并把他埋葬在与巴拉丁山遥遥相对的阿芬丁山。此后罗慕路斯成了罗马独一无二的统治者。

第二件事是劫夺萨宾妇女。跟随罗慕路斯来建罗马城的都是男人,新问题就来了:新城里全是男人,这些男人到哪里去找媳妇呢?

这时的罗马城附近住着一个部落,叫萨宾。罗马人便去那里求亲,但萨宾人看不起这些粗野的罗马人,拒绝了他们。罗马人觉得文的不行就用武的,他们想到了一个鬼主意。

不久一条消息就在萨宾的闺阁中传开了，说某天隔壁的罗马人要举办一次规模盛大的运动会，还有很多好看的节目。到了这天，大量萨宾妇女来到了罗马，正当她们看得入神时，后面一支军队悄悄包围了她们，等她们发现时已经迟了，台上台下的武士们如虎扑群羊般扑向她们，一人一个，抢回了家。

从此，有了家室的罗马人便在新城安居下来，开始了他们漫长的事业。

罗马人这漫长的事业可以用两个词来形容：改革与征服。

改革，就是罗马人不断地改革内部权力的分配方式；征服，就是不停地征服异族。

二者加起来就构成了罗马历史的基本图景，我们将分两章来叙说。

罗马的改革

罗马的历史之所以复杂，是因为它总处于不断变动之中，而变动的原因是罗马人总在不断地改革。

前面说过，罗慕路斯建立了罗马城，杀死了可能与他争权的弟弟，成了唯一的王。这一时期也就是罗马历史的第一个时期——王政时期。

有王的日子

即使在王政时期，罗马也与其他普通王国有不小的差别。罗马的国王确实像其他国王一样掌握着军政大权，但国王并不是独裁者，除了国王之外，还有两个权力机构：元老院和公民大会。

元老院是很有罗马特色的机构。它由一些老家伙组成。在罗马城未建立之前，那时的原始部落中普遍存在氏族长老会议，这是世界上诸多原始部落的共同特点。在罗马，氏族长老会议发展下来就成了元老院。元老院享有不小的权力，例如任何由国王与公民大会通过的法律，他们都要一一仔细查验，如果觉得哪一项违反了罗马的老规矩，就会毫不客气地否决。

公民大会看上去也很厉害，但实际上没多少实权，它只能对国王提出的一些改变法律的建议进行表决，却没有权力主动提出任何法律。参加公民大会的公民们只有在国王邀请的前提下才能发言。

这就是王政时期罗马的"三权分立"，可以看出来最有权力的还是国王。

罗马的元老们很不服国王，总想打倒他。后来他们总算找到了机会。

罗马王政时期共有七个王，最后一个王是塔克文，他有个绰号叫"骄傲的塔克文"。他是罗马的商纣王，加上他不是罗马人，而是伊特那斯堪人，所以罗马人借口他强奸了一名贵妇，揭竿而起，把他赶走了。罗马人从此干脆废除国王，建立"共和制"。

罗马由此进入了一个新的历史时期——共和时期。

平民的反抗

在共和制下，罗马有三个权力中心：两名执政官、元老院、公民大会。但它们之间的权力并不平等。

权力最大的是元老院，它掌握着大部分权力，包括对外宣战与媾和权。执政官负责日常政务，战时可以统率军队，退下来就成了元老，所以与元老院是一伙儿的。公民大会名字虽好听，但像在王政时期一样没有实权，也就是说，罗马平民没有实权，他们与元老贵族们的权力争夺战成为罗马政治的主旋律。

像梭伦改革之前的雅典一样，罗马平民过着痛苦的生活。罗马从立国之日起就连年征战，参战的主要是平民。由于他们长期在外，没时间打理庄稼，田地长满了齐人高的杂草，他们一无所获，然而还得向国家交税，为了交税和过日子，他们只好借高利贷，高利贷驴打滚的利息有几个付得起？借了几次后就破产了，他们先是把田地交给债主，接着又把自己加上婆娘崽女都交出去做奴隶，沦为债务奴。

平民，也是堂堂罗马公民，虽然在战场上没有被俘，却在自己的家里被贵族老爷们抓去，被带到市场上，按质论价，像牲畜一样地被卖掉。

面对如此不合理的现实，平民们终于奋起反抗。

他们的反抗不是武装起义，不过比武装起义更有威力。

他们对那些贵族老爷说：你们自己当农民去种庄稼吧，自己当裁缝去做衣服吧，自己当兵去打仗吧。然后全体离开了罗马城。

结果是显而易见的，没了平民，贵族们还能干什么？他们连粮食衣服都要没了，只好妥协，给了平民一个新的权利——让平民选举自己的保民官。保民官有这样的权力：他们如果觉得政府的哪个措施损害了平民的利益，就有权予以否决。

平民知道了反抗的甜头后，便继续斗争，他们不断得到新的权利，例如能够选举各级官吏，后来还选出了第一位平民出身的执政官。

公元前287年，平民取得了决定性的胜利，通过了一项法律：凡属罗马公民大会制定的法律，不管元老院是否批准，都具有法律效力。

罗马平民为自己的利益进行的最后一次，也许是最有名的一次斗争，就是格拉古兄弟改革。格拉古兄弟改革的目的是要让平民不但有"权"，还要有"利"。

哥哥提比略·格拉古担任保民官之后，提出了土地改革法案。具体措施是限制每一个罗马公民占有的罗马公地数量，要他们把多占的土地拿出来，分给那些没有土地的罗马平民。为了使他的主张得到实施，提比略开展了一场轰轰烈烈的运动，但这场运动受到了贵族元老们的极力反对。因为他们哪肯把到了嘴里的肥肉吐出来？

公元前133年夏天，当已经做过一届保民官的提比略再次竞选时，贵族们找到借口，说他违背了罗马法律，说他想做王。这在当时的罗马可是罪大恶极的事。不久提比略就被两个元老打死了。

提比略死后，他的弟弟盖约·格拉古继承哥哥的事业。他在公元前123年成了保民官，重新提出了哥哥的土地法，更添上了许多新措施。如规定赤贫的公民可按时免费从国库领救济粮；又大建公共设施，让失业的平民有活干、有钱挣。他甚至还要扩大罗马公民权的授予范围，给罗马的同盟者以公民权。

这就是格拉古兄弟改革。从此之后，平民与贵族的斗争告一段落。

我们现在要来讲罗马内部的另一种斗争：意大利人争取罗马公民权的斗争。

同盟者的反抗

罗马与意大利不是一回事，罗马比意大利要小得多。罗马公民权，顾名思义，本是作为罗马公民才有的权利。罗马开始征服事业，首先征服的就是罗马城所在的意大利。这些被征服的意大利人与罗马人本就有着血浓于水的亲情，从语言文化到生活习惯都与罗马人差不多。更重要的是，从他们被征服之日起，他们不再是罗马人的敌人，而是罗马人的朋友，被称为罗马人的"同盟者"。

然而这些在战场上与罗马人并肩作战的同盟者却没有罗马公民权，不能参加选举、不能做官。这些都好说，最让同盟者感到不公平的是，他们参军打仗，夺取了一片又一片新土地，但这些新土地他们一块也分不到，因为他们不是罗马公民。

同盟者愤而反抗，起义首先在阿斯库伦城爆发，立刻像燎原烈火一样扩散到了整个意大利。罗马派遣大军前往镇压，但连吃败仗，执政官都被打死了。罗马只好退让，宣称凡不参加暴动、忠于罗马的同盟者都可以获得公民权，接着又宣称只要参加暴动的人在两个月内放下武器，也同样能获得公民权。

一听到这个好消息，参加暴动的人都乖乖回家等公民权去了。

此后意大利人成了罗马公民，整个意大利慢慢地融入了罗马，罗马也由罗马城的罗马变成了意大利的罗马。

走向独裁

罗马仍在变革。

这变革不再是下层公民和同盟者争取权利的斗争，而是罗马贵族之间的窝里斗。

我们都听说过"独裁者"这个词，它就是从罗马来的。在共和制下，罗马的政府首脑通常情况下是两名执政官，他们的权力完全一样，但遇到特别的情形，如国家处于危急存亡之秋，则由一人独掌大权，为期6个月，这个人就叫"独裁者"，或音译作"狄克推多"（Dictator）。

不难看出，独裁者的权力比国王差不了多少，但基于罗马的法律，独裁者总是老老实实期满就卸任，直到公元前82年才出现了第一个"终身独裁官"——苏拉。

独裁者苏拉

苏拉是罗马大将，贵族出身，屡立战功，闻名罗马。与他齐名的是同样战功卓著的大将马略，他们是当时罗马最明亮的两颗将星。但他们彼此的见解很不相同，苏拉喜欢和元老们待在一起，马略却站在平民们一边。这样一来，他们之间的矛盾无形中就上升为贵族与平民之间的矛盾了。两人各为一方的首脑，他们之间不断钩心斗角，明里暗里使绊子。

争斗一直是比较平和的，直到有一件事让他们的口舌之争发展成了血腥屠杀。

这件事的起因是这样的：亚洲有一个叫米特拉达梯六世的国王起来反抗罗马，罗马决定派大军镇压。

苏拉与马略用尽一切手段去抢这个美差。不仅用口舌来争论，还用刀剑来争论。

先是苏拉取得了胜利，他杀了大批"马略党"，把马略本人也赶到非洲去了。他以为大势已定，便率军镇压米特拉达梯六世去了。马略不久便带着一支军队气势汹汹地打了回来，占领了罗马城。他宣布苏拉及其支持者们为"罗马人民的公敌"，掀起了一场新的屠杀。

此时苏拉正与米特拉达梯六世作战，无暇顾及后院。但这只是暂时的，等到击败米特拉达梯六世后，他率领战胜之军回到了罗马，这时马略已经死了，他的支持者们无力抗击苏拉大军。罗马顿时变成了不折不扣的屠宰场。

苏拉的"公敌宣告"远比马略的残酷：只要有人告密说某人是马略派，那人就会立即被宣布是"罗马人民的公敌"，他的一半财产将被奖给告密者，另一半则被充公。这样的财产简直太容易得到了，上百名元老、各级官员、许多有钱人被宣布为公敌，失去了一切，而另一些人则得到了一切。

许多人被杀只是因为他们太有钱。

许多元老被杀了，剩下来的要么是苏拉的"死党"，要么看见苏拉就像老鼠见了猫一样。苏拉完完全全地控制了元老院。

通过元老院，他得到了一个这样的称号——"终身独裁官"，他是第一个获得这个称号的罗马人。

在他的独裁之下，原来属于公民大会的许多权力重新回到了元老院，保民官再也没有原来的权力和威风了。这时的罗马显然与原来共和时期的罗马不同了，它不再是"共和的"，而是"专制的"。

但苏拉不是世袭君主，他也没有这样的妄想，当够了独裁官后，他便退休了，回到了自己的庄园。他把权力交到了元老们手中。

元老们没有苏拉的力量，失去权力的罗马平民又一次起来反抗了。

新旧"三巨头"

平民们的领袖有两位，庞培和恺撒。庞培是一位伟大的将军和征服者，被称为"征服者庞培"。恺撒出身高贵，为人大方，在罗马有巨大的影响力。

这时，还有第三个人也很有势力，就是斯巴达克斯起义的镇压者克拉苏。他靠苏拉的"公敌宣告"发了大财，又镇压了把罗马人吓得半死的斯巴达克斯起义。

这三个人结成政治同盟——"前三头同盟"，控制了罗马。他们轮流做执政官，执政官期满后又去各地做总督。但克拉苏做了总督后不久，在与亚洲的帕提亚人战斗时被彻底击败，他带领的3万罗马大军有2万人被杀，还有1万人被俘。帕提亚王将熔化的金子灌进了克拉苏的喉咙。

现在"三头"剩下"两头"。俗话说，一山难容二虎。最终，恺撒战胜了庞培。元老院原来是支持庞培的，但恺撒来了之后他们吓破了胆。恺撒没杀他们，只要求他们听话。元老们忙不迭答应了：他们先答应恺撒做10年的独裁官，过了2年又答应他做终身独裁官。

恺撒掌握了一切大权，做了所有的大官，包括大元帅、执政官、监察官、最高祭司等，甚至有了"祖国之父"这样一个阔气的头衔。

这与专制君主也就没多大差别了。所以在罗马，人人都以为恺撒就要做国王了，罗马人民历史悠久的共和制就要完蛋了。这种怀疑造成了恺撒的毁灭。

公元前44年，两个热爱共和的贵族布鲁图斯和卡西乌斯在元老院把恺撒刺死了，他们都是恺撒的好朋友。

恺撒虽然死了，但他的事业并没有死去，继承他的事业的是他的干儿子，也是他姐姐的儿子屋大维。

18岁的屋大维立即结束学业来到罗马继承了恺撒的位子，并与恺撒的两个部将安东尼和雷必达结成了同盟，史称"后三头同盟"。

这三个人联合后的第一件事就是替恺撒报仇，疯狂报复杀害了恺撒的元老贵族们。

肃清内敌后，"三巨头"又要一决高下了。

雷必达首先退出了角逐，退到他的老窝非洲去了。屋大维和安东尼谁也不服谁，屋大维统治着罗马西部，安东尼统治着包括埃及在内的罗马东部。按军力和作战经验，安东尼占据优势。但这时，一个浪漫故事改变了一切。

当时的埃及国王克莉奥佩特拉是个美丽的女王。她先征服了伟大的恺撒，并和他生了儿子恺撒里亚，还到过罗马，凭她的天姿国色征服了罗马的男人们。恺撒死后，她回到了埃及。这时安东尼闯入了她的生活。为了表达对女王无尽的爱，他甚至宣称要把他统治下的罗马领土全部送给女王的儿子们。

这下罗马人火了，他们宣布安东尼是"祖国之敌"，并向他和埃及女王宣战。公元前31年，屋大维与安东尼和克莉奥佩特拉的联军会战于希腊西海岸。正当战事激烈时，女王突然率领自己的舰队临阵脱逃，安东尼看见了，竟然丢下正在战斗的舰只去追赶女王，一直追到了埃及。那些被他丢下的军队的命运可想而知，这场战争的结局也可想而知。

安东尼听说克莉奥佩特拉自杀了，也毫不犹豫地把短剑刺进了自己的胸膛，但在他死前，他知道这位美人骗了他。女王想用美色引诱屋大维，可惜屋大维不吃这一套，反而想把她弄到罗马，作为战俘套着铁链子游街。女王听到这个消息，用一条剧毒无比的尼罗河小蛇毒杀了自己。

屋大维胜利后开创了罗马历史的一个新时代——帝国时代。

帝国时代

罗马已经没有人和屋大维争权了，他成了无可争议的统治者、罗马实际上的君主，他被授予"奥古斯都"和"皇帝"的头衔。奥古斯都的意思是"神圣"，而皇帝的原义是"凯旋将军"，译成"皇帝"也许并不十分恰当。屋大维自己也并不想做名分上的皇帝，他喜爱的头衔是"元首"，原义是"第一公民"。

在屋大维的统治下，罗马步入了黄金时代。

他对原来的罗马共和国进行了深刻的改革，如建立了新的货币制度和邮政体系，制定了相当完整的法律制度，废除了原来那些掠夺成性的总督，在全国设立行省，行省的长官由他牢牢控制，严惩贪官污吏。

屋大维的统治为罗马带来了"罗马和平"，这是西方古代历史上少有的幸福时代。

屋大维死于公元14年8月19日，享年77岁。

他死后，罗马人为他举行了隆重的葬礼，他死去的这一个月也以他的名字来命名，称为奥古斯都（Augustus），就是现在的八月（August）。

他统治罗马达44年之久。在他的统治下，罗马由共和国变成了帝国，至少在帝国内部，罗马享受了难得的和平，人民过上了难得的安宁日子。这乃是伟大的罗马的黄金时代。

在罗马大广场上，竖立着屋大维的黄金雕像，上面刻着一句话："他恢复了很久以前就被破坏了的大地和海洋的和平。"

屋大维虽说号称"奥古斯都"和"皇帝"，但毕竟是带引号的，称不上是名副其实的皇帝，所以罗马改革的最后一步是帝制的真正确立。

屋大维死后没有留下儿子，他的位子交给了继子提比略，可惜这个提比略是个暴君。他之后的三个君主卡里古拉、克劳狄和尼禄同样不是好东西，其中尼禄也许称得上是整个古罗马，甚至整个古代西方最坏的君主，除了残暴不仁，他还做了两件使他"永垂不朽"的事：一是他先和自己的亲娘睡觉，继而又杀了她；二是闲着没事干在罗马城纵火，烧毁了半个罗马，他则在火光中弹琴取乐。

倒行逆施终于惹得天怒人怨，他被罗马人宣布为"祖国之敌"，自杀了。

所幸的是屋大维建立起来的帝国的基础实在牢固，百年后罗马迎来了五贤帝时代，罗马踏上了繁荣的顶峰。这五位贤帝的名字如下：涅尔瓦、图拉真、哈德良、安东尼·庇护、马可·奥勒留。

第五位贤帝马可·奥勒留是西方历史上独一无二的皇帝——他不仅是一个伟大的皇帝，还是一个伟大的哲学家。

上面这些君主，虽说实际上都是皇帝，但名义上都不是，那么谁才是第一个实至名归的皇帝呢？——戴克里先。

戴克里先本是个近卫军军官，上台后，他把屋大维的元首称号正式改为"君主"，采用了真正的君主制。他向东方君主们学习，穿上了绛红色、中间织着金丝的缎袍，命令所有的臣民见他时都要像见中国的皇帝一样双膝着地下跪。甚至还在宫里养了许多宦官，成了一个不折不扣的皇帝。

他的继任者们也成了他这样的专制君主，并把基督教立为罗马国教。

基督教本来只是现在的巴勒斯坦地区的一个小教派，后来在罗马帝国的广大地区流行开来，一开始遭到罗马统治者的残酷迫害，后来在君士坦丁一世、狄奥多西一世两人的努力下，终于成为罗马的国教。公元380年，狄奥多西一世颁布敕令，命令所有的罗马人都要成为基督的信徒，后来进一步规定凡信仰其他宗教的都是叛教行为，要遭受惩罚。

从此，基督教就控制了西方的精神世界，直至现在。

但在狄奥多西一世时代，一大群日耳曼蛮族，如西哥特人、汪达尔人、东哥特人等，像洪水一样涌进罗马帝国。公元 395 年，罗马帝国被狄奥多西一世分给了他的两个儿子。罗马被分为以罗马为首都的西罗马和以君士坦丁堡为首都的东罗马。

蛮族进入后，原来的帝国中心罗马城变成了蛮族海洋中的一叶孤舟。公元 476 年，西罗马最后一个皇帝小罗慕路斯·奥古斯都被日耳曼雇佣军首领废黜。

至此，西罗马帝国灭亡了。这实际上也是罗马帝国的灭亡，因为西罗马才是罗马帝国的正统，东罗马则与原来的罗马帝国完全不同，不再属于西方，而是一个半东方式帝国了。

罗马时代结束了，西方历史至此走过了它最波澜壮阔的时代之一。

第六章

帝国的征服

罗马之所以被称为"伟大的罗马",其原因在于罗马的征服。

自台伯河边建城之日起,罗马就处于战争的腥风血雨之中。它不断征服,征服了意大利、迦太基、高卢、非洲,把整个地中海变成了罗马的内湖,建成了西方历史上史无前例的庞大帝国。

征服意大利

罗马的征服是从意大利开始的。

对意大利的征服又是从中部意大利开始的,因为罗马就位于意大利中部。

伊特那斯堪人生活在罗马北面,紧邻罗马,曾经十分强大,当过罗马人的王。当罗马强盛到要对外扩张时,首先要征服的就是伊特那斯堪人。从公元前477年起,发生了三次大的战争,伊特那斯堪人都失利了,最后,罗马人终于攻占了伊特那斯堪人的首城维爱。伊特那斯堪人大部分被杀,剩下的成了罗马人的奴隶,他们的土地,甚至他们的一切都成了罗马人的战利品。

征服伊特那斯堪人后，罗马便控制了整个台伯河流域，使台伯河变成了它的内河。

罗马征服的第二个地区是它东面的邻邦萨姆尼特人。

萨姆尼特人住在亚平宁山脉，是勇敢的山民，喜欢到处抢战利品，当他们去抢罗马南面的卡普亚城时，卡普亚人便向罗马求助，罗马欣然答应，派军向萨姆尼特人冲去，爆发了第一次萨姆尼特战争。随后萨姆尼特人退走了，很快罗马人就顺势占领了卡普亚。

萨姆尼特人经过几年休整，又开始去抢罗马南面的那不勒斯。由此爆发了第二次萨姆尼特战争。而这次，罗马的5万大军被围困在考狄昂峡谷里，统军的罗马执政官只好投降。萨姆尼特人把两支长矛插在地上，再在这两支长矛上横放一根长矛，组成一个狗洞一样的东西，让被俘的罗马人一个个从狗洞里钻过去。按照罗马人的风俗，这是比死还要丢人的事。但如果不这样做，这5万罗马人就完了。除了钻矛洞之外，罗马还被迫起誓永远不与萨姆尼特人为敌。

这样，萨姆尼特人就放了他们，让他们回到了罗马。

以后的5年，罗马人表面上向敌人屈服，实际上卧薪尝胆、养精蓄锐。5年之后，他们向萨姆尼特人发动了进攻，最后赢得了胜利。

这次战争过后，双方平静了10多年，公元前298年，第三次，也是最激烈的一次萨姆尼特战争爆发了。

萨姆尼特人与意大利北面的高卢人结成了同盟，共同出征罗马。

这些高卢人叫山南高卢人，他们生活在阿尔卑斯山之南的意大利北部，被罗马人称为野蛮人。高卢人骁勇善战，曾经兵临罗马城下，要不是一群鹅叫醒了睡得昏天黑地的罗马士兵，罗马城就完了。后来罗马人赔了一大笔黄金，高卢人才背着金子扬扬得意地走了。

公元前296年，罗马与萨姆尼特和高卢的联军在森提卢进行了决战。

这是一场不折不扣的决战，罗马人征服了萨姆尼特人，意大利中部的其他城市也纷纷归顺了罗马。

罗马人征服意大利半岛中部后，立即将目光转向了南部。

意大利南部是希腊人建立的殖民城邦，在文化上和希腊本土没有什么不同，也出了不少希腊哲人如毕达哥拉斯学派，故又称"大希腊"。

这次战争是由图里城引起的。它受到卢卡尼亚人的进攻，便向罗马求援。这时"大希腊"最强的城邦是他林敦。他林敦见图里这么不重兄弟之情，居然将外人引进来，也深知罗马人如狼般贪婪，便向罗马开战，并向自己的母邦希腊求援。

那时，希腊最强盛国家的是伊庇鲁斯，伊庇鲁斯王名叫皮洛士，这个皮洛士在历史上还有些名气，他是亚历山大大帝母亲那边的亲戚，像大帝一样有出色的军事才能。

皮洛士统领军队，包括步兵、骑兵，甚至还有20头大象，来到了意大利。皮洛士先战于赫拉克利亚，再战于奥斯库卢姆，大败罗马人。不过他也损失巨大，他得胜后视察战场时，叹了口气，说："要是再来这么一次胜利，咱们也就完了！"这就是"皮洛士式的胜利"，指那些代价太大甚至得不偿失的胜利。

打败罗马人后，皮洛士转移目标，打起西西里岛的主意，想占领它作为继续征服意大利的根据地。但这样一来就与当时的另一个强国迦太基发生了矛盾。迦太基人把军舰开进了台伯河口，鼓励罗马人出战。此时皮洛士的军队已是疲惫之师，在本尼凡托一役中，被以逸待劳的罗马大军迎头痛击，皮洛士只好灰溜溜地回到他的伊庇鲁斯去了。

这一仗后，"大希腊"的城邦归附了罗马，罗马控制了整个意大利南部。

这时几乎整个意大利半岛差不多都归罗马了，北面隔着阿诺河与高卢人相望，南面则隔着墨西拿海峡与曾经援助它的迦太基人对峙。自皮洛士走后，迦太基便占领了整个西西里岛。

此后便发生了罗马对外战争中最重要，也最血腥的战争，史称"三次布匿战争"，是罗马人与迦太基人的战争，罗马人称迦太基人为布匿人。

布匿战争

迦太基是腓尼基人的后裔，这时腓尼基人早就退出历史舞台了，但他们的后裔迦太基人却在遥远的非洲创立了海上强国，以非洲北部的迦太基城为中心，一直扩展到西班牙南部，还占领了地中海的几个大岛——科西嘉、撒丁、西西里等。靠着垄断地中海的贸易，迦太基人积累了很多财富，他们的军队也是用钱请来的雇佣军，战斗力极强。

公元前264年，隔海相望的迦太基人和罗马人终于爆发了战争，史称第一次布匿战争。

战争一开始，两军的优劣势显而易见。陆上，罗马陆军显示出了无敌的力量，不久就占领了几乎整个西西里岛，但迦太基人则在海上取得了胜利。罗马人深知要想与迦太基人争霸，没有一支强大的海军是不可能的，便开始大造战舰。他们又知道自己无法与从小跟海打交道的迦太基人进行传统的舰与舰之间的海战。于是聪明的罗马人发明了一种新型战舰。这种战舰上面有个长长的吊桥，一旦看见敌舰，就全力冲去，然后吊桥一松，头上的尖钩紧紧地钩住敌舰。罗马的步兵们立即顺着吊桥向敌舰冲去，与舰上敌军近身肉搏。罗马人的陆军举世无双，很快就用这样的方式打败了迦太基海军。

第一次布匿战争持续时间长达23年，战况十分激烈。特别是在西西里岛上，迦太基优秀的统帅哈米尔卡面对占据优势的罗马陆军，仍坚守根据地。这时在非洲的迦太基本土发生了一个插曲。

罗马的执政官勒古鲁斯率军在非洲登陆，向迦太基本土发动进攻并取得了一些胜利，但不久就被迦太基人打败了，勒古鲁斯也成了俘虏。他向迦太基人起誓说，只要放他回去，他一定会让罗马与迦太基签订和约，结束战争。迦太基人像从前的萨姆尼特人一样天真地相信了罗马人，把勒古鲁斯放了。结果勒古鲁斯回到罗马后，不但没有劝罗马人与迦太基人讲和，还鼓动他们继续作战。但他遵守另一半信约，回到了迦太基，让迦太基人把他杀了。

勒古鲁斯的死激起了罗马人的斗志，他们更勇敢地战斗。迦太基人战败求和，退出西西里岛和附近岛屿，赔了罗马人3200塔兰特，这在当时是一笔了不得的钱，一般人有十来个塔兰特就是大富翁了。

第一次布匿战争就这样结束了。

但这仅仅是另一次大战的开始。

汉尼拔

第一次布匿战争结束后，前面提到过的迦太基统帅哈米尔卡看到迦太基本土已经残破，决定去侵略西班牙南部的殖民地，因为那里土地肥沃、人口众多。跟随他的除了军队外，还有他9岁的儿子汉尼拔。

到了西班牙后，哈米尔卡做的第一件事就是叫小汉尼拔跪在神坛前宣誓，要终身与罗马人为敌。

不甘于和平的罗马人不断向迦太基挑衅，公元前218年，第二次布匿战争爆发了。这时已经26岁、铭记着誓言的汉尼拔立即统军杀向罗马。

从这一刻起，汉尼拔显示出了卓越的军事天才。他没有从海上进攻，而是率军从西班牙往东横扫，跨过比利牛斯山，翻越白雪皑皑的阿尔卑斯山，出现在罗马之北的波河平原。

渡过波河不久，他打败了领军前来迎战的罗马执政官。接着罗马派出了盖乌斯·弗拉米尼乌斯，他被认为是当时罗马最杰出的统帅。两军在特拉西梅诺湖畔发生了西方古代最有名的战争之一——特拉西梅诺湖之战。罗马军队人数比汉尼拔军队要多，但结果是弗拉米尼乌斯连同他的数万大军全军覆没。

在特拉西梅诺湖之战吃了大亏后，骄狂的罗马人吓破了胆，龟缩在罗马城内再也不敢出头。

接着发生了一件令后世百思不得其解的事——汉尼拔为何不进攻罗马？兵临罗马城下的汉尼拔转而南下，沿着亚得里亚海岸逐个侵袭罗马诸城。这些城市都是罗马的意大利同盟者。它们虽与罗马结盟，但一直以来受到罗马人的压迫。于是许多意大利大城脱离了罗马，转而投向了汉尼拔，罗马岌岌可危。

到了死亡边缘的罗马找到了一个新救星——昆图斯·法比乌斯，或译作费边。他有个外号叫"拖延者"。因为他与汉尼拔打仗有一个特点，就是压根儿不打，想用坚壁清野的法子来拖垮汉尼拔。

费边的战术很简单，他死死跟着汉尼拔，但绝不与他正面作战，而只要汉尼拔军队有人掉了队，他就会扑上去消灭。

他的这种战术在那时也许是唯一可用的战术，但罗马人觉得脸都被丢尽了，决定豁出性命来一搏。公元前216年，罗马的两名新执政官卢基乌斯·保卢斯和盖乌斯·瓦罗率大军在坎尼与汉尼拔军会战。

坎尼战役也许是西方古代史上以少胜多的最著名的战争。

汉尼拔军有约4万步兵和1万骑兵，因在异国他乡长期奔波远徙，已是疲惫之师。罗马军则约有8万步兵和6000骑兵，都是精锐之师，且养蓄已久，斗志旺盛。

但这一切都不足以成为汉尼拔取胜的障碍。他把自己的军队布置成向敌方凸出的半月形，并且把老弱之兵放在凸出的中间，而将精兵放在两边延后的部分，再将骑兵置于最外边的侧翼。罗马军则与汉尼拔军相反，将精锐置于中间，率先发起冲锋，想一鼓作气将敌人击败。汉尼拔军的中军是老弱之兵，受到攻击后便有秩序地后退。这时两边的精兵反而向前，与先前凸出去的半月形相反，汉尼拔军形成了凹进来的新月形，这新月形将冲过来的罗马军队团团包围。接着便出现了这种情形：被围住的罗马军虽然人数众多，但被挤成了一团，中间的军队没办法发挥力量，而边上的队形也被冲乱，穿盔戴甲的重装步兵失去了轻装步兵的保护，这些罗马军的主力顿时成了任汉尼拔军砍杀的羔羊。

战役的结果是，8万罗马大军几乎被全歼，执政官保卢斯战死，只有瓦罗等少数几个人逃掉。

至于汉尼拔军队，死者与伤者仅6000人。

如此辉煌的胜利震惊了整个意大利，一些本来与罗马结盟的大城，如卡普亚和叙拉古，都投向了汉尼拔一边；马其顿这个一度令东方与西方都发抖的国家也与汉尼拔结成了同盟。罗马已处于被毁灭的边缘。

这时候只要汉尼拔全力进攻罗马，加上同盟者的力量，完全有可能一举攻克罗马，从而取得最后的胜利，也会改变整个西方世界历史的走向。但他没有，坎尼会战后一段时间，他似乎休眠了。

这时罗马已经制定了正确的战略，要把汉尼拔置于死地。

罗马人的战略有三条：一是避免与汉尼拔正面作战，二是摧毁他的同盟者，三是直捣汉尼拔的母邦迦太基。

这个战略的制定者就是西庇阿·阿非利加努斯，后面还有另一个西庇阿，是这个西庇阿的养孙，他将一劳永逸地结束布匿战争。由于他们都叫西庇阿，历史上便称爷爷为大西庇阿，养孙为小西庇阿。

大西庇阿用了"围魏救赵"之计，率军直捣迦太基。迦太基抵挡不住，只好急召汉尼拔归国，汉尼拔匆匆回来，匆匆上阵，不久爆发了扎马战役。

此战汉尼拔输掉了，这是他生平第一次打败仗，也几乎是最后一次。

扎马战役失败后，迦太基的元老和执政官便投降了，与罗马人签订和约。和约规定：迦太基放弃非洲以外的全部领土；只准保留10艘舰只以防海盗，其余一概交给罗马；向罗马赔款1万塔兰特；未经罗马批准不得对外开战，并交出100名人质以保证条约履行。

第二次布匿战争就这样结束了，迦太基从此不再是强国，而成了罗马的一个附属国。这是公元前201年间的事。

至于汉尼拔，罗马人的最后一个停战条件是迦太基必须把他交由罗马来处置。

汉尼拔逃走了，罗马人不停地追赶他，向敢于收留他的一切国家发出战争威胁。但也真有国家收留了汉尼拔，让他率军与罗马人作战，但被打败了。最后，走投无路的汉尼拔在一个山洞之中服毒自杀了。

第二次布匿战争结束后，迦太基在军事上已根本不能与罗马为敌，但经济上还算繁荣。这时一个叫加图的罗马元老看到迦太基商业上的红火，便心生嫉妒。回到元老院后，他说："一定要毁灭迦太基！"

于是，罗马人决定彻底毁灭迦太基。虽然迦太基人面对死亡做了顽强的抵抗，但已经无济于事。罗马大军在小西庇阿的统领之下毁灭了迦太基，城池被夷为平地，仅剩的5万迦太基人尽数被卖为奴隶。

毁灭迦太基之后，罗马的征服远没有结束。

征服地中海

即使在三次布匿战争的间歇，罗马人也并没有一味休养生息，以弥补国库的耗损，相反，他们以战养战，通过发动新的战争、夺取新的土地、征服新的民族来取得战争的资本。

这一轮征服是围绕着地中海来进行的，从西班牙、马其顿直到非洲。

这时罗马已经占领全意大利，只剩北部波河流域，以及西面地中海中的撒丁岛和科西嘉岛。罗马人先从迦太基人那里夺取了撒丁岛和科西嘉岛，接着又向波河流域的山南高卢人发动了猛攻，顺利征服了高卢人，并把他们变成了奴隶。

在第二次布匿战争期间，为了切断汉尼拔的后勤供应，罗马人又向西班牙发动了进攻，占领了许多地区。与西班牙的战争延续了近80年，到公元前133年，小西庇阿征服了几乎整个西班牙。

前面我们说过，汉尼拔曾经与马其顿结盟。第二次布匿战争一结束，罗马就迫不及待地向这时的马其顿王腓力五世发动了战争。通过三次马其顿战争，罗马彻底击败了古代一度辉煌的马其顿，还从马其顿手里夺取了希腊。罗马还通过与亚历山大大帝遗产的继承者的战争夺取了小亚细亚和地中海中的许多岛屿。

到第三次布匿战争之后，整个地中海地区已无堪与罗马匹敌者。

斯巴达克斯起义

现在我们要来讲一个人，这个人力图反抗罗马，他名字大家都很熟悉——斯巴达克斯。

斯巴达克斯本是希腊北部色雷斯最为强大的一个部族的首领。当罗马人入侵他的家乡时，他奋起抵抗，但小小的色雷斯如何抵挡得住罗马大军，他被俘了，后来被卖给了一个随军的角斗士老板。

成了角斗士的斯巴达克斯在角斗场中所向无敌，曾在一次角斗中独杀四名对手，那些狂喜的观众当场狂喊"自由！自由！"。因此按老规矩，斯巴达克斯就获得自由了。他被一所角斗学校聘为教练。在这里他认识了许多角斗士，赢得了他们的尊敬。

公元前73年，他揭竿而起，领着七十来个角斗士占领了维苏威火山，伟大的斯巴达克斯起义爆发了。

凭着过人的勇气和智慧,斯巴达克斯一次又一次地将前来征讨他的罗马军队打败,他的奴隶大军人数也飞速增长,没多久就达到数万之众。

后来罗马派出了最高规格的军队——由两名执政官亲自统率的大军。但对斯巴达克斯而言,他们只是"运输队长"。这时他的军队已经扩大到12万之众,军锋直指罗马。

然而,像汉尼拔一样,斯巴达克斯没有进攻罗马,而是转锋而去,从南打到北,再从北打到南,所向披靡。束手无策的罗马元老院宣布整个国家处于紧急状态,集中举国之军力与斯巴达克斯决战。这些军力主要有三大支:第一支是大奴隶主、拥有几乎相当于独裁者的权力的克拉苏统领的罗马的举国之兵;第二支是米特拉达梯王的征服者、作家普鲁塔克曾为之作传的卢古鲁斯统领的军队;第三支是伟大的庞培所统率的大军,他刚统领这支大军征服了东方的小亚细亚。

这三支军队力量尚未集中时,斯巴达克斯已心知他无法取得胜利。公元前71年,斯巴达克斯领着他的绝望的奴隶大军与克拉苏的罗马大军进行了血腥的决战。

斯巴达克斯在浑身是血、腿部严重受伤的情形之下仍单膝跪在地上作战,最后将短剑插进了自己的胸膛。

在对付了斯巴达克斯后,罗马人着手结束了米特拉达梯王战争。

米特拉达梯王战争一共进行了三次,最后击败米特拉达梯王的人就是"伟大的庞培",他之所以赢得了这个称号,同样是由于他那些伟大的征服。在打败米特拉达梯王之后,他占领了米特拉达梯王的王国,那是黑海南岸的一大片地区,继而又灭了叙利亚和巴勒斯坦,让罗马领土又添加了一大块。

接下来我们要讲到一个比"伟大的庞培"更伟大的人的征服事业。这个人就是恺撒。

征服高卢

现在的整个法国、比利时、意大利与德国的一部分在古代都属于高卢。其中意大利北部的山南高卢早被罗马人征服了。现在恺撒要征服的就是山北高卢，山北就是阿尔卑斯山以北。

高明的指挥加上高明的外交手腕——挑起高卢人各部落之间的互相争斗，恺撒只用了3年左右的时间就征服了几乎整个高卢。后来他又越过莱茵河，向日耳曼人发动了征服战争，虽然胜利了，但收效不是很大。他又越过英吉利海峡，进入不列颠岛，占领了它的南部，这是不列颠岛第一次正式出现在西方历史舞台。

高卢不但给恺撒带来了丰富的战利品、肥沃的土地、丰饶的物产，还给了他强大的军队，凭着这支军队，他击败了"伟大的庞培"。

在与庞培的最后一战中，他把庞培逼死在埃及。在那里恺撒得到了西方历史上最有名的美人之一——埃及女王克莉奥佩特拉。

恺撒到埃及时，克莉奥佩特拉和她的兄弟正为谁做王争得不可开交。恺撒被美丽的克莉奥佩特拉迷住了，扶她登上了埃及女王的宝座。女王感激之余，委身相许，与恺撒生了个儿子叫恺撒里亚。后来，当克莉奥佩特拉受到外敌威胁时，恺撒便统领罗马大军助她击退来犯之敌。当向罗马元老院报告这件事时，他只写了三个词——"veni, vidi, vici"，翻译成汉语是这样的："我来，我看见，我征服。"

埃及从此成了罗马的附属国。

前面已经说过，此后出现了由雷必达、安东尼、屋大维组成的"后三头同盟"，后来安东尼又与屋大维相争，安东尼最后死在了克莉奥佩特拉裙下。

打败安东尼后,屋大维便成了罗马唯一的统治者,从元老院获得了"奥古斯都"这无比阔气的称号,实际上将罗马由共和国变成了帝国,开启了罗马的帝国时代。

最后的征服

奥古斯都也和他的养父恺撒一样,先是完全征服了西班牙,接着又在阿尔卑斯山东面一带夺了一些地盘,但最主要的是向莱茵河与易北河之间地区的日耳曼人发起的征服。这些日耳曼人就是今天德国人的直系祖先。奥古斯都经过8年苦战,终于征服了他们。

但顽强的日耳曼人只是暂时屈服,此后一次又一次地反抗。在最后一次起义中,奥古斯都犯了平生第一个大错,他派瓦鲁斯率罗马大军去平叛。进入日耳曼人的地盘,需要穿过有名的宛如迷宫的黑森林。

瓦鲁斯用了日耳曼人做向导,一头扎进了黑森林。这些向导突然消失了,一场真正的屠杀开始,罗马军队成了日耳曼人砧板上的肉。

自此,罗马帝国的东北边境停在了原来的莱茵河、多瑙河以西和以南一线。

罗马的最后一场征服由五贤帝之一——图拉真完成。

图拉真出生于西班牙,是第一个出生于意大利之外的帝国统治者,他首先占领了多瑙河以北的达西亚,也就是现在的罗马尼亚,又与帕提亚人开战,挥军直抵波斯湾,在小亚细亚东边攻占了亚美尼亚和美索不达米亚,这时非洲西北部与西班牙隔直布罗陀海峡相望的毛里塔尼亚王国也归属了罗马。

至此,罗马的征服终于达到了它的巅峰。这时的罗马帝国东起直通波斯湾的美索不达米亚,西到西班牙,北至不列颠和达西亚,南有埃及,地中海已经变成了罗马不折不扣的内湖。

　　这是西方历史上第一次,也是唯一一次整个地中海成了一个国家的内湖,由此也可以说明,罗马人是西方历史上最强大的征服者。

第七章

封邦建国

从这一章开始要讲中世纪了。

中世纪这个词是文艺复兴时期的人们想出来的。文艺复兴时期的天才人物看到了文艺复兴以来的伟大成就,也看到了自罗马帝国崩溃后千年之久的文化沙漠,他们认为自己是古希腊与古罗马的文化之子,将那个时代称为古典时期,将那以后直到文艺复兴前的时代称为"中世纪",即"中间的世纪"。

从这个名字就可以看出,这个时期高不成低不就,只是一个过渡性的时期而已。

中世纪是怎样来临的呢?这还要从西罗马帝国的崩溃说起。

西罗马帝国的崩溃

前面讲述罗马征服史时讲到了帝国的"五贤帝",他们的统治是罗马帝国征服的顶峰。

五贤帝的最后一个就是哲学家兼皇帝马可·奥勒留。他死后,皇位传给了他的儿子康茂德。父亲智慧、贤明而勇敢，是个再理想不过的贤君，但儿子却愚蠢、懒惰而昏庸，是个再典型不过的昏君。从他之后，罗马帝国就江河日下了。

从这时起，国家大权落到了屋大维建立起来的禁卫军手中。他们现在与其说是皇帝的保卫者，不如说是伤害者，甚至可以随意立帝和废帝，这些皇帝也成了禁卫军的傀儡。这样的情形一直延续到3世纪，皇帝戴克里先大力整顿衰退的帝国，他把帝国划分为东西两部分，罗马帝国被分成了东罗马与西罗马。东罗马包括希腊及其以东的地方，西罗马则包括意大利及其以西的地方。东罗马由戴克里先自己治理，西罗马则交给他的一个部将，也称为皇帝，但是西帝要服从东帝。

后来，当君士坦丁做了皇帝后，在小亚细亚半岛的西端、原来的拜占庭建立了新都"君士坦丁堡"，东、西罗马从此成了两个相互独立的国家。

中世纪的到来就是从西罗马帝国的崩溃开始的。

西罗马帝国又被称为"真正的罗马"，东方的东罗马帝国，它已经成为一个半东方式的帝国了。

西罗马帝国崩溃的原因并不复杂：一是内忧，二是外患。

所谓内忧，马可·奥勒留之后，罗马皇帝大权旁落。国家没有强有力的中央政府，这对于像罗马这样面积庞大、民族众多的帝国，是致命的弱点。

外患是一场空前的外来浩劫。这场浩劫的发起者有一个我们中国人很熟悉的名字——"匈奴"。

匈奴本来是生活在我国北面蒙古大草原上的游牧民族，他们的爱好一是打猎，二是征服。他们的首要目标是南面的中原，从战国时代就开始了，到汉代时，在汉军的不断打击之下，许多匈奴人被迫西迁。

匈奴人到了西方如虎入羊群。一位罗马历史学家是这样描述这些匈奴人的：一旦发怒，他们便奋起而战，排成楔状队形，发出种种狂叫，投入战斗；他们敏捷灵活，有意分散成不规则的队形，兵锋所至，杀戮骇人……他们没人能说出自己的起源，因为他们的母亲怀他们在一处，生他们则在遥远的另一处，抚养他们又在更远的一处。

他们在俄罗斯大草原上将东哥特人（日耳曼人的一支）打得惨败，东哥特人只好往西飞逃，打跑了西面的西哥特人。西哥特人只好也往西逃，他们的西面就是西罗马帝国了。

西哥特人向罗马帝国请求避难。罗马人同意了，让西哥特人渡过多瑙河，进入罗马，这是376年左右的事。

到达罗马后，罗马人便把西哥特人当奴隶来使唤，残酷地压迫、剥削他们。西哥特人忍无可忍，奋起反抗，这些罗马大军在西哥特人面前不堪一击。378年，在亚得里亚堡一役中，罗马军队惨败，他们的皇帝瓦鲁斯被赶到一间茅屋里活活烧死了。

从此，原来不敢放胆攻击罗马大军的东哥特人、西哥特人、汪达尔人等"野蛮人"，开始肆无忌惮地向罗马帝国展开攻击。汪达尔人甚至一度攻占了罗马城，使这座"永恒之城"第一次沦陷于异族之手。

后来西哥特人占领了罗马帝国在西班牙和高卢西部、南部的领土，建立了西哥特王国。汪达尔人则一直打到非洲，在北非建立了汪达尔王国。

到了476年，西罗马帝国的日耳曼军首领奥多亚塞，废黜了最后一个西罗马帝国的皇帝罗慕路斯·奥古斯都。

这样，"伟大的罗马"在诞生了千年之久，称雄了几百年之后，终于寿终正寝了。它的离去标志着西方历史上一个新时代——中世纪的来临。

封建制的形成

中世纪是西方的封建时代，西方封建制的起源有三个契机：罗马帝国的崩溃、日耳曼征服者的传统与土地采邑制。

罗马帝国的生产原来靠奴隶劳动，帝国常年到处征战，被征服地区的人民，特别是战俘就成了罗马人的奴隶。

随着帝国的衰落，他们在战争中常常失败，自己都成了奴隶。奴隶来源日益枯竭。

再往后，由于日耳曼人的侵入，奴隶们乘机溜之大吉，奴隶主们保命还来不及，哪来得及管奴隶们。

奴隶制是一种残酷的剥削制度，奴隶们毫无人身自由可言，他们的一切劳动果实都被奴隶主侵占，他们的劳动完全是被迫的，只要有可能，他们就会怠工逃跑，争取自由。所以奴隶制的维护完全是以奴隶主对奴隶的暴力控制为基础的，一旦奴隶主失去了这种控制能力，奴隶制也就失去了它存在的基础。

罗马帝国崩溃之后，为了使奴隶们不再逃跑，奴隶主们采取了另一种剥削方法：给奴隶们一块土地，让他们自己耕种，然后去收租。这样奴隶们不但有了一定的自由，还享有一部分劳动果实，劳动积极性自然高多了，也不成天想着逃跑了。

这样一来，原来的奴隶主慢慢变成了封建地主，奴隶变成了隶农，奴隶制就变成了封建制。

西罗马崩溃之后，日耳曼人占领了帝国的大片土地，他们给予罗马贵族相当高的地位。当然他们也没收了许多原来属于罗马贵族的土地，但并没有用奴隶来耕作，而是召集隶农。隶农们平时耕种这些土地，只要年终交租就行了，日耳曼人也成了封建地主。

封建地主也有大有小，国王占领大片土地后，把它们分给贵族和士兵作为采邑。那些分得了土地的人，尤其是分得了很多土地的贵族便成了大地主，他们再把自己的土地分给更小的贵族，如此下去，直到土地最后来到隶农们手里。

获封了土地的大小贵族就成了大小封建领主。领主和隶农们一起构成了封建社会的两个基本阶级。

这两个基本阶级形成之后，封建制也就形成了。

国王、庄园主与农奴

封建制下的西方各国社会状况各不相同，但也有一些共同点。

首要的共同点是，封建制国家大体上都有三大社会等级：国王、封建领主和隶农。

国王是最大的封建领主，居于金字塔之巅，全国的土地都归他所有，由他分给各个封建领主。

封建领主是一些大大小小的地主。他们并不是把这些土地直接交给隶农去种，而是再分封下去。

隶农是直接耕种土地的人。

我们现在来讲几个关系，弄清楚这几个关系之后我们也就弄清楚了封建社会的概况：国王与封主的关系、封主与封臣的关系、封臣与隶农的关系、隶农与土地的关系。

中世纪的封建国王有一个基本特点：国王不是专制的，他们的权力相当有限。

在他们的臣子看来，中世纪的国王只是他们的债主。所以国王要想坐稳宝座就得遵守两条规矩：一是要尊重法律，二是统治要公正。哪怕对一个普通百姓，国王也不能随便惩罚，更不能随意杀害。如果违背了这两条规矩，臣子们就没有义务忠于他了，迎接国王的通常就是废黜甚至死亡。国王的主要权力是：如果他的臣子们违反了法律，他可以依法惩治甚至没收他们的采邑。

中世纪的贵族大体可以分成五个等级，分别叫作公爵、侯爵、伯爵、子爵、男爵，除此还有勋爵与骑士两个特殊阶层。前面的五个等级都既是封主，又是封臣。也就是说他们把自己受封得来的土地又分给别人，这样自己由封臣又成了封主。例如一个公爵，姑且叫他兰开斯特公爵，被国王封了100座城堡，他可以把这100座中的90座分给五个侯爵，其中某侯爵叫诺森伯兰，一人就分了50座，诺森伯兰于是把他的50座城堡中的10座分给一个叫福斯塔夫的伯爵。如果愿意的话，这个福斯塔夫还可以将城堡分下去。这样，兰开斯特公爵、诺森伯兰侯爵都既是封臣，又是封主。

大致说来，封主与封臣之间的关系是这样的：如果封主要打仗，封臣必须为他作战，打仗时如果封主被俘虏了，他必须为封主交纳赎金。同时，他必须按时向封主交纳一定数量的贡赋，例如粮食、野味、葡萄酒和橄榄油之类，如果他想将封主给他的采邑卖掉，那么他得交给封主一大笔税，足以使他肉疼。但他对封主也有权利：如果封主做事不公道，他可以提出谴责，并且采取相应的措施；当他受到攻击时，他可以要求封主的保护。

此外，在封主与封臣之间有一个比较特殊的关系，就是我的附庸的附庸不是我的附庸。

这句话的字面意思不难明白，就是说我的封臣的封臣不是我的封臣。但它的实质又是什么呢？用一个例子来说明，例如兰开斯特公爵把50座城堡分给诺森伯兰侯爵作为封地，而诺森伯兰侯爵又把其中10座分给了福斯塔夫伯爵，那么这个福斯塔夫伯爵与兰开斯特公爵之间有什么关系呢？

什么特别的关系也没有！他根本不用买兰开斯特公爵的账，不用向兰开斯特付一分钱贡赋，兰开斯特打仗他也大可以袖手旁观，在外头碰见了，要不是看在兰开斯特胡子比他白，他大可以不理睬他，扬长而去。当然他一般不会，因为巴结一个公爵、向他敬个礼总不是坏事。

所有的封主和封臣，从国王到骑士，都有自己的庄园，庄园里还生活着隶农，也就是耕种土地的农民。所以一个庄园大体上由三部分构成：庄园主、农民、土地。

庄园主可以是国王、公爵、伯爵等贵族，也可以是骑士和教士。他们住在高高的城堡里，自己不耕种土地，而是把一部分土地交给农奴们耕种，他们从中收取地租。另一部分的收成全归他们所有。他们还在庄园里建一些风磨、水磨、榨油机、磨面机之类，如果农奴们要用，那好，交钱吧！

封建主们成天吃喝玩乐，要么就找个借口来一场决斗，日子过得很滋润。

中世纪的农民生活也不赖。按中世纪的老规矩，不管什么情况庄园主都不能把他们从土地上赶走，如果要将土地卖掉，也得将农奴加在一起卖。如果农奴老了不能干活了，庄园主就得养活他直到他死。另一个好处是那时的节假日特别多，一年有五六十天假，外加星期日这雷打不动的假日，农民们一周实际上只要干 5 天活。每逢那些大节日或每年春种秋收后，庄园主们都有义务犒劳农民们一顿，让他们吃饱喝足。

决斗与骑士精神

在中世纪的所有痛苦、喜悦与希望之中，最使人心生向往的是骑士精神。

骑士是中世纪一个独特的阶层，也是封建制主要的卫道士，是军队的主力。骑士们大都出身于小贵族家庭，常常不是长子，不能从父亲那里分得遗产。他们的出身也不能保证他们能成为骑士，要成为骑士必须由某个贵族，如伯爵或公爵来加封。他们在获封骑士的同时，往往还能获得一个或几个小庄园，他们就可以靠着这些庄园来过日子。如果他们想获得更大、更多的庄园，几乎唯一的途径就是掠夺，他们可以自己去抢，也可以跟着他们的封主去打仗，从战争中获得战利品。

骑士间的决斗很多。胜利的一方可以获得失败的一方的所有财产，如果没有被杀死，而是被俘虏了，胜利的一方还可以向失败的一方要大笔赎金。

中世纪的决斗就像今天的赌博，是可以让一个人在一天之内发大财的好法子。不单两个骑士之间的战斗多，那些大的冲突，如某位公爵率领他的骑士们向另外一位公爵发动战争，也是家常便饭。

这样的打斗通常是为了战利品，有时纯粹是吃饱了饭没事干。

一个合格的骑士的基本品质就是，他得是一个忠贞不贰的情人，并且要把他的情人当作圣母一样来崇拜，而不仅仅是爱。为了她，他随时准备献出自己的性命。除此之外，他还必须有另外一些美德，例如仁慈、节制、勇敢、忠诚等。他必须掌握许多礼节，例如看见了自己的情人时怎样对她单腿下跪，怎样吻她的手，怎样举起长矛向将要决斗的敌人致敬，等等。

我现在来塑造一个理想的骑士吧，他是个这样的人：

他全心全意地忠于他的情人、他的封主；他对任何人，包括他的敌人都彬彬有礼；他作战时面对任何敌人都毫无惧色，如果他战败了，他可以战斗到死，也可以大大方方地对战胜他的人说"我现在是您的俘虏，我将为自己赎身"，并且把所有财产毫无保留地献出来；他不酗酒，但如果喝起来，他可以连喝二十斤，脸都不红一下。

骑士精神或许是中世纪的美好回忆。后来的许多作家借此创作了许多小说，来描述骑士的浪漫生涯，令欧洲无数年轻人心驰神往。

封建制的消亡

万事万物有生必有死，天之道也。封建制当然也不例外，尽管有伟大的骑士为它撑腰。

它和支撑它的骑士们是怎么消亡的呢？

从前面说过的话我们可以看出来，封建制的基础有三个阶层：农奴、封建贵族、骑士。如果他们消失了，封建制自然也就没落了。

虽然封建庄园土地的耕种者的生活比奴隶好多了，但他们仍梦想着更美好的生活。

城市出现了。随着生产力的发展，人口不断增长，欧洲各地出现了许多城市。在城市里，只要有一技之长，例如做木匠、鞋匠、皮匠之类，人们就可以生活得相当舒服。即便没有一技之长，只干些体力活，例如替人跑腿、搬东西，日子也比乡下农奴们要舒服得多。农奴们自然向往这样的生活，一有机会就往城里跑。那时还有一个规矩，只要农奴跑到了城里，乡下的主人就不能到城里来抓他，他就自由了。结果农奴们大批大批地往城里跑，他们的主人们一点办法也没有，因为他们毕竟不是奴隶，不能成天把他们锁在屋子里。

那怎么办呢？眼看着种地的人一天天减少，急疯了的庄园主们只好硬的不行来软的，让农奴们的日子过得更好一点，例如少要点租，有时干脆给他们自由。这样一来农奴们不但日子比先前更好了，还有了人身自由。

14世纪，"黑死病"蔓延，全欧洲的人差不多死了三分之一，卫生条件差的农奴死得更多。如此一来，"人以稀为贵"。"黑死病"过后，每个庄园主都有大片的土地等着人来种，都不顾一切地想要农奴来自己这边，哪怕是另外一个庄园主的农奴。在这种竞争之中，庄园主们争相给农奴们好处，结果几乎所有的农奴都获得了自由。

不但农奴与以前不一样了，庄园主也不一样了。

随着城市的发展，城里的生活变得越来越舒服，原来生活在乡下的庄园主们也开始向往城里的生活，纷纷移居城市，乡下的庄园有的被卖掉，有的交给农奴们，只派管家去收收地租。住在城里后，他们渐渐发觉种地远没有投资工商业赚钱快，于是纷纷转向这个新行当，久而久之，原来的封建庄园主慢慢变成了资本家。

上面这些情况的必然结果是，原来的庄园经济没法像以前一样维持下去了，庄园制一旦崩溃，那封建制的末日也就来临了。

封建制三骨干的最后一位——骑士的命运又如何呢？有两件事把他们消灭了。

一是十字军东征。十字军东征的目标是夺取圣城耶路撒冷，因为那里有耶稣基督的圣墓，是基督教的第一圣地。这时耶路撒冷处于伊斯兰教的控制之下，基督徒们决心捍卫圣地，于是在全欧洲集结军队。这就是十字军。十字军组成之后，向耶路撒冷所在的中东地区发动了多次远征。这就是十字军东征。

十字军东征的规模大得吓人，可以说全欧洲的骑士们都动员起来了，结果却惨得很，连德国的皇帝都被淹死了，作为战斗主力的骑士们死伤更是不计其数。

二是新式的"热兵器"——火药枪的出现让骑士没了用武之地，骑士便渐渐消失了。

当庄园主、农奴、骑士等作为封建制基础的一切消失之后，封建制也灭亡了。

第八章

法兰西的诞生

法国、英国、德国、俄罗斯这四个国家在西方乃至世界的历史舞台担当了很长时间的主角。

我们将分四章来分别讲这四个国家诞生的故事。

法兰克旧事

476年,西罗马帝国因各蛮族的入侵而灭亡,取而代之的是一些蛮族王国,主要有:西哥特王国,它占有了欧洲西部,包括西班牙和高卢西南部地区;东哥特王国,它占有了意大利;法兰克王国,它占有了现在的法国与德国的大部分地区。

这三个国家中,以法兰克势力最强。法兰克人原来住在莱茵河下游(现在叫比利时)。像东哥特人与西哥特人一样,法兰克人也是日耳曼人的一个分支。当罗马帝国日薄西山时,他们乘机而起,到处抢占罗马人的地盘。他们的南边紧挨着的就是高卢,所以第一个征服的自然就是它了。

这时法兰克诞生了它的第一个伟大的王——克洛维。

克洛维统领法兰克人不断攻城略地，486年，他率军在苏瓦松之战中扫除了罗马人在高卢的残余势力，建立了法兰克王国。他继续南征北战，又在普瓦提埃战役中彻底击败西哥特王国，征服了整个高卢。后来在都尔的教堂里，他戴上王冠，成为"全体法兰克人的国王"，将王国命名为墨洛温王朝。

在位期间，除攻城略地外，克洛维做了几件对以后的法兰克乃至整个欧洲都影响深远的事。

第一件事是皈依基督教。前面说过，罗马帝国覆灭时基督教已经成了罗马的国教，欧洲各地都有大量基督徒，基督教会也有了庞大的势力，这对于任何征服者而言都是巨大的财富。聪明的克洛维审时度势，决心把这些力量拉拢过来。496年，他率领3000名亲兵接受洗礼，成了基督徒。从此他得到了基督教会的大力支持。往往当他兵临城下时，城里的基督徒们偷偷地或明目张胆地开城门迎他入城，从而他在战争中势如破竹，最终建立起了庞大的法兰克王国。

第二件事是他大封法兰克贵族、亲兵和教士。每征服一个地方，他便夺取三分之二的土地分给这些人，这些人和他们的后代便成了封建领主，建立了封建庄园，从而确立了欧洲的封建制。

第三件事是他编纂了一部法典——《萨利克法典》。它的特点是处处要钱，金钱万能。例如，杀一个主教只要赔款900金币，杀一个国王的亲兵赔款600金币，杀一个普通法兰克人只要赔款200金币，偷东西罚款15金币，放火罚款63金币，等等。虽然这部法律相当好笑，比不上原来罗马人的法典，但没有章法无以成国家，有了这部《萨利克法典》，法兰克也就成了一个真正的国家。

克洛维死后，他的国土分给了他的四个儿子，以后我们还会看到这个传统，在法兰克没有长子继承制，国家一般由儿子们平分。

当法兰克人征服高卢时，他们自己也被征服了，这征服来自文化与语言。由于高卢人长期处于罗马的占领下，已经完全罗马化了，他们的文化与生活方式较之法兰克人先进得多。当法兰克人占领高卢时，那些占领者也逐渐高卢化了，既学会了罗马人的生活方式，也学会了罗马人的拉丁语，慢慢地变成了拉丁人。但其他地方的法兰克人仍保留着日耳曼人的生活方式和语言。这样的结果就是，法兰克事实上分裂成了两个部分，说拉丁语的部分被称作纽斯特拉亚，是现在的法国人的祖先，说日耳曼语的部分被称作奥斯特里西亚，是现在的荷兰人和比利时佛拉芒人的祖先。

后来，墨洛温王朝的王一个比一个懒，被称为"懒王"。他们不问国家大事，整天沉迷于基督教或者美女和美酒之中，大权渐渐落到了"宫相"手中。这些宫相本来只是王宫的总管，后来他们不但控制了政权，让国王成了纯粹的木偶，还把职位变成了世袭的，纽斯特拉亚和奥斯特里西亚都是如此。两边的宫相还互相争斗，都想成为整个法兰克的主人。到了687年，奥斯特里西亚的宫相赫斯塔尔·丕平打败了纽斯特拉亚的宫相，统一了法兰克。

赫斯塔尔·丕平死后，他的儿子查理·马特继位成为宫相，他是一个有雄才大略之人。当此之时，欧洲面临一场极大的危机：伊斯兰教的入侵。兴起于中东的伊斯兰教势力此时已经无比庞大，建立了强大的阿拉伯帝国，帝国势力远达非洲，并从非洲越过直布罗陀海峡占领了西班牙，此后又将触角伸过了比利牛斯山，直达高卢，使欧洲面临被伊斯兰教吞没的危险。查理·马特起兵抵抗，在普瓦提埃附近的大战中击败了穆斯林圣战者们，确保了欧洲依旧是基督教的天下。

查理·马特死后，按惯例把他的国家领土平分给他的两个儿子卡罗曼和丕平。卡罗曼是个虔诚的基督徒，过了几年便放弃王位，到修道院做修士去了，整个法兰克王国便落到了丕平一人手里，这丕平就是历史上鼎鼎大名的"矮子丕平"。

这时法兰克名义上还是由克洛维建立的墨洛温王朝统治，丕平只是宫相。有一天，丕平派人到教皇那里，问谁是真正的法兰克人的王，是头戴王冠的懒汉还是掌握王权、为法兰克人辛勤操劳的人？教皇那时正需要丕平的帮忙，便回答是后者。于是丕平便召集法兰克的贵族们，由贵族们"选举"他当了新国王。

这是751年的事。他建立的王朝叫作加洛林王朝。

矮子丕平死后，法兰克王国又由他的两个儿子卡罗曼和查理曼（"曼"在法语中是"伟大的"的意思）平分，但只过了3年卡罗曼就死了，法兰克王国便统一于查理曼之手。这查理曼就是伟大的查理大帝。

查理曼继位后，发动了全面的扩张战争，他先向伦巴底王开战。伦巴底人生活在意大利北部，查理曼征服了伦巴底，势力一直到达罗马。

这时罗马的教皇是利奥三世，他时常受到东罗马皇帝和罗马城贵族的欺压，他认识到只有查理曼能够为他撑腰，便把罗马城最有名的圣迹圣彼得墓的钥匙和一面旗帜送给了查理曼，以示查理曼是罗马城之主。

800年的圣诞节，查理曼跪在地上，向神祈祷过后，刚要起立时，利奥三世冷不丁把一顶皇冠戴在了他的头上，并宣布他继承昔日的罗马帝国，成为全体罗马人的皇帝，尊为奥古斯都。

没想到300多年之后，罗马帝国再一次在名称上得到了复兴，它的疆域大约包括现在的法国、德国和意大利。

814年，查理曼死了，他的儿子路易继位。路易有个绰号叫"笃诚者"，因为他是个虔诚得稀里糊涂的基督徒。继位才3年他便把国土分给他的三个儿子。但15年后，他又反悔了，要求更改。这是因为第一个老婆死后他又娶了个新老婆，这新老婆又给他生了个儿子，这个儿子有个特点，就是头上一根毛都没有，被称为"秃头查理"。但父不嫌子丑，路易要求三个儿子每人分一些领土出来给这个弟弟。三个哥哥谁也不答应，气愤的父亲就向三个儿子宣战。战争打了10年，直到840年路易死了，他的大儿子罗退尔当了皇帝才告一段落。

843年，路易还活着的三个儿子在凡尔登签了一个条约，条约规定：秃头查理获得法兰克西部的国土；日耳曼人路易获得法兰克东部的国土；罗退尔获得法兰克中部和南部，包括意大利在内的地区。

这三个部分后来就形成了三个独立的国家，分别是法国、德国和意大利。

至此，这三个现代西方的主要国家就步入历史舞台，开始扮演各自的角色了。

就文化或者历史而言，法兰西承继了最多的古罗马文明。

法兰西诞生

其实远在凡尔登条约之前，法兰西民族就已经开始形成了。

前面说过，在克洛维时代法兰克人征服高卢时，法兰克人已经开始分化，那些征服高卢的人逐渐被当地的罗马人同化了，连语言也放弃了日耳曼语，转而采用拉丁语，这就是法兰西民族形成的开始，它的成分包括高卢人、罗马人和法兰克人等等。843年秃头查理获得法兰克王国西部时，法兰西民族国家具备了它的雏形。

混乱时代

诞生伊始，法兰西便陷入一片混乱之中。

这时候，虽说法兰西名义上继续由加洛林王朝统治，但国家实际上的主人是一群大大小小的封建主，这些王子、公爵、伯爵、侯爵占有了法兰西绝大部分土地，如诺曼底公国、勃艮第公国、香槟伯国等。这些也是不折不扣的国家，封建主们在他们的国土上有几乎绝对的权力，他们任意征税、开办法庭、铸造钱币，当然还可以拥有强大的军队。法兰西的国王不过是名义上的首领，谁都不把他放在眼里，甚至稍不如意，臣子们就会向国王宣战。

秃头查理才分得法兰克西部，法兰西立国之初，就遭受了外敌入侵，入侵者是来自北欧的诺曼人。这些人身材高大、作战勇敢，尤其善于航海，他们像从前毁灭罗马帝国的蛮族一样，在欧洲到处侵略，包括法兰西。885年，他们将法兰西皇帝"胖子查理"围在巴黎城内，胖子查理出了一大笔钱才保住性命。这种怯懦行为也令他丢掉了王位。

接替胖子查理的新王是巴黎伯爵埃德，他的父亲是有名的"强者罗伯特"，他由于抗击诺曼人有功被封为法兰西岛公爵。但埃德的王位并不稳固，拥戴他的只是一部分贵族，另一部分贵族仍拥护加洛林王朝，他们从加洛林王族中选出了一个新王叫"简单查理"。如此一来，法兰西刚刚诞生就陷入大分裂。

后来的100年是法兰西的战国时代，法兰西处于两个王朝和它们各自的拥护者之间无休止的争斗之中。大大小小的封建主为了争权夺利，互相开战，没个闲着的时候。这时候的法国是最典型的欧洲中世纪封建割据社会。

这种情形一直延续到987年。这年，法兰西的贵族和主教们召开了一次全体大会，"强者罗伯特"的后人、巴黎伯爵休·加佩被选为唯一的国王，从而结束了法兰西的分裂局面。此后，他和他的后代们统治法国300余年。

这时的法兰西算是统一了，但这只是表象，法国的封建割据依然如故，公爵们、伯爵们依旧统治着法兰西绝大部分领土，属于国王的土地只有巴黎及郊外的一小片，其他许多封建主，如阿奎塔尼公爵、勃艮第公爵、图鲁兹伯爵等的领地要比国王的领地大得多。

这种割据的局面到了加佩王朝的后来几代国王时开始有所改观。他们设法扩充兵力，还从他们的附庸们手中剥夺了不少采邑。由此开始了法兰西历史上长达数百年的强化王权、建立君主专制政体的过程。

开始这一过程的是腓力二世，他要夺取的是英国国王在法国的领地。

这是我们第一次提到英国。实际上英国这时早已崛起并成为欧洲强国了，这个过程后面会专门讲述。

英国国王的先人是法国的诺曼底公爵，他在征服英国之前就在法国占有大片领地。后来通过不断联姻，英国国王在法国的领地越来越大，占了整个法国土地的一半多，比法国国王的领地多了不止10倍。

此时，法国人民，特别是已经兴起的城市里的市民们大力支持腓力二世的统一事业，使得腓力二世有力量与英国人一决高下。

1202年，战争终于爆发了，原因是英国的约翰王没有按时按量纳贡。腓力二世宣布褫夺约翰王在法国的一切领地，约翰王反击，英法之间正式爆发了战争。10年之后，腓力二世攻取了诺曼底、缅因、安茹等地。打了败仗的英国人便与德国人结成了联盟，1214年，在布汶，腓力二世与英国、德国及法国反腓力二世的封建主之间展开决战，腓力二世将反法联军彻底击败，约翰王和德皇奥托四世的军队几乎被全歼。腓力二世还俘虏了一大批伯爵骑士，赚得了一大笔赎金。

从此，法国第一次成为欧洲列强之一，腓力二世也被尊为腓力·奥古斯都。

腓力二世死后3年，他的孙子路易九世继位了。他也是一位积极统一法兰西的人。他从国家内部入手，加强中央集权。

他统一了币制，改革了法制，更重要的是组建了一支属于自己的强大军队。路易九世通过铸货币等手段弄到大量金钱后，开始用这些钱招兵买马，建立了自己的军队。后来他带着这支军队参加十字军东征，1270 年死在北非突尼斯的军营里。

路易九世的孙子腓力四世继位后，成为又一个给法兰西带来希望的人，他所做的第一件大事是与教皇之间的斗争。

法国从过去到现在都是一个天主教国家，天主教国家的特点是教徒们尊奉教皇的权威，甚至超过对国王的尊奉。这种教权与世俗权力之间的冲突几乎贯穿了整个中世纪。

那时法国财产的一大半集中在教士们手里，男女老少皆知"要想富，找神甫"。腓力四世宣布教会必须把收入的 20% 上缴国库。这等于是从教皇手里抢钱，教皇当然不同意，他发布教皇敕谕，禁止教士交这 20% 的税，违者革除教籍。这在当时是同死刑差不多的惩罚。教士们有教皇撑腰，不买腓力四世的账了。收不到钱的腓力四世找出了一个与教皇"同归于尽"的法子——禁止金银珠宝离开法国输往国外。

这样一来，教皇再也不能从法国弄到一个子儿。这个禁运对他的打击比对腓力四世大得多。教皇只得让步，让腓力四世收 20%。但不久教皇又颁布圣谕，说教皇是整个西方世界的领导者，所有的国王甚至皇帝都是他的手下，都得服从他，就像凡人要服从神一样。愤怒的腓力四世公开烧掉了教皇的圣谕，派人潜入罗马，同与教皇过不去的罗马贵族合谋，袭击教皇的宫廷，把教皇关了起来，这个叫卜尼法斯八世的教皇本来就已经很老了，很快就死了。

控制了教廷的腓力四世设法让法国波尔多地区的大主教当选为教皇，将教廷从罗马迁到法国南部的亚威农城，教皇成了他的掌中之物，前后达 70 年之久，这些教皇被称作"亚威农之囚"。

腓力四世干的第二件大事是召开了"三级会议"。所谓三级会议就是全法国三大等级的人民参加的会议，三级就是教士、贵族和市民。当然这三个等级的人多得很，不可能人人都来开会，能来的都是三个等级里的头面人物，像大主教、主教等高级教士，公爵、伯爵等大贵族，身价百万的市民阔佬，等等。

三级会议是腓力四世的御用工具，他的目的只是想通过它多征些税，但由于参加者的广泛性，它也有利于法国各阶层的团结和法国的统一。

1313年，腓力四世死了，由休·加佩建立、延续了300多年的加佩王朝结束了，代之而起的是瓦洛王朝，它的第一任国王叫腓力六世。这个腓力六世所做的大事就是发动了著名的"百年战争"。

百年战争有三个起因。一是争夺法国王位。腓力六世是代加佩王朝而起的，但加佩王朝并非真的没了传人，这时的英王爱德华三世就是腓力四世的外孙，有资格继承法国王位。这对腓力六世来说是个极大的威胁。二是英、法之间历史悠久的争夺领地的斗争。前面说过，英国国王是法国国王的附庸，一度占了大半个法国，后来通过腓力·奥古斯都等的巧取豪夺，英国国王的领地不断减少，到腓力六世时只剩法国西南部的基加一块了，腓力六世想把它也抢过来，英国国王当然不答应。正式引发百年战争的是第三个原因，即争夺弗兰德斯。

弗兰德斯大约相当于今天的比利时和荷兰一带，很早就是有名的商业中心，特别是羊毛纺织业十分发达，靠羊毛纺织业弗兰德斯人发了大财，弗兰德斯也成了有名的富裕之城。羊毛业最重要的原料是羊毛，羊毛几乎全是从英国运来的。这时弗兰德斯的统治者是路易伯爵，他是腓力六世的亲戚，愿意让弗兰德斯合并到法国去。1336年，他下令逮捕了许多在弗兰德斯的英国商人，并禁止弗兰德斯与英国通商。英国国王立即予以回击，禁止羊毛输往弗兰德斯。这等于把弗兰德斯人的饭碗砸了，他们群起反对，弗兰德斯一片混乱。

有了这个借口，腓力六世便宣布没收爱德华三世在法国的领地。1337年11月，爱德华三世向腓力六世下了挑战书，百年战争从此开始。

这是西方，也是人类历史上延续时间最长的一次战争，足有116年之久。

英法第一场大战发生在3年后的海上，在弗兰德斯北面，英国海军大胜，从此牢牢掌握了制海权。

控制海上后，英国把大批陆军运到法国本土，战争从此在法国领土上展开。

1346年，双方在法国北面、靠近弗兰德斯的克勒西再次展开大战。这场战争中英国的弓箭手们（在古罗马时代他们就很有名）大显威风，把法国的骑士们射得人仰马翻，溃不成军。次年，英国人占领了加来，它紧靠弗兰德斯，是法国最重要的商港之一。从此英国人牢牢占据加莱，直到百年战争结束时仍在英国人的掌握之中。

英国人在法国南北都占领了大片土地，对法国采取了南北夹击之势。1356年在普瓦提埃与法军进行会战，法军再次大败，连法国国王都成了英国人的俘虏。

3年后，英国人再次进攻，这时法国国王正在英国人的监牢里，法国由王太子查理执政，他选择妥协求和。英法签订了《布勒丁尼和约》，英国从法国西南部获得了大片领土，法国又以300万克朗巨款赎回了国王。但法国也得到了一个好处，就是英国国王爱德华三世放弃了法国王位。

法国国王回国后没几年就死了，他的儿子查理王太子继位，称查理五世。查理五世在与英国的战争中深受其辱，决心让法国强盛起来。他利用三级会议的帮助获取了大量税收，又大力整顿国家，重整军备，建立了庞大的陆海军。运用这些力量，他在与英国的战斗中节节胜利，把英国在法国占领的领土——光复。这时英国正处于内乱之中，无力还手。1369年双方再次签订停战协定。

查理五世死后，他的儿子继位，称查理六世。他是个年仅12岁，又患了癫痫病的家伙，无力治国安邦，朝臣们也分成了两大派，分别称奥尔良党和勃艮第党，互相争权夺利，刚安定了几年的法国重新陷入混乱。勃艮第党战败后便向英国人求援，这时的英国国王是亨利五世，他一见法国鹬蚌相争，便知道自己可得渔翁之利了。1415年，亨利五世急率大军登陆法国，大败由奥尔良公爵带领的法军，一直打到巴黎。法国的首都和整个北方皆处于英国的占领之下。

一直过了十来年，亨利五世和查理六世接连死去。亨利五世与法国公主不到1岁的孩子便继位为英国国王，称亨利六世。由于他是法国公主所生，又被宣告为法国国王。而在法国南部，以王太子查理为首的法军仍然与英军抗战。

1428年10月，英军再次攻击法军，目标是法国中部的重镇奥尔良。它是当时法兰西的心脏，也是法军的最后堡垒。英军包围了奥尔良，大有一举拿下的气势。

这时，出现了也许是整个法兰西历史上最奇迹的一幕：一个贫下中农的女儿，年仅16岁的贞德拯救了法国。

圣女贞德

1412年，贞德生于法国东北部一个叫德雷米的小村庄。她的父亲是一个农民，母亲是一个虔诚的基督教徒，从小教她熟读《圣经》，教她背诵圣人的箴言，因此贞德很早就成了一个虔诚无比的基督徒。

不知何时起，贞德说自己能听到圣人的声音，圣人叫她去解救奥尔良，并将已被剥夺了王位继承权、正躲在一个山谷里的法国王子查理带出来，让他正式加冕称王。

贞德到了邻近一个城市，一见面就对城防司令说："上帝派我来拯救法兰西，为查理加冕！"

也许真是天意，或者是病急乱投医，那城防司令竟然相信了这个16岁的小姑娘，为她提供了一支卫队。她带着这支卫队赶到了查理王子所在的卢瓦尔河谷，向王子说明了她的目的——也就是神意。王子起初不相信她，觉得这太离奇了，便让几个博学的教士和神学家去考验她，发现她的心智完全正常，真像接受了神意。大喜过望的查理立即给了她一支不大不小的军队奔袭奥尔良的英军。

1429年5月，贞德到达了奥尔良，向英军发动了猛攻，英军被贞德打得溃不成军，狼狈而逃。接着，在奥尔良西北面的巴泰城，贞德再次大败英军，还逮住了英军统帅。

奥尔良得救了！这消息和贞德的名字像狂风一样席卷法国，人们称她为"奥尔良姑娘"。她激起了长久以来萎靡不振的法国人的斗志，使他们燃起了战胜英国人、解救祖国的信心与决心。

解放奥尔良后，贞德立即着手她的第二项工作——让查理登基称王。她依着神意，向兰斯进军，因为她听到神要她在那里让查理成为国王。

她的军队所向披靡，不久便攻占了兰斯。1429年7月，查理正式即位称王，是为查理七世。加冕之时，贞德就站在这位新王的旁边，做他的保护人。

群龙无首的法国人终于有了自己的国王，这大大鼓舞了法国人的士气，许多原来投到了英国一边的法国城市纷纷站到了祖国这边。面对大好形势，贞德力主马上进军巴黎，解放首都，但当了国王的查理在这个时候却把他的怯懦暴露无遗：他想和谈，不想再打了。

在贞德和军队统帅们的坚决要求下，他只得勉强往巴黎进发。由于初战失利，他立即逃回原来的卢瓦尔河谷去了，甚至解散了已聚集起来的庞大的勤王军队。

但贞德不愿放弃。当她听说康边城被围的消息后，就带着一小支军队驰援。然而康边的指挥官不喜欢她，当贞德快要进城时，他关上了城门，贞德因此被抓住了。抓她的人不是英国人，而是法国勃艮第党人。

贞德被俘后，勃艮第党人将她卖给了英国人，价格是一万六千法郎。

贞德死后第四年，1435年，英国国王承认查理七世为法国君主。次年，在巴黎人的帮助之下，查理七世收复了巴黎。

查理七世大力整顿国家、训练军队。1449年，法国收复诺曼底。1453年，法国收复加斯科涅。

虽然没有签署正式的停战条约，但漫长的百年战争事实上结束了。

查理七世死后，他的儿子继位，称为路易十一。他继承父亲的事业，继续解决封建割据问题，推进法兰西的统一。路易十一需要解决的最后一个大封建主，就是与英国人勾结的勃艮第党的头目勃艮第公爵，他是个好战的家伙，绰号"大胆查理"。路易十一想出了一个借刀杀人之计，他诱使"大胆查理"与团结而强悍的瑞士人交战。1477年，"大胆查理"被瑞士人杀死，路易十一乘机夺了他的领地。

至此，全法国再也没有一个封建主有力量和他抗衡了，法国事实上成了一个君主专制国家。

所以，百年战争的结束也是一个新的开始：是法国君主专制政体的开始，同时也是法兰西民族的开始。法兰西从此不但完成了国家的统一大业，独特的法兰西文化也已形成并走向成熟，其标志是以巴黎方言为基础的法语成为全法兰西的通用语言。

第九章

不列颠的成长

不列颠是一个岛屿，与法兰西隔英吉利海峡相望。英吉利海峡很窄，游泳高手可以游过去，船只更不用说了，所以英国与法国的人民和历史自古就联系在一起。

前面"帝国的征服"一章中说到，恺撒征服高卢之后，顺便渡海征服了英国南部。

英国的历史从此开始。

战国时代

不列颠岛上原本住着凯尔特人，他们是英国的土著，说着一种与高卢语差不多的语言，大多以放羊为生。当恺撒踏足不列颠岛时，他们已经在这片土地上繁衍生息了上千年，只是还非常原始和落后。

恺撒征服这里之后，英国南部就成了罗马帝国的一部分。过了100年左右，罗马皇帝克劳狄一世对不列颠进行了全面的征服，建立了行省，把不列颠的大部分地方纳入了全盛时期的罗马版图。

但这时不列颠的土著们，被称为不列吞人，也开始建立起自己的国家。其中生活在北部的不列吞人勇敢善战，从来没有被罗马人征服，还时不时袭击已经被罗马人征服的南部。后来，罗马皇帝、五贤帝之一的哈德良只好在靠近苏格兰的地方筑起了一道"长城"来拦阻他们。

在罗马人的统治下，不列颠人说上了拉丁语，建立了一些罗马式的城市和大马路，还有不少人成了基督教徒。

5世纪初，罗马人退出不列颠。

罗马人前脚刚走，新的入侵者就踏进了门，这些人就是盎格鲁人和撒克逊人。他们都是日耳曼人，原来与其他日耳曼部落一样住在易北河与莱茵河一带。罗马帝国崩溃时，他们与其他日耳曼人一起蜂拥进入罗马帝国，把罗马帝国的领土当作自己的蛋糕。英国也是蛋糕之一。

凯尔特人再一次沦为自己家园的奴隶。他们也曾进行过英勇抵抗，亚瑟王和圆桌骑士的传说就是最好的证明，但他们不是日耳曼人的对手，所以现在的英国人主体是盎格鲁－撒克逊人。不过盎格鲁－撒克逊人只统治了南部，也就是现在的英格兰，北部的苏格兰人仍是古代凯尔特人的后代，他们一直顽强地保留着自己民族和文化的特色。

蛮族们来到不列颠后，一开始建立了三个小国家，分别叫东、西、南撒克逊。到7世纪左右，盎格鲁－撒克逊人的小国增加到了七个，包括肯特、威塞克斯等。这些小国斗来斗去，形成了英国的战国时代。先是肯特做了霸主，接着是威塞克斯，它的王爱格伯特征服了七国，自称是"全不列颠的统治者"。事实上他统一的只是盎格鲁－撒克逊诸国。

这也是英国统一的开始，英国的常用称呼"英格兰"就是从这时候开始的。

这一段历史也是基督教的传播史。最先接受基督教的是肯特王国。

597年，教皇派奥古斯丁带着40个教士来到不列颠。肯特王接待了他们，为他们建造了坎特伯雷大教堂。基督教在不列颠迅速传播起来，到8世纪初基本上统治了整个不列颠岛。

8世纪后期，丹麦人入侵不列颠，9世纪时他们已经从东到西横扫不列颠。这时威塞克斯的阿尔弗雷德大帝带领英国人奋勇抵抗。他组建了一支强大的军队与丹麦人作战，并于878年打败了丹麦人。但泰晤士河以北仍由丹麦人占领，称为"丹麦区"。

阿尔弗雷德大帝死后，丹麦人再次取得了优势。他们打败英国人后索要大量贡金，史称"丹麦金"。到1014年，英国人共付7次，总数达15万8000镑，这在当时可是笔巨款。1016年，丹麦人卡纽特登上了英国王位，他又要了8万多镑。他死后儿子继位，此后继位的是阿尔弗雷德大帝的后人爱德华，他一直寄住在法国的诺曼底公爵家，是个十分虔诚的基督教徒，被称为"忏悔王"，这是1042年的事。

来自法国的征服

1066年，英国历史上发生了一件翻天覆地的大事。

这年，"忏悔王"死了，他老婆的兄弟哈诺德被推为国王。爱德华王曾长期寄居在诺曼底公爵家中，诺曼底公爵称爱德华曾经亲口说愿死后把王位让给他，以表达他的感激之情，而诺曼底公爵同时又是爱德华王的亲戚，有继承王位的权利。诺曼底公爵于是率军渡过海峡，进入英国，在哈斯丁一役中大败哈诺德。年底，诺曼底公爵在伦敦戴上了英国的王冠，史称"征服者威廉"，他建立的王朝称为"诺曼底王朝"。这是英国历史一个崭新的开始。

"征服者威廉"没有效仿法国国王把大量土地赐给臣子，他首先让自己的直辖领地超过任何一个封臣，其他土地也主要封给了兄弟、子女等近亲。他知道自己之所以获得英国王位,有一半功劳属于教会和教皇,所以他把大量土地给了教会。他还解除了各个城市的武装,拆除了许多城堡。种种措施使英国之后不致像法国那样陷入四分五裂的封建割据之中,这也是英国日渐强盛的基础。

1135年亨利一世死后,诺曼底王朝就完了,继之而起的是"金雀花王朝"。它的建立者是法国的安茹伯爵,他是"征服者威廉"的孙女的儿子,史称"亨利二世"。

亨利二世在位期间,继续加强王权,他向反抗他的封臣们发动战争。他不但在英国,还在法国拥有广大领地,封臣们的势力远没有他强大。他命令诸封臣解散私人军队,拆除了300多座城堡。他不再要封臣们带兵跟从他作战,因为这也是他们扩大自己的势力的最好方法,他命令他们改为交钱代役,他用这笔钱去请人当兵。这样建立起来的军队只忠于他一人,封臣们也再没有借口武装自己。此外,他还与势力过于强大、经常不把国王放在眼里的教会展开斗争,暗杀了不可一世的坎特伯雷大主教。

亨利二世的这些措施大大加强了王权,使英国成为一个统一的整体。他的继位者先是"狮心王"理查,他在位10年中有9年不在英国,他也热衷于为英国开疆拓土,但碰上的却是法国国王奥古斯都·腓力,所以连战连败,于1199年战死沙场。他的弟弟约翰继位。

这个约翰王被称为英国历史上最昏庸的君主。对外,他在与奥古斯都·腓力的战争中,差不多把英国在法国的全部领地输了个精光。他又想与教会斗法,却没父亲的本事,被迫臣服于教皇,每年进贡1000金镑。对内,他横征暴敛,惹起全国上下的一致反对。在内外夹攻下,他被迫与人民妥协,签署了"自由大宪章",中心是限制王权,保护贵族、骑士和市民的权利、自由和钱袋。这是英国议会制度的萌芽。

约翰王死后，他的儿子继位，称亨利三世，他是个比"忏悔王"还要虔诚的基督教徒，对教皇有求必应，甚至要把国家收入的三分之一送给教皇，这当然遭到臣民们的激烈反对。一些贵族乘机向国王发动"兵谏"，强迫亨利三世同意他们所制定的《牛津条例》，又大大限制了国王的权力。亨利三世心有不甘，一找到机会就宣称条例是废纸一张，不惜与贵族们的代表孟福尔展开内战。

战争之初，孟福尔取得了胜利，并且在 1265 年召开了英国历史上第一次正式的国会，参加国会的代表不但有贵族和教士，还有骑士和市民。但孟福尔好景不长，不久他就在另一场战役中大败并且被杀。

国会开始成了英国政治的一种传统。1295 年，爱德华一世召开了所谓的"模范国会"，特点是贵族和主教在一个地方开会，市民和骑士则在另一个地方开会。它们后来就分别发展成了英国国会的上院和下院，现在仍然如此。

英国还有一点与其他国家不一样，就是英国被分成了几个相对独立的部分：英格兰、苏格兰和威尔士。它们是如何结合在一起的呢？

英格兰的君主一直想吞并苏格兰与威尔士。到亨利三世的儿子爱德华一世时，威尔士成了英国的一部分，并迅速英格兰化了。

征服苏格兰则要难很多。爱德华一世趁苏格兰因王位继承权闹得不可开交时，设法把效忠于他的约翰·巴里奥弄上了王位。但这个巴里奥一登上王位就翻脸不认账了。爱德华一世率军入侵，把巴里奥逮捕流放了，但以罗伯特·布鲁斯为首的反英斗争并没有平息。1314 年，在班诺克本之战中，他击败了爱德华二世的军队，使苏格兰重获自由。

接下来就是百年战争。

百年战争失败后，英国人开始反省失败的原因，有很多人把失败归咎于亨利六世的妻子——法国公主玛格丽特，说是她出卖了英国，同时人们也反对亨利六世时执掌国政的萨默塞特公爵,想把他作为失败的替罪羊。反对者中为首的是约克公爵,他的支持者佩戴白色玫瑰以表示对约克的支持。国王则属于兰开斯特家族,他的支持者则佩戴红色玫瑰。他们之间的纷争就是英国历史上有名的红白玫瑰战争。

约克公爵才能优异且得民心,在战争中屡屡得胜,但他为人心慈手软,俘虏了国王又将他释放,终于在玛格丽特王后发起的复仇之战中失利被杀。但他的儿子继承父业,决定性地击败了王军的势力,自己登上王位,建立了约克王朝,史称"爱德华四世"。但玛格丽特不屈不挠,在法国的支持下,她赶走了爱德华四世,使亨利六世复位。爱德华四世养精蓄锐,1471年在特克斯伯里等战役中取得了决定性胜利,并处死了亨利六世和他的儿子。

兰开斯特家族似乎在这场玫瑰之战中永远失败了。然而意外出现了。

爱德华四世的弟弟理查是个阴险残酷的家伙,一心想登上王位,当他的王兄死后,他便将两个侄儿暗杀了,自己当了国王,称理查三世。他的这种行为和他的为人激起了全英国人的反对。为了使自己的统治合法化,理查三世决定娶爱德华四世的女儿、自己的亲侄女伊丽莎白为妻。

这时兰开斯特家族乘机再次登上了历史舞台,他的代表就是亨利·都铎。他率军向理查三世发动了战争,击败并杀死了理查三世。

亨利·都铎娶了伊丽莎白,将兰开斯特家族与约克家族合二为一,并于1485年登上王位,称亨利七世。

这标志着玫瑰战争的结束,也标志着一个新的历史时期的开始。英国诞生并长大了。其标志有三:一是英国在政治上已经统一,国王与国民、贵族与平民之间的关系取得了基本平衡,国家趋于稳定;二是经济开始大发展,各个行业,尤其是养羊业和毛纺业享誉全欧洲,为国家积累了巨额资本;三是英国民族文化形成,这也许是最重要的标志。

我们知道，罗马人侵入英国后，英国人说起了拉丁语，后来盎格鲁－撒克逊人也把自己的语言带了进来，这些语言慢慢地融合成了原始英语。英语起初只是"没有文化"的英国人才说的，有教养的人说的都是法语，特别是在宫廷，满耳全是法语。

这种情况到爱德华三世时有了改变。1362年，他下令法庭用英语审判案件。此后亨利四世在英国宫廷里说起英语来。很多人开始效法他，慢慢地，英语就在贵族中流行开来。

英语走向成熟的标志是出现了用英语写就的文学作品，最有名的是诗人乔叟的《坎特伯雷故事集》。这一切加在一起就构成了独特的英国文化。

第十章

脆弱的德意志

德国是德意志的简称,它的人民就是日耳曼人。

日耳曼人有好多分支,例如西哥特人、东哥特人、汪达尔人、勃艮第人等等,原来住在易北河与莱茵河之间。他们原本落后,但战斗力却十分强大。

前面我们已经说到了843年查理曼的三个孙子瓜分帝国的事,其中日耳曼人路易获得了帝国东部,那就是德国的原型。

两皇相争

911年,日耳曼人路易死了,没有子嗣,加洛林王朝的统治就此结束。接下来是法兰克尼亚的康拉德一世成为国王。康拉德死后,萨克森的亨利一世做了国王,他有两个绰号:一个叫"捕鸟者",另一个叫"无柄之剑"。为什么有这么古怪的绰号?这是因为他很讨厌当时德国的教会,登基时不肯行"涂油礼"。教会认为他没有得到上帝的祝福,是非法的。

他可不管，他依靠的是势力。上台伊始，亨利一世就进行了一系列的内外征讨。对内先后平定了士瓦本公爵和巴伐利亚公爵的反叛。对外与来犯的马扎尔人作战。这些马扎尔人曾令欧洲人寝食难安，但亨利一世大败了他们。他又对斯拉夫人发动战争，夺取了大片土地，还征服了捷克人，逼他们称臣纳贡。

这些胜利看上去很辉煌，不过代价也很大。为了让诸侯们支持他出钱、出兵打仗，他给了他们很大的特权，如铸造钱币、审理案件等，还把封地内的教堂和修道院也交由诸侯们管理，让他们从那里收钱、收粮。这些都大大加剧了德国的分裂局面，埋下了德国以后长期分裂的种子。

亨利一世去世前，指定他的大儿子继承王位，称奥托一世。

奥托一世与父亲不一样，他接受了涂圣油的仪式，成了合法的君主。他又与父亲一样好战，继位不久便发动了大规模的战争。

他先征服了易北河与奥得河之间的广大地区，又向斯拉夫人发动战争，占领了大片土地，将德意志的领土一直延伸到波兰和丹麦。

通过这一系列成功的征战，奥托一世大涨了声望和权力，他乘机扩大自己的王权，包括要求德国的主教们像普通封建主一样当他的附庸，为他的征战出钱出力。他的这些目标一一实现了，如果这时他专注于德意志的事务，致力于建立君主专制，他完全有可能消除德国的封建割据，建成统一的德意志国家。

然而他没有。他把目光投向了意大利——罗马帝国的老家。他想征服它。

这时统治意大利的君主罗退尔死了，这不是查理曼的长孙、分得中部法兰克的罗退尔，而是他的后人。这个罗退尔死后，他的妻子受到了威胁，她久仰奥托一世的大名，逃到了德国，请求帮她复国。奥托一世连连点头，即刻兴兵南下，不久占领整个意大利北部，并征服了伦巴第地区。这是951年的事。

次年他与罗退尔的妻子结了婚，之后回到德国，安排好德国国内的事情，并向他的附庸们要钱、要人打仗。960年，他借口教皇有请，兴兵直指罗马。

2年后，他攻入罗马，帮助教皇打垮了宿敌。为了向他表示感谢，这一年，在圣彼得大教堂，奥托一世被教皇加冕为"神圣罗马帝国皇帝"。这样一来欧洲就有了两个"皇"：一个是教皇，另一个就是神圣罗马帝国皇帝。

这两个"皇"之间很快就出现了纷争。奥托一世承认教皇对许多地产的占有，但保留了这些地产的主权，甚至要求教皇上任时要宣誓效忠于他这个皇帝。愤愤不平的教皇不久就进行反抗，但立即被奥托一世打败了，教皇约翰十二世被废掉，奥托一世另选了新教皇，并规定以后未经皇帝同意不得选举新教皇。

奥托一世大半时间都在意大利度过，等他再回德国时，已经60岁了。

第二年，奥托一世死了，他的儿子继位，称奥托二世。奥托二世也是个有能力的人，继位之初就打败了想夺他王位的巴伐利亚公爵，又效法父亲往罗马进军。982年，他被阿拉伯人打败了。回到德国后，第二年就死了。

这时奥托二世的儿子只有3岁，他的母亲摄政，13年后他亲政。只可惜他的威望和势力已经无法与先王相比了。

当皇帝势力削弱时，德国境内的基督教势力一直在增强。教会掌握了大部分财富，皇帝都常常要向他们借钱，皇帝登位也要由他们加冕，加冕仪式甚至可以由大主教来完成，而不用惊动教皇。教会要求把教会财产严格控制在自己手中，主教等教职也要由教皇来任命——以前这都是皇帝的事。而其目的只有一个，就是要让教权凌驾于世俗政权之上。

势力日小的皇帝在势力日大的教会面前步步退让，到亨利四世时达到顶点。1076 年，亨利四世在沃姆斯这个地方举行帝国会议。在会后他向罗马教皇发布了最后通牒式的公告。

教皇格里高利七世宣布开除亨利四世的教籍，并叫亨利四世所有的臣民都不要效忠于他。

德国那些本来就讨厌亨利四世的贵族立即表示遵守教皇圣谕，不承认亨利四世为王，不效忠于他，亨利四世一下子陷入众叛亲离的境地。除了向教皇屈服别无他路。当他打听到教皇要去卡诺莎城堡访问玛狄尔德女伯爵时，便千里迢迢翻越阿尔卑斯山，到达卡诺莎城堡。他穿着罪人的衣衫，赤脚光头，在冰天雪地里站了 3 天，教皇才召见他，恢复了他的教籍。这是 1077 年 1 月的事。

受到如此侮辱的亨利四世回到德国后卧薪尝胆，3 年后，他宣布废黜格里高利七世，另立克莱门特三世为教皇。后来他统兵进入罗马，赶走了格里高利七世。

但教俗之间还在竞争，直到亨利四世死后，继位的亨利五世与新教皇卡利克斯特二世在沃姆斯签订了条约，双方各自做了一些妥协，明确了皇帝和教会各自的权限，教权和俗权的争斗才暂时平息。

这暂时的平息与其说是斗争的结束，不如说是新的斗争的开始。

走向分裂

这时德国的封建割据日趋严重，诸侯们各自为政，根本没有统一的德意志这个概念。加之德国有一个传统，皇帝可以由选举产生，那些想当皇帝的大诸侯为了登上帝位，不得不给其余诸侯许下种种诺言，使他们在各自的领地里拥有更大的权力。这样一来，德国便一天比一天支离破碎了。

1138年，一个新的王朝——霍亨斯陶芬王朝登上德国的历史舞台，它产生了又一个像奥托一世一样的大帝——腓特烈一世。

腓特烈一世长着一大把红胡子，所以也被称为"红胡子"，全名是腓特烈·巴巴罗萨，在叔叔康拉德三世死后被选为皇帝。他是个天生的野心家，一生的目的是要征服意大利，重温罗马帝国的旧梦。他曾五出阿尔卑斯山，攻伐意大利。

1154年，他第一次攻入意大利，借口是教皇请他帮助平定布里西亚的叛乱。他行军神速，不久直抵罗马，平定了叛乱，第二年被加冕为神圣罗马帝国皇帝。

4年后，北意大利的米兰等城反抗，他第二次入侵意大利。他宣布取消了许多城市的自治权，由皇帝向这些城市派遣市长，驻防军队，大收其税。势力强大的米兰首先起来反抗。米兰人经过2年抵抗，最后失败投降。城市的8个执政官和几百个贵族赤着脚，穿着罪人穿的麻衣，跪在皇帝的面前亲他的脚丫子。

这是腓特烈一世光辉的顶点，他后面的人生和事业就满是辛酸和苦痛了。

他与教皇亚历山大三世陷入了又一次教权与俗权之争。教皇宣称教权高于俗权，所有的国王和皇帝，包括腓特烈大帝都要服从他这个教皇。亚历山大三世在北意大利诸城市之间纵横捭阖，建立了一个"伦巴第同盟"，与腓特烈一世以武力相抗。

为了反击教皇，腓特烈一世宣布废除亚历山大三世的教皇之位，并在1163年发动了第三次意大利远征。亚历山大三世针锋相对，宣布革除腓特烈一世的教籍，要他的臣民们不再忠于他。亚历山大三世知道伦巴第同盟肯定挡不住腓特烈大军，便先行一步躲到了法国，那里有他的老朋友——法国国王路易七世。在罗马，腓特烈一世另立了教皇维克多四世。

这样，在基督教世界出现了并立的两个教皇。

这种局面并没有持续太久，第二年维克多四世就死了，亚历山大三世又回到了罗马。腓特烈一世第四次挥军南下，直扑罗马。亚历山大三世再次躲到了法国。但此时腓特烈一世的军中突然爆发了可怕的瘟疫，伦巴第同盟乘机攻打腓特烈一世。腓特烈一世差点被杀，最后乔装成乡农逃回了德国。这是1168年间的事。

6年后，腓特烈大帝第五次进攻意大利，这时伦巴第同盟已经更加强大。

1176年，腓特烈大军与同盟军在雷纳诺展开了生死之战。结果出人意料，腓特烈大军几乎被全歼，剩下的全做了俘虏，包括腓特烈一世本人。

经此一役，腓特烈一世被迫放弃了在意大利的一切权益，包括土地和城市官吏的任命权等，也不能再干涉教皇的事务。

签订了协议后，腓特烈一世被释放回国，再也不敢去意大利冒险了。

他当然不会死心。1186年，他命令他的儿子娶了康斯坦丝公主，她是意大利南面西西里王国的王位继承人。他的儿子亨利，后称亨利六世。

腓特烈一世最后的事业是参加第三次十字军东征，命运女神再次，也是最后一次惩罚了他。1190年6月，在横渡小亚细亚的塞勒夫河时，河水吞没了他，终年68岁。

腓特烈一世的儿子亨利六世继位几年之后，成了西西里国王。可惜他的命不长，才过了3年就死了，他的儿子继位，称腓特烈二世。

腓特烈二世继位时年纪太小，教皇便担当他的"监护人"，实际上把西西里王国掌控在了自己手中，长达15年之久。这15年中，德国相当于没有国王。

腓特烈二世长大后，正式执政了。由于他在西西里成长，把这里当成了故乡，德国在他眼里只是一块遥远的飞地，无关痛痒。所以他大大方方地把德国交给那些封臣去管，差不多把一个独立国家所要的一切权力都给了他们。

对于西西里和意大利，腓特烈二世大力铲除割据势力，拆掉领主们的坚城固垒，剥夺各城市的自主权，并且征收重税。伦巴第同盟联合教皇再次起来反抗。教皇格里高利九世宣布革除腓特烈二世的教籍，腓特烈二世以战争来回应他。1238年，他大败伦巴第同盟，整个意大利都在他的掌握之中了。格里高利九世想用整个欧洲的力量来抵挡腓特烈二世，宣布在罗马召开全欧洲主教大会。腓特烈二世派出海军拦截了主教们的船只，活捉了上百名主教和红衣主教，还抢走了格里高利九世的一大块领地。这位教皇被活活气死了。这是1241年左右的事。

9年后，腓特烈二世也走到了人生的尽头。他一死，意大利诸城市和教皇一哄而起攻击他的继承人，腓特烈二世在西西里和意大利辛苦创下的基业就这样土崩瓦解了。

回过头来说德国。腓特烈二世死后，他的儿子继位，称康拉德四世，继位才4年便死了。至此腓特烈大帝建立起来的霍亨斯陶芬王朝也结束了。

想做皇帝的各路诸侯上场。先是荷兰伯爵被选为皇帝，但不久就被杀了。这时英国的国王是亨利三世，他是"征服者威廉"的后裔，与德意志颇有一点关系，在他的支持下，他的弟弟康沃尔伯爵理查德被一部分诸侯选为皇帝。但在法国国王的支持下，又有一部分诸侯同时选了腓特烈一世的后裔阿尔丰斯十世为皇帝。这个时期虽有双王，但被称为"无王时期"。

1273年，在教皇的主持下，德意志诸侯们齐聚法兰克福，选举瑞士的一个小封建主、哈布斯堡家族的鲁道夫为皇帝，这就是有名的哈布斯堡王朝的开始。这个鲁道夫一无广大的领地，二无特殊的声望，诸侯们以为这样的人不会对他们产生什么威胁。

鲁道夫一当上皇帝就开始扩大势力，不久大败捷克的波希米亚王，夺取了奥地利，为以后哈布斯堡王朝的发展奠定了基础。

他的后继者艾伯特一世也同样致力于开疆拓土。众诸侯把这一切看在眼里，所以艾伯特一死，他们另选了卢森堡家族的亨利七世为皇帝，几年后又选了威特斯巴哈家族的人为皇帝，再往后是卢森堡家族的查理四世登上了帝位。

查理四世颁布了《金玺诏书》。诏书的主要目的是把选帝的规章制度定下来。措施大略是这样的：神圣罗马帝国皇帝的选举会议由美因茨大主教召集并主持，由7个最大的诸侯在法兰克福选举，以票数的多少来决定谁当皇帝，同时排除教皇的干涉。诏书还明文规定了封建割据的合法性，给予各领主在各自领地内的权力，领主世袭，其辖下的山川河流矿藏，连同土地上的城市和人民等都属于领主，领土在领地之内有行政、立法、司法、铸币、税收等大权，并拥有自己的军队。

各封建主当然举双手赞成，直到中世纪结束很久，德国还处在分裂当中。

至于谁当德国的皇帝此时已经关系不大了，结果是这样的：先是卢森堡家族的西格斯曼做了皇帝，但卢森堡此后就衰落了。强大起来的哈布斯堡家族重登帝位。

哈布斯堡家族的皇帝们也曾经搞了一系列的征服和兼并，特别是有名的马克西米利安一世，他东兼西并，建立了一个领土十分辽阔的家族帝国，连西班牙都包括在内。

德国在这漫长的历史时期一直处于四分五裂的封建割据状态，大小诸侯建立的独立小王国有200多个，它们总共的领土也就同中国东北三省那么大。此外，许多城市为了自保也结成独立的城市同盟，这样城乡之间、地区之间处于独立甚至相互对立的状态。在如此严重的分裂之下，德意志也就谈不上什么统一的国家与文化了。

　　当然这时毕竟有了德意志民族,主要标志是慢慢地形成了德语。然而无论在经济上还是在文化上,他们依旧是落后的,落后于他们的兄弟之邦,即稳步建立了君主专制、完成了国家统一的英国与法国。

第十一章

战斗民族的超级扩张

前面已经说过欧洲的几个主要民族，有拉丁人、高卢人、日耳曼人、凯尔特人等，欧洲还有一个民族——斯拉夫人，他们的人数比日耳曼人和拉丁人都要多。

斯拉夫人大约起源于现在的俄罗斯和波兰，那里有广阔无垠的草原，草原的边缘有许多森林和沼地，斯拉夫人就是从这些森林和沼地里走出来的。

走出来后的斯拉夫人分成好几支，分别叫作西斯拉夫人、东斯拉夫人和南斯拉夫人。

西斯拉夫人后来变成了今天的捷克人、斯洛伐克人和波兰人，他们西迁后接受了西方人的思想，包括天主教、拉丁字母等，成了地道的欧洲人。南斯拉夫人则包括今天的克罗地亚人、斯洛文尼亚人、塞尔维亚人和保加利亚人等，这些人中，克罗地亚人和斯洛文尼亚人接受了天主教和拉丁字母等，塞尔维亚人和保加利亚人受东方拜占庭帝国的影响，接受了东正教。东斯拉夫人就是今天的俄罗斯人。俄罗斯人实际上有三支：

一支叫小俄罗斯人，也就是今天的乌克兰人；一支叫白俄罗斯人；还有一支就是我们现在要说的俄罗斯人。

古怪的起源

当查理曼帝国一分为三时，俄罗斯人还没有国家的概念。他们只是一些分散的部落，互相纷争不已，甚至没有一个部落强大到能够称霸。

这个时候有了一个古怪的传说。这些互相争斗的斯拉夫人部落请求北欧人的头领留里克来统治他们，他们对留里克说："我们的国家辽阔而富饶，但却没有秩序，请来管辖和统治我们吧！"

于是留里克带着他的北欧人来到了东斯拉夫人的主要城市诺夫哥罗德，在那里做了王，这也是斯拉夫人的第一个王，称"大公"。这是860年前后的事。

后来留里克死了，他的儿子伊戈尔还小，便由他的亲戚奥列格摄政。这个奥列格浑身都是北欧海盗的热血，他率军南下，占领了俄罗斯人的第二个重要城市和主要贸易中心基辅。从此基辅成为国家的中心，由北欧人建立的斯拉夫人国家就以基辅为名，称为基辅罗斯。

奥列格继续扩张，不断征服邻近的斯拉夫人部落。他的征服有一个专名——"索贡巡行"。就是每年到一定时候，大公就带着兵到处巡游，来到各个臣服的部落，向他们要些毛皮、蜂蜜、粮食之类。奥列格死后，伊戈尔已经长大了，继续他的扩张事业。

伊戈尔曾两次攻击拜占庭，但都铩羽而归，后来他又向一个邻居进攻，结果被杀死了。他的儿子维托斯拉夫继位。维托斯拉夫死后，继位的儿子弗拉基米尔做了一件对俄罗斯的历史与文化影响深远的事——接受东正教。

那时差不多是公元1000年，基辅罗斯的欧洲邻居们接受基督教已经好几百年了。这时也有许多教士把基辅罗斯看成最好的传教场。

弗拉基米尔大公派人详细地了解了各个宗教的情况后，最后选定了东正教。为什么呢？使者们告诉他：当他们走到圣索菲亚大教堂时，"我们不知道是在天上，还是在人间，如此美丽、如此壮观的景致，我们难以形容"。圣索菲亚大教堂是拜占庭最大的教堂，也是整个基督教世界最金碧辉煌的教堂。凭着在教堂里发现的光荣，弗拉基米尔大公令俄罗斯人成了东正教徒。

基辅罗斯看上去是统一的国家，但实际上不是。基辅罗斯的大公们把领土分封给了儿子们，形成了许多小公国，这些小公国也彼此不和，常常互相攻击。这是俄罗斯历史的"战国时代"。

内乱频繁，基辅罗斯还遭受了来自周围邻居频繁的入侵，像匈牙利人、波兰人、立陶宛人等等，还有蒙古人。

臣服蒙古

从 1219 年开始，成吉思汗率大军攻灭了中亚的大国花剌子模，并派他的大将哲别率军追击花剌子模残军。哲别一直追到现在欧洲和亚洲的分界线高加索山下，顺便打败了这里的突厥人，接着便与俄罗斯人开战了。

1223 年，基辅大公列阵于卡尔河畔，与蒙古人展开决战，结果基辅大公全军覆没，六个王公被打死。所幸的是蒙古人班师回朝了。

1236 年，成吉思汗的孙子拔都西征，直逼基辅。经过一番血战，基辅陷落。接着蒙古人兵分两路继续西进，一直打到匈牙利、捷克和波兰，后来窝阔台大汗去世的消息传来，拔都匆匆回去，欧洲才侥幸逃脱，但此时的基辅罗斯已被征服。

这并不是俄罗斯人的完结，而是一个新的开始，因为这时一个新的公国——莫斯科公国兴起了，它将代表俄罗斯的未来。

莫斯科原是基辅罗斯苏兹尔大公建立的一座小城堡。基辅被蒙古人摧毁后，它迅速代替了基辅，成为俄罗斯的商业中心。一是因为它建立在一望无际的大森林里，远离蒙古骑兵纵横驰骋的大草原，在这里做生意比较安全；二是因为伏尔加河等大河都流经它，又是俄罗斯的大陆交通中心，水陆交通均很发达。

莫斯科公国建立之后，统治它的大公大都是些善于治国且野心勃勃的家伙。当蒙古人成为俄罗斯人的主人后，大公尤里获得了一个至关重要的职位——"弗拉基米尔及全罗斯大公"，使莫斯科成了全罗斯的老大。

这个"弗拉基米尔及全罗斯大公"是怎么回事呢？原来蒙古人征服俄罗斯人后，懒得在俄罗斯广阔无垠的土地上东征西讨，甚至连要东西和钱都懒得动手。他们便在全罗斯的大公中选一个最听话的，册封为"弗拉基米尔及全罗斯大公"，让他代表蒙古向俄罗斯各公国收取贡赋。这个职位的甜头显而易见，一则表明他在全罗斯是一人之下、万人之上，二则他收取贡赋明显是个肥差。

莫斯科的尤里大公更聪明。他首先想方设法讨得了大汗的欢心，让大汗把妹子嫁给了他，接着他找借口与当时的"弗拉基米尔及全罗斯大公"特维尔大公斗了起来，打仗时他的老婆被大公的人杀了。这还了得，尤里立即向大汗告状，大汗大怒，斩了特维尔大公。

但尤里自己不久也被特维尔的人杀了，他的弟弟伊凡·卡里达继位。他与哥哥一样擅长讨好卖乖，讨得了大汗的欢心，受封为"弗拉基米尔及全罗斯大公"。

当上"弗拉基米尔及全罗斯大公"后，伊凡立即借着这个身份大肆搜刮民脂民膏，四处兼并领地，还把东正教大主教从基辅迁到莫斯科，把莫斯科变成了全罗斯的宗教中心。

后来，在伊凡的孙子狄米特里·伊凡诺维奇的统治下，莫斯科公国更加强大，并赶走了蒙古人。

莫斯科公国日益强盛之时，金帐汗国（又称钦察汗国）却日益衰落，所以狄米特里开始不那么对大汗毕恭毕敬了，大汗大怒，遣军向莫斯科公国发动攻击。1380年，蒙古骑兵与俄军在顿河河畔一个叫"鹬鸟场"的地方展开大战，俄军获胜，狄米特里也有了一个称号——"顿河的狄米特里"。这使俄罗斯人有了一个信念：蒙古大军不是不可战胜的。

但这次胜利并没有让俄罗斯人从此自由，不久蒙古大军又打败了俄罗斯人，俄罗斯人仍处于蒙古人的控制之下。俄罗斯人真正独立还要等上差不多100年，直到伊凡三世上台。

一方面，伊凡三世继续四处扩张，消灭了俄罗斯几个有名的大公国，如诺夫哥罗德、特维尔等，使莫斯科公国的领土急剧扩大，西面靠近波罗的海，东面直抵乌拉尔山脚下，北接北冰洋，就面积而言这时的莫斯科公国在全欧洲已经无与伦比。另一方面，伊凡三世重新开始与蒙古为敌，停止向蒙古纳贡。这等于是宣战。蒙古大汗联合俄罗斯西面的立陶宛向俄军发动攻击，伊凡三世率军迎战，两军在奥卡河对峙。这时的俄军已经是用欧洲的枪炮武装起来的先进军队了。两军隔着河岸对峙了一个来月后，大汗率军退走，从此没有再要俄罗斯纳贡。

蒙古人对俄罗斯人延续了两个多世纪的统治告一段落。

第三罗马

伊凡三世做的又一件大事是把莫斯科大公国建成"第三罗马"，后来他的孙子伊凡四世自称沙皇。这个有点儿古怪的称号的意思其实很简单："沙"就是对"恺撒"的音译，"沙皇"的意思就是"恺撒皇"。

为什么会将俄罗斯与毁灭了上千年的罗马帝国联系起来呢？原来，当东罗马帝国的都城君士坦丁堡被土耳其人攻灭时，它最后一个皇帝的侄女索菲娅逃到了罗马，这是东罗马帝国皇族的最后一抹骨血。后来索菲娅嫁给了伊凡三世。

索菲娅嫁给伊凡三世后，把东罗马帝国的一套全带到了莫斯科，由于当时就文化上而言东罗马帝国比俄罗斯要发达得多，东罗马的排场对伊凡三世有莫大的吸引力。伊凡三世立即全盘接受。由于东正教的中心君士坦丁堡现在成了伊斯兰教城市，连索菲亚大教堂也被改成了清真寺，东正教的中心现在自然转移到了莫斯科。东正教的教士们也力劝伊凡三世继承东罗马，在第一罗马——罗马帝国、第二罗马——东罗马帝国之后，成为"第三罗马"。

据说有一天，一个教士写了一封信给伊凡三世，信中说："整个东正教世界都归您统治，您是举世唯一的君主、基督教徒唯一的沙皇……看呀！听呀！哦，虔诚的沙皇，前两个罗马虽已灭亡，第三个却依然耸立，而且绝不会再有第四个。"

受到如此赞美的伊凡三世立即接受了"第三罗马"这个光辉无比的称号，把自己当作了伟大的罗马帝国、西方文明正统的承继者。他采用了东罗马帝国皇帝的标志——"双头鹰"来作为他的徽章，宫廷礼仪也采用了东罗马的礼仪，并且自称恺撒，即沙皇。

真正使俄罗斯由莫斯科大公国变成帝国，从而大公成为不折不扣的皇帝的是伊凡四世。

伊凡四世是伊凡三世的孙子，3岁时父亲就死了，8岁时，代他执政的母亲也被贵族们毒死。那些贵族哪会把这个8岁的小皇帝放在眼里，成天在他面前大吵大闹，甚至威胁、侮辱他。这使得伊凡四世从小就对那些贵族充满仇恨，并且变得残酷。长大亲政后，他立即组织了禁卫军，这些禁卫军都是中小地主，他们作战勇敢，对沙皇很忠心。伊凡四世靠着这支军队杀了4000个贵族，甚至连自己的儿子也杀了，所以他被称为"恐怖的伊凡"。他又全面提拔那些忠于他的中小地主,让他们当上各级官员,还把全国最好的土地分给他们,把原来土地上的贵族赶到遥远的边疆去。

他建立了全国议会,议员都是些小贵族、大地主、小地主和商人,以同原来早有的贵族议会"杜马"对抗,对抗的结果当然是人数众多的沙皇一派赢。

这一系列措施极大地加强了皇权,使伊凡四世成了实实在在的专制君主,拥有绝对的君权。

伊凡四世死后,他的儿子继位。本来伊凡四世有两个儿子,但小儿子狄米特里十来岁时就死了,大儿子只爱上帝不爱江山,由他妻子的兄长哥多诺夫掌握大权。哥多诺夫也热衷于替俄国开疆拓土。他掌权15年后,沙皇死了,没有留下后代,于是全国议会选举新沙皇,由于他执政时功绩显著,所以被选为名副其实的沙皇。

他的当选遭到了许多大贵族的反对,为了把他赶下台,他们到处造谣说伊凡四世的小儿子狄米特里是被想当沙皇的哥多诺夫暗杀的。不久之后,黑海岸边的克里米亚突然传出了一个惊人的消息:狄米特里王子没有死,他正举兵反对哥多诺夫呢!一时间,那些本来就反对哥多诺夫的贵族立即跑到了"狄米特里王子"的身边。这个假王子一个劲地招兵买马,不论是逃跑的农奴还是流亡的贵族,一概欢迎,他还得到了当时十分强大的波兰的支持,军力大增。

组织了一支大军后,假王子立即统领他们攻打莫斯科,一路势如破竹,一直打到莫斯科。这时恰巧哥多诺夫死了,假王子便被贵族们顺势立为沙皇。这是1605年的事。

这是俄罗斯又一个动乱时期的开始。新沙皇由于只信任波兰人,又与同东正教水火不容的天主教勾搭,激起了广大俄罗斯人的反抗,第二年就被杀了。接着贵族们选出大贵族舒伊斯基做沙皇。这遭到了现有势力已经强大的中小地主们的反抗。正在这时，死了的狄米特里又出现了，声称暴动没有杀死他，拥护他的人又组成了大军，俄国空前混乱。莫斯科的沙皇向瑞典求助，请求平叛，狄米特里从波兰请来了援兵。这场国际性混战的结果是波兰人赢了。1610 年，狄米特里占领了莫斯科。

2 年后，俄罗斯人又夺回了莫斯科。出身于罗曼诺夫家族的米切尔·罗曼诺夫被议会选为沙皇。

俄罗斯终于有了一个稳定的王朝，直至 1917 年二月革命。

国内的稳定给俄国的对外扩张提供了牢固的基础，在这个基础上俄罗斯成长为庞大的俄罗斯帝国。

无尽的扩张

下面我们来讲述俄罗斯是如何变得如此庞大、拥有如此辽阔的国土的。

前面说过，莫斯科公国的历代大公都热衷于为俄国开疆拓土。俄国的领土如雨后春笋般长得飞快，特别是伊凡四世继位后，直指波罗的海。

我们知道，一个国家最重要的生存基础之一就是出海口，没有出海口就意味着它只能偏居内陆一隅，无力参与更加广大的世界竞争。俄国的领土虽然这时已经到了北冰洋，但北冰洋的出海口算不了真的出海口，一则经常冰冻，二则那里路途遥远，一片荒漠。所以历代沙皇的一个最主要的目标就是在波罗的海抢出海口，他们把这当作一扇能让俄罗斯呼吸空气的窗户，拼命也要走出内陆，走向大海，呼吸大海的新鲜空气。

伊凡四世为走向波罗的海发动了一场漫长的战争，这就是立窝尼亚战争。

先是因为立窝尼亚骑士团曾和立陶宛一起与俄国作对，伊凡四世就对他们宣战，向波罗的海东部的芬兰湾进攻，攻克了几座城堡。立窝尼亚骑士团自知不是强大的俄罗斯的对手，就臣服了波兰国王兼立陶宛大公西吉孟斯二世，甚至把骑士团的领地一分为二，一部分划归波兰，另一部分划归立陶宛，俄罗斯人进攻骑士团等于同时进攻波兰和立陶宛。所以当俄国再次出兵时，波兰、立陶宛加上这时候的另一个强国瑞典立即扑了上来。瑞典从北方、立陶宛从中间、波兰从南方，三军齐发，猛攻俄军。俄军节节败退，只好停战求和，签订了条约，伊凡四世费了千辛万苦，结果只能遥望波罗的海叹气。这是1667年的事，这场立窝尼亚战争一共持续了25年。

伊凡四世死后，在西边没有抢到出海口的俄罗斯人就打南边邻居的主意了。他们的南边，包括西南是白俄罗斯人和乌克兰人。白俄罗斯人、乌克兰人实际上都是俄罗斯人，但这时统治他们的是波兰人。不满波兰人统治的乌克兰人起来反抗，并向俄国请援，俄国当然答应了，向波兰发动了进攻。最终波兰只得与俄国签订和约，把乌克兰和白俄罗斯的一部分划归俄国。这是1686年左右的事。

俄国完成了西面和南面的扩张，北面是北冰洋，没法再扩张了，剩下的只有东面。我们现在就来看看俄国是如何占领东面那辽阔的土地的吧。

俄国的东面是亚洲，那里有好几个独立国家，像克里米亚汗国、诺该汗国等，这些国家都是所谓的鞑靼国家，实际上是蒙古人后裔的国家。但此时的蒙古不是昔日成吉思汗的蒙古，沙皇没花多大力气便占领了它们，把整个乌拉尔山以西和伏尔加河流域尽收入囊中。

从乌拉尔山再往东就是广阔无边的西伯利亚了。

这时候出现了哥萨克。这是俄国特有的一种古怪军人。他们是世袭的，一辈子都在打仗和掠夺，而且世代相传，父亲是哥萨克，儿子、孙子也是。但他们算不上职业军人，因为他们并不一定靠打仗为生，也没有军饷。

通常沙皇征召他们时，他们就去打仗，打完仗后又回到家里，干自己的活，种田捕鱼；他们是沙皇的军队，为沙皇而战，但沙皇平时根本不管他们，他们不向沙皇纳税，只要不造反，沙皇就不打扰他们。

哥萨克的厉害从他们的形象上都可以看出来，他们穿着蒙古式的袍子，蓄着满脸大胡子，随时挎着战刀，是一群恐怖的"战争机器"。他们实际上成了沙皇武力的中流砥柱，对于他们的任何敌人而言，无论是波兰人、瑞典人、鞑靼人，还是以后的拿破仑，哥萨克的名字就足以令他们感到恐慌。

沙皇对广阔的西伯利亚的侵略靠的就是哥萨克。我们知道，一般正规军作战总得有个时限，但西伯利亚的征服战却是一场无休止的战斗，游牧民们是不会打大规模战争的，却时刻都准备骚扰。而且，西伯利亚如此广大，不可能靠正规军来驻防。哥萨克可不一样，他们用不着国家供给，靠掠夺为生，而且打下一个地方就可以在那里住下来，把人家的故地变成自己的新家。

这时西伯利亚最大的国家是失必儿汗国，在俄国人的蚕食之下，虽然他们奋起抵抗，但长矛、弓箭和勇敢哪是火药枪、大炮和野蛮的对手？不久失必儿汗国被灭。俄国人继续东进，那时西伯利亚内陆的广大地区除了极少数过着原始狩猎生活的小部族外，几乎是一片无人区，所以俄国人毫不费力地占领了直抵太平洋岸边的整个西伯利亚地区。他们只在两个地方遇到了一点麻烦：一是哈萨克人那里，不过很快就克服了；二是中国的黑龙江。

大约从1638年开始，哥萨克们到达黑龙江，在沿岸建立了一些据点，并继续南下。这时中国历史正值明清交替之际，天下大乱，哥萨克乘机侵占了好多地方。

待中原稍稍安定之后，康熙帝派兵剿灭，直至御驾亲征，清军屡战屡胜，雅克萨一役俄军伤亡惨重，沙皇政府只得求和。

1689年，中俄签订了《尼布楚条约》，从法律上确立黑龙江和乌苏里江流域包括库页岛在内的广大地区属于中国。除此之外，整个西伯利亚属沙皇俄国。

至此，俄罗斯的领土已经东到太平洋，西近波罗的海，北至北冰洋，南达黑海之北。俄罗斯成为全世界面积最大的国家。

第十二章

文艺复兴漫谈

文艺复兴的英文是"Renaissance"、拉丁文是"renascor"、意大利语是"Rinascimento",这几个词的意思都是一致的,即"死而复生"。西方人认为,不但人可以死而复生,文学与艺术同样可以。所以,当中世纪那段既没有伟大文学,也没有伟大艺术的漫漫黑夜过去,又见到了光辉灿烂的新文艺,犹如希腊和罗马古典时代一般灿烂时,他们便认为这是古希腊文艺的死而复生,称之为"文艺复兴"。

为什么会有文艺复兴

文艺复兴的动力有三个。

第一个动力是城市的发展。罗马帝国崩溃之后,这些伟大的城市通通湮没在萋萋荒草丛中,代之而起的是蛮族。继之而起的是基督教会对自由思想的残酷压制,有独立思想的人被迫害甚至被当成异端被活活烧死。古希腊和古罗马的伟大城市消失了,代之而起的是君主和贵族们生活的小小城堡,既没有发达的经济,也没有优秀的文化。

后来慢慢地出现了一些新型城市，这些城市兴起于商业。贵族老爷和贵夫人们需要某些奢侈品，像中国的丝绸、阿拉伯人的地毯之类，这些东西得从遥远的地方运来，这样就需要做买卖。那些经常做生意的地方人就多了起来，慢慢变成了城市，著名的有意大利的威尼斯、佛罗伦萨，以及羊毛纺织业发达的佛兰德斯诸城等。

城市人多，生活方便，大量贵族、地主也迁到城市来住，农民们因为在城市里能找到工作，收入比耕地多，也纷纷进城。城市里的人要穿鞋穿衣、用铜器铁器、要吃面包，这样就冒出了各行各业，后来还分别成立了行会。许多人因为技艺精湛、头脑精明成了富翁。这些人有时被说成是一个新阶级——资产阶级的萌芽。这个新阶级就是文艺复兴的主要赞助人。此外，高级教士，尤其是教皇，也喜欢用一些伟大的艺术作品来表达他们对神的信仰，因此也来赞助艺术，尼古拉斯五世、庇护二世、朱利乌斯二世、利奥十世等都花了大量的时间与金钱在艺术上面。由于他们地位崇高，其行为也为世人所效仿，使爱好文学艺术蔚然成风，这对艺术发展的影响是不可估量的。他们是文艺复兴的第二动力。

文艺复兴产生的第三个动力是古希腊罗马伟大作品的再发现。

古希腊与古罗马逝去之后，西方一片混乱，群雄混战，蛮族入侵，古希腊与古罗马的伟大文学与艺术作品在战火中散失殆尽。几百年过去，人们逐渐忘却了他们曾经有过一个伟大的古典文明时代。但中世纪后期发生了几件事，让人们重新见到了湮没许久的古希腊和古罗马伟大的经典之作。一是十字军东征。骑士和教士组成的十字军到达君士坦丁堡和东方后，大肆掠夺，掠夺的对象中也包括图书馆，他们夺回来的古籍中有许多是古希腊和古罗马的经典之作。二是君士坦丁堡的陷落。在陷落前后，许多有文化的东罗马人，包括许多出色的学者，带着他们的珍藏逃到了西方，这些珍藏也是古希腊和古罗马经典，如柏拉图的哲学著作、西塞罗的文学著作等。

以上就是文艺复兴的三大动力：经济基础、懂得欣赏赞助艺术的人、可资艺术家们学习借鉴的对象。三者俱备之后，产生出伟大的文学艺术作品、产生伟大的文学家与艺术家就是合情合理的，甚至是必然的了。

文艺复兴14世纪初起源于意大利，伟大的意大利诗人但丁的《神曲》拉开序幕。

文艺复兴起源于意大利，无疑也以意大利为中心，但它并不单属于意大利，它在意大利萌芽之后逐渐向全欧洲传播，从法国、德国、英国直到西班牙，到处都有它的踪迹。在这些地方产生了大量的天才人物，他们是文艺复兴的代表与象征。

意大利的文艺复兴

中世纪时意大利商业十分发达，出现了大量富庶的商业城市，这些商业城市与从前军事堡垒式的城市不同，不是用来供君主贵族一家子享乐的，而是为了商业利益而存在的。米兰、佛罗伦萨、威尼斯等商业城市一度控制了几乎整个地中海的贸易。

在这些商业发达的城市之中，有很多做生意发了大财的商人，他们控制着整个城市，与以前统治城市的封建贵族不同的是，他们有文化，也喜欢赞助文化。这些爱文化的商人中最有名的是佛罗伦萨的美第奇家族和米兰的斯福尔扎家族等，同样爱好赞助艺术的还有意大利的高级教士甚至教皇，他们的赞助是文艺复兴首先在意大利萌芽的重要原因。

下面我们将从文学、艺术、自然科学等方面具体分析意大利文艺复兴的诸多成就。

意大利人首先在文学方面取得了伟大的成就，其标志就是"三杰"的横空出世。"三杰"就是但丁、彼特拉克、薄伽丘。

我们这里只介绍最有名的但丁。

但丁与《神曲》

但丁出生于佛罗伦萨的一个骑士家庭，他生性勤奋，刻苦学习，知识渊博。他在佛罗伦萨市政府做过一个不大不小的官，37岁时遭到迫害，离开了家乡佛罗伦萨，四处流亡。但他没有因此灰心丧气，而是在奋斗之中忘却痛苦，他最伟大的作品《神曲》就写于流亡途中。

但丁天生是个多情种，9岁时，他曾遇见一位叫俾德丽采的小女孩，觉得她"宛如幼小天使"，对她一见钟情，从此坠入深不见底的爱河，《神曲》就是因她而作。在《神曲》里，维吉尔之所以会来带他畅游三界，也是因为俾德丽采恳请他这样做的。

事实上，但丁只见过俾德丽采两面，他们并不相识，但丁只是远远地看见了她，但为了这短短的一瞥，但丁付出了一生的爱。

这就是典型的中世纪骑士之爱，柏拉图式之爱。

《神曲》本来不叫这个名字，叫《喜剧》，实际上它没多少喜剧的味儿，由于它被意大利人看得神圣无比，所以干脆叫《神圣的喜剧》，汉语译作《神曲》，比《神圣的喜剧》这个名字要动听一些，也更切乎实际。

《神曲》共分三篇，分别叫作《地狱》《炼狱》《天堂》。《神曲》实际上记录的是他的一个梦，在梦里但丁由他所崇拜的古罗马伟大诗人维吉尔带着，在地狱、炼狱和天堂三个地方游览了一番。

《神曲》是意大利文艺复兴，也是整个欧洲文艺复兴的开山之作。但丁这部著作写的全是与基督教有关的事，且充满了神秘的内容，与文艺复兴的人文主义有不小差异，同时但丁是个虔诚的基督徒，有人认为他不是文艺复兴的人物。也许这样评价但丁更好：他是中世纪最后一位诗人，同时又是文艺复兴的最初一位诗人。

流亡中的但丁很想叶落归根，在故乡终老，但没有成功，1321年死于流亡途中。

文学之后是艺术。意大利的文艺复兴主要是艺术的复兴，在众多伟大人物中一大半是艺术家。艺术家什么时候都有，但西方历史上唯有两个时代产生过如此众多的艺术天才：一个是古希腊的雅典时代，另一个就是意大利的文艺复兴时代。这时候意大利诞生了三位超级伟大的艺术家：达·芬奇、米开朗琪罗和拉斐尔。

先来说达·芬奇。

奇迹般的达·芬奇

达·芬奇经常被称为不但是文艺复兴时期，而且是整个人类历史上特别是人类智慧史上最卓越的人物之一，拥有堪称奇迹的智慧。他1452年出生于佛罗伦萨附近一个叫芬奇的小村子。他从小就显示了非凡的天赋，音乐、绘画、骑马、读书等等，无所不爱，且一学就通。14岁时，他随父亲移居佛罗伦萨。不久后，父亲把他送到了当时一个颇有名气的艺术家委罗基奥开的画室做学徒。

离开师父后，达·芬奇没有像其他大部分艺术家一样到统治佛罗伦萨并且以赞助艺术闻名的美第奇家族去效劳，而是给统治米兰的斯福尔扎写了一封毛遂自荐的信，那封信也挺有名的，据说达·芬奇宣称能做一切人能做到的任何事，桥梁设计、挖掘排水沟、制造大炮，乃至如何把山上的树木快速弄光，至于绘画雕刻更不用说了。这是1482年前后的事。

斯福尔扎没有把这个狂妄的无名之辈羞辱一顿，而是真的请了达·芬奇到米兰。在那里达·芬奇果然是什么都有一手，包括音乐创作和替戏子设计道具。当然主要还是搞艺术。他为斯福尔扎的父亲雕刻了一尊足有8米高的塑像，1493年，他完成泥塑模型后被米兰市民争相观摩，它的规模之庞大、艺术之精美堪称奇观。如果真的雕成了该有多美！只可惜像达·芬奇的许多其他伟大作品一样，最后只是半成品。

除了替斯福尔扎干各式各样的艺术活，达·芬奇还有自己的个人爱好——科学研究。他解剖尸体、研究数学和光学，试制各式各样的古怪玩意，例如飞行器、乐器等，并且几乎在每一个方面都达到了那个时代的顶尖水平。

达·芬奇为斯福尔扎一服务就是整整17年。1499年，由于米兰被法军攻占，斯福尔扎的统治完了，他只得离开，回到了故乡。

在故乡佛罗伦萨，他留下了一件杰作《安吉里之战》。1506年，他又到了米兰，不过这次请他去的不是斯福尔扎，而是法国驻米兰的总督，他又在米兰待了7年，直到法国人被赶走，他才第二次离开米兰。

离开米兰后，达·芬奇终于踏上了意大利的心脏罗马，这也是当时的艺术中心，米开朗琪罗和拉斐尔等文艺复兴的大腕们都在这里为教皇辛苦工作。到了罗马后，这时教皇的眼里只有拉斐尔，剩下的一点位置也给了米开朗琪罗，也许教皇压根儿不相信还有其他天才。所以达·芬奇在那成天闲着，什么活也没有。

这是他一生中最痛苦的时期。我们知道人不怕被批判，最怕的是无人理睬，好像他压根儿不存在一样。这正是达·芬奇这3年的情形，虽然他到了教廷，但教皇并不理睬他。教皇这个态度也影响了其他人，于是，几乎人人都无视他。他一个有才华的弟子背弃了他，投奔到教皇的红人拉斐尔门下去了。他的另一个弟子因为受不了这种侮辱性的冷落，最后自杀了。达·芬奇终日孤独彷徨，心灵所受的折磨可想而知。

这种情形一直持续到1516年，这年达·芬奇接到了一个邀请：法国国王法兰西斯一世请他担任宫廷首席画师、建筑师和工程师。他毫不犹豫地接受了邀请。

到达法国后，他受到了整个宫廷乃至全法国人的极大尊敬，从国王到廷臣都视他为人类完美的典范，从衣着打扮到胡子式样处处模仿他。他得到了可观的年金和一座古堡。

达·芬奇此时的心也安宁了。他不再欲求什么，成天整理他的手稿，或者搞一点不会付诸实施的建筑设计，要不就观察一下自然万物。日子就这么逍遥自在地过着。只是他不再创造艺术，他知道自己已经像一艘经过漫长岁月的漂泊、终于找到了港湾的小船，不想再去与风浪搏斗，只想从此栖息在宁静的港湾，直到腐烂。

1519年5月2日，达·芬奇安详地离开了人间。

他没有孩子，也终生未婚，但他给世界留下了许多宝贵的艺术品，此外还有约7000页手稿，每一页都可谓无价之宝。

最伟大的艺术家米开朗琪罗

米开朗琪罗几乎专门从事艺术创造，通常被认为是最伟大的艺术家。1475年他出生在一个叫普雷塞的小镇，由于家里人太多而房子太小，父亲从小把他寄养在奶妈家里，奶妈的父亲是个石匠，成天在家里叮叮当当凿石头。米开朗琪罗从小就在这叮当声中长大，这种童年的经历对他后来成为雕刻家产生了相当大的影响。

长大后，父亲把米开朗琪罗送去学拉丁语、文学等，但他对这些东西毫无兴趣，后来他进了佛罗伦萨的统治者洛伦佐·美第奇，即"庄严的洛伦佐"创办的美术学校，他一方面向那里的著名艺术家们学习，另一方面临摹收藏在学校里的古典大师们的作品，离开时他已经是17岁的小青年了。

1494年，米开朗琪罗离开佛罗伦萨，到了波伦那。在这里他一面以雕刻糊口，一面读文学作品，阅读使米开朗琪罗自己也成为一个诗人，写出了不少动人的诗篇。

2年后他到了罗马，一待就是5年，这期间他完成了杰作《哀悼基督》。

后来他回到佛罗伦萨，应邀在议会大厅绘制巨幅壁画《卡希那之战》，当时在他对面的墙上，达·芬奇正在绘制一幅同样表现战争的画《安吉里之战》。

30岁时，教皇尤利乌斯二世请米开朗琪罗去罗马，这是他人生的一个转折点。但他与教皇的合作并不愉快，曾一度离开罗马，由于教皇的再三要求，胡萝卜加大棒都用上了，他才又回到了罗马，被迫在西斯廷教堂的天顶上画下了巨幅的《创世纪》，虽然是被迫的——因为他宁愿雕刻，但这仍是他最伟大的作品之一。

1527年，米开朗琪罗再次与教皇发生纷争，这次是因为法军入侵罗马，这时教皇已经是美第奇家族出身的克雷芒七世了，他投降了法国人。佛罗伦萨人不愿跟美第奇走，他们起而反抗，建立了共和国，米开朗琪罗被共和政府任命为城防司令，负责所有的城防建筑。教皇与法国国王结成了同盟，向佛罗伦萨发动了进攻，城陷后，米开朗琪罗逃亡。后来教皇宣布，只要米开朗琪罗再为他雕刻，就免他的罪，米开朗琪罗再次被迫接受为美第奇礼拜堂雕刻。

一次次的被迫使他一天比一天忧郁，在他的名作《夜》中，他刻了这样的诗句：

> 睡眠是甜蜜的，
> 变成顽石更是幸福，
> 只要世上还有罪恶与耻辱，
> 不见不闻，无知无觉
> 是最大的快乐，

因此，莫要惊醒我啊！

1534年，完成美第奇的礼拜堂雕刻之后，米开朗琪罗又到了罗马，从此再没有回故乡。

在罗马，他成了教皇的御用雕刻家，还担任教廷的建筑总监。他在西斯廷教堂内完成了最伟大杰作——《最后的审判》，但那进行最后审判的基督是人，而不是神，每一块肌肉都充满了人的力量。

米开朗琪罗把他最后20年的生命主要奉献给了建筑，不过对于他而言，建筑是雕刻，绘画也是。我们从他《最后的审判》等伟大的绘画作品中随处看到惊人的雕塑感。

1564年，米开朗琪罗与世长辞，时年89岁。

以他为荣的佛罗伦萨接回了游子的遗体，让他长眠于故乡。

英年早逝的拉斐尔

1483年拉斐尔出生于佛罗伦萨附近一座叫乌尔宾诺的小城。父亲是宫廷画师，也是小拉斐尔的第一个老师。

拉斐尔的童年很幸福，但7岁时母亲便去世了，过了4年父亲也去世了，拉斐尔一下成了孤儿。这时拉斐尔的父亲为之服务的乌尔宾诺公爵夫人伊丽莎白·冈查收养了他。

他的第二个老师是父亲的同行和朋友维提，他正式让拉斐尔拿起了画笔。

1504年，拉斐尔离开家乡，来到了佛罗伦萨。拉斐尔大量临摹前辈们的作品，在米开朗琪罗与达·芬奇之间，他特别重视达·芬奇，因为他的风格与达·芬奇有相似之处——美，而米开朗琪罗的是力。

又过了4年，拉斐尔已经26岁了，他接受教皇尤利乌斯之邀，到了罗马。这里集中了当时最卓越的艺术家,包括米开朗琪罗,后来达·芬奇也来了。

在教皇的宫廷里,拉斐尔埋首艺术,从 1508 年开始,历时 10 年,为教皇创作了大量壁画,其中最有名的是教皇签字大厅的四幅,分别描绘了神学、哲学、文学、法学,其中描绘哲学的叫《雅典学院》,令苏格拉底、柏拉图、亚里士多德、毕达哥拉斯、赫拉克利特等等大哲济济一堂。

这些作品使拉斐尔一跃成为与米开朗琪罗、达·芬奇齐名的大师。

时运当头的拉斐尔成了全罗马最红的艺术家,米开朗琪罗都被他甩在了身后,大量的订单雪片般飞来,都出自有名望的公爵们、主教们,推脱不得,教皇的任务也加重了,这一切像山一样向他压来,压得他喘不过气。经常,天还没亮,某位公爵的差人就等在外面了。他匆匆起床,刚画上几笔,教皇的使者来了,令他立即觐见,他只好丢下画笔。与教皇商量事罢,已经中午了,他正要回去用餐,出宫门就被等在门口的某红衣主教逮个正着,请他吃饭,顺便继续他卧室的壁画。当他精疲力竭地从红衣主教家出来时,天已经快黑了,但半路上遇到了美第奇家的某个亲戚,说拉斐尔为他设计的别墅现在出了点小问题,请他去顾问一下,他只好星夜赶去,挑灯夜战……

如此之多的工作令他整天疲于奔命,严重地伤害了他本来就不健康的身体。

1520 年春天,拉斐尔被一个贵族拉到了工地上,这里正在建造拉斐尔设计的别墅。他正忙得不亦乐乎时,教皇的使者又到了,叫他快马加鞭回去,温驯的拉斐尔像往常一样跳上马就跑,一口气跑回罗马城,跑到教皇的宫殿,教皇在一个天井中等他,他们聊了几句。

由于跑得满头大汗,又在天井中吹了穿堂风,拉斐尔回去后得了重感冒,几天后就死了。

他是倒在画布前死去的，死时手里还握着画笔。

这天正是他 37 岁的生日。

发明家伽利略

文艺复兴不但是文艺的复兴，也是科学的复兴。最有名的科学成就是著名的波兰天文学家哥白尼提出的日心说。1600 年时，意大利著名的思想家布鲁诺因为宣扬日心说被活活烧死。

文艺复兴时期最伟大的科学家是伽利略。

伽利略是比萨人，1564 年生。11 岁时，伽利略迁居佛罗伦萨，不久开始学习科学，很快就显示了非凡的科学天赋，25 岁时就做了比萨大学的教授。

他的主要发明是望远镜。1609 年前后伽利略制作了一架能放大 32 倍的望远镜，用来观察天体。当时人们观察天体都是用眼睛观察的，现在有了望远镜，那等于展开了一片新的天空，他立即取得了许多重大天文发现，例如他发现月亮表面有一座座像倒扣的大碗似的环形山。

他用观察所得建立了自己的天文学体系，出版了相关著作。他的科学结论自然不合教会的胃口，教会开始对他进行口头警告，后来还把 68 岁高龄的伽利略逮了起来，经过一番折磨，经受不住的伽利略只好签署了"认罪书"。

伽利略死于 1642 年，活到了 78 岁。

德国、法国、西班牙的文艺复兴

德国对文艺复兴最大的贡献既非文学，也非艺术，而是一项伟大的发明——活字印刷术。大家一定觉得奇怪，活字印刷术不是毕昇早就发明了吗？原因是这样的：毕昇虽然第一个发明了活字印刷术，但他的发明并没有传到欧洲，所以古登堡重新发明了它。

德国文艺复兴最杰出的代表是画家丢勒和天文学家开普勒。

1471年丢勒生于纽伦堡。他的父亲是首饰匠，经常要在首饰上雕刻各种花鸟虫鱼，小丢勒从小就看在眼里。13岁时，他信笔画出的一幅素描令父亲大为惊叹，决定好好培养他。他把儿子送到了一个画家那里做学徒。

从师父家出来后，他便在德国各地漫游了一番，遍访名师，画技又得到了提高。

23岁时，他与一个音乐家的女儿结了婚，开设了一间画铺。

但没过几个月，他就停业了，到意大利去留学。在意大利待了一年后，丢勒回到了德国，他的订单顿时多了起来，这段时期他画了不少有名的作品，如18幅《启示录》，其笔触有如铁画银钩，不过其内容有些恐怖。

在家乡开业十年之后的1505年，他又回到了意大利，这次待了两年，同包括拉斐尔在内的许多著名艺术家有了来往，从他们那里学到了不少技巧。

回到意大利后，他的画技提升，名声也日盛，画铺生意兴旺发达，挣钱无数。这个时期他的杰作是《忧郁》，画面上无处不笼罩着一种神秘的忧郁气氛。

此后，除了49岁时带着夫人到荷兰逛了一遭外，他一直待在家里创作，安享功成名就的幸福生活，死于1528年。

开普勒生于1571年，在图宾根大学学习时接触了天文学，很快成了哥白尼的信徒。

1593年，开普勒大学毕业后到了奥地利，在一所神学院教天文学和数学，同时做天文学研究。后来他到了正在布拉格做研究的丹麦天文学家第谷那里。第谷也是个有名的天文学家，一生热衷于观察星星，积累了大量一手资料。他死前把所有资料都送给了开普勒，希望他能完成他的未竟之业。

开普勒不负所托。1609年前后得出著名的"开普勒三定理"，科学地描述了行星在天上运行的规律，因此他被称为"天空的立法者"。

但科学研究并没有给他带来财富，1630年开普勒死于赤贫之中。

法国文艺复兴最重要的成就还是在文学方面。

拉伯雷是地道的法国人，1494年生于一座叫希农的小城。他的父亲是律师，靠伶牙俐齿发了财，并在乡下买了一处庄园，所以拉伯雷的童年过得还不错。

他的父亲是个虔诚的天主教徒，所以拉伯雷稍微长大后就被送进了修道院。在修道院里拉伯雷"正经书"不读，喜欢读些杂书，从希腊罗马的古典文学、法律、考古学乃至医学，无所不窥。他曾花三年时间写了一首足有一百行的长诗，还同一些人文主义名家通信。

这些行为触犯了修道院门规，他被赶了出来。他干脆四处游荡起来，一直游荡到了巴黎，巴黎使他大开眼界，同时社会上许多黑暗现象令他又恨又好笑。

1530年，拉伯雷已经34岁了，他去一所大学做了医学院学生，毕业后在里昂办了间诊所。

他一面四处治病救人，一面仔细观察社会的千姿百态，最后将它们化为了一部伟大的文学作品——《巨人传》。

《巨人传》共分五卷，第二卷在1532年首先出版，讲的是儿子庞大固埃的事。2年后出版了第一卷《卡冈都亚》，14年后出了第三卷，这样断断续续经过了32年才出齐五卷。书中叙述了两个巨人国王，卡冈都亚和他的儿子庞大固埃的神奇而有趣的故事。

拉伯雷死时 59 岁，他的《巨人传》还要等 11 年才能出完。

西班牙文艺复兴的成就很少，几乎只有一个，就是塞万提斯和他的《堂吉诃德》。

塞万提斯生于 1547 年，父亲是个江湖郎中，塞万提斯从小就跟着父亲浪迹江湖。

18 岁后他便独自生活了，他先是在一个红衣主教那里做了 3 年仆从，在这期间他跟着一个学者读了一段时间书，他的文学底子大概就是这时打下的。接着他从了军，一年后参了战，对手是占领了整个希腊的土耳其人，塞万提斯英勇奋战，结果身负重伤，左手被打掉了。这是 1571 年的事。

不能继续参战的塞万提斯养好伤后仍待在军队，直到 1575 年才走上还乡之路，但他又一次倒了霉。他乘坐的船快到法国马赛港时被摩尔人的海盗船拦住了，塞万提斯当了俘虏，需要出大笔赎金赎身，否则就会被卖给奴隶贩子。因为没钱赎身，塞万提斯被抓到非洲去了，在那里当了一个阔佬的奴隶，一当就是 5 年。后来他的父母四处哀求，费尽千辛万苦，才将他赎了回来。

回到家乡后的塞万提斯一无所有，他已经残废，很多谋生的活他没法干。经过一番痛苦的思索，对自己能干什么、不能干什么进行无情的考察之后，塞万提斯找到了一个谋生的法子——写作。一则西班牙这时有了不少剧院，要剧本来排戏；二则他看到不少庸才靠写一些俗不可耐的骑士小说而发了财。塞万提斯知道自己的见识和写作能力比那些人强得多，便加入了挣稿费的行列。

这时候他住的是贫民窟，在做饭的浓烟、孩子的哭闹声和泼妇的骂街声中，他写下了不朽巨著《堂吉诃德》。

1605 年《堂吉诃德》第一卷出版。故事描绘了具备中世纪骑士一切美德的堂吉诃德带着他忠心耿耿的仆从桑丘·潘沙骑着瘦骨嶙峋的骏马经历各式各样冒险的故事，极为幽默，成为当时第一幽默巨作。西班牙一时洛阳纸贵，从国王到平民百姓无不争相阅读，书一版再版，并被迅速翻译成欧洲各国文字出版。

按理说塞万提斯应当挣了大笔稿费了吧？没有。一则出版商心狠手辣，二则盗版横行，塞万提斯只出了名，却赚不到钱，他还是过着吃了上顿愁下顿的日子。他只好快马加鞭写其他作品，同时赶写《堂吉诃德》第二卷，1615年才写成出版。

写完《堂吉诃德》之后塞万提斯已经风烛残年了，虽仍笔耕不辍，然而"夕阳无限好，只是近黄昏"，1616年4月19日，塞万提斯在病床上写完了最后一部小说的献词，4天之后便溘然而逝，终年70岁。

他死时几乎不名一文，妻子也已先他而去，家人只好把他草草收葬，连墓碑也没有立。所以人们至今不知塞万提斯葬于何地。

最伟大的作家

英国的文艺复兴最伟大的代表是威廉·莎士比亚。

西方历史上曾诞生过无数文学家，如果问谁是西方最伟大的文学家，最多的回答可能是莎士比亚。

对于莎士比亚，至少有两点是可以肯定的：他是西方古往今来作品上演最多的剧作家，也是作品和人生被改编成电影最多的作家，并有多部夺得奥斯卡奖，例如1999年的奥斯卡最佳影片就是《莎翁情史》，同时莎士比亚也是所有作家中作品被引用最多的作家。

1564年，莎士比亚生于斯特拉福镇，他是家中的长子，从小就从父母那里多得了一些宠爱，听说把他惯成了一个淘气的小坏蛋。7岁上学，16岁时结束了学业，因为他父亲破产了，不再能供他上学。据说他在一个屠夫那里当过学徒，他从这个屠夫那里学到的除了杀猪卖肉外，还有演说。这个屠夫每当杀猪前，就会发表一通演说，向那头可怜的猪证明他有充分的理由杀它。

做了两年学徒后，莎士比亚完成了一件人生大事：他结婚了。妻子是一个富农的女儿安妮。一年后他们有了一个女儿，2年后又一下生了两个儿子，其中一个叫哈姆雷特。

莎士比亚虽然已经是三个孩子的父亲了，但毕竟只有二十来岁。他喜欢各式各样的刺激，例如打猎。但在英国森林都是有主儿的，只有它的主人才有权在里面打猎，莎士比亚可不管，有一次他偷偷潜入一个贵族的森林，打了一头鹿，结果被发现了，贵族便派人狠狠揍了莎士比亚一顿，临走时对他说：还没完呢，你等着瞧！

莎士比亚害怕了，逃到了距斯特拉福不过两三百里路的伦敦。这大约是1586年的事。

前面说过，莎士比亚只上过几年学，到伦敦自然找不到好活干，他好不容易找到了一家剧院，在里面替人打杂。例如替来看戏的客人牵马，或者在后台帮演员们做这做那。

接下来发生的也许是文学史上最令人不可思议的事了！这个只上过几年学的莎士比亚竟然写起剧本来了！

莎士比亚第一出戏上演的时间是1590年，这时他来伦敦才4年，年仅26岁，来伦敦前他对戏剧一窍不通。

他的第一出戏就大获成功，从此跻身于当时一流戏剧家之列，而且不久就用太阳般的光辉盖住了其他人，用他如涌泉般的新作统治了整个舞台。

也就是这个时候，他认识了对他的一生颇有影响的人——南安普顿伯爵。这位年轻英俊的伯爵很受伊丽莎白女王的宠爱。他一心学习古罗马的光荣传统，以文艺的保护人自居。当莎士比亚像太阳一般在文学界升起，他怎会注意不到呢？莎士比亚对这位年少英俊的贵族也充满了敬意，专门写了一首长诗献给他。

当然他的主要精力还是用来写剧本，从1594年起的4年内他一口气写了7部喜剧、4部历史剧、2部悲剧。也就是说平均每3个多月就要写出一部不朽剧本。

1596年，莎士比亚发生了一件不幸的事，他的儿子哈姆雷特死了，年仅11岁。与故乡阔别11年后，莎士比亚这个游子终于回家了。但这时的他今非昔比，不再是威廉小子，而是莎士比亚先生了。就在这一年，他被册封为贵族。第二年，他在家乡买下了当地最大的一座宅子，准备将来叶落归根。

1599年，莎士比亚的剧团正式建成了属于自己的剧场，就是后来很有名的环球剧场。莎士比亚成了剧场的股东，每年都可以分红。这样即使他不再写剧本，每年也有足够的钱过上足够舒服的生活了。

两年之后，莎士比亚一帆风顺的生涯涌起了一次不小的恶浪，差点儿要了他的命。一天，几个贵族来到环球剧场，要演莎士比亚4年前写的《理查二世》，并且愿意出10英镑的酬金，这在当时也是笔不小的钱，演员们答应了。

第二天，伦敦街头出现了一群手持武器的家伙，号召市民们起来造反，要杀了女王。叛乱者包括莎士比亚的保护人南安普顿伯爵。他们立即被逮捕法办了。环球剧场的演员们也被带到了法庭，他们这才弄清楚那几个贵族叫他们演《理查二世》的用意：剧本里有国王被推翻的场景。他们也明白了，当演到这个场景时，为什么台下有那么多人起劲地欢呼。好在他们事先对此一无所知，不知者不罪，法庭就把他们，包括莎士比亚，全放了，至于那些叛乱者则上了断头台。

1603 年，伊丽莎白女王死了，被她处死的苏格兰女王玛丽·斯图亚特的儿子登上英国王位，称詹姆士一世。这位新王很爱看戏，刚登王位便将当时最有名的剧团，当然就是莎士比亚的剧团，更名为"王家供奉"剧团，莎士比亚等人也被任为"王后寝宫近侍"。

成了王家供奉的环球剧场生意更加兴隆。这时莎士比亚刚40岁出头，不但名声在外，而且是不大不小的富翁了。他一下子就花了足足440英镑在家乡买了一大片土地。这时他的女儿也嫁了一个好丈夫，是个远近闻名的大夫。

1609 年，王家供奉剧团买下了另一个叫黑花的剧场，专用于冬天举办私家演出，这些私家演出的观众都是些阔佬，舍得买高价票，莎士比亚因此也更富有了。

然而得之东隅，失之桑榆，莎士比亚的毕生事业在这时遭到了第一次，也是最后一次打击。

为了让演出多样化，剧团又请了两个人来写剧本。这两个人出身贵族，谈不上有什么戏剧天才，但熟悉权贵们锦衣玉食的生活，也熟悉他们的种种癖好，他们写的剧本充满了精雕细琢得曲折无比的情节。这些戏剧对那些趣味低级的权贵，或者成天想着要过上权贵的生活、过不上看看也好的小市民产生了莫大的吸引力。

这时的英国国势蒸蒸日上，到处歌舞升平。观众们爱看那两个人写的花里胡哨的东西，哪里还有闲情去领会莎士比亚剧作里严肃深刻的意蕴呢？连莎士比亚剧本里的插科打诨他们也觉得不如那两个贵族子弟的淫词艳曲"有味"。于是有人站起来对莎士比亚说，你的剧本与弗莱契——这是那两个贵族子弟剧作家中的一个——相比，就像拿白水与蜜糖相比一样。

听到这样的话，不知莎士比亚心里是何滋味。1613 年，49 岁的莎士比亚回到斯特拉福，从此不再理戏剧。

此后莎士比亚住进了他早买好的大房子里，享受从前很少有机会享受的天伦之乐。

莎士比亚于1616年4月23日去世，这一天正好他满52岁。

以上就是文艺复兴时期在德国、西班牙、法国、英国等地的情形。文艺复兴不同于一般的历史时期，没有多少重大的历史事件，它之所以在西方历史上具有重要地位，成为一个特殊的历史时代，完全是因为在这个时代诞生了众多伟大的人物，正是他们创造了文艺复兴。

因此，当我们记述文艺复兴这段特殊的历史时，要记述的便是这些伟大的天才。

第十三章

"发现"新大陆

与文艺复兴大致同时,西方历史上还发生了一件塑造了现代西方世界版图的大事——"发现"新大陆,不只是新大陆的发现,而且西方人对整个世界的新发现,有时也被称为"地理大发现"。

这里我给发现加上了一个引号,为什么呢?因为所谓的大发现并不是真的发现。

众所周知,所谓发现指的是找到没有别人见过的东西,如果别人先看到了,那发现者就当是第一个看到的人。而新大陆,也就是说美洲,是哥伦布先看到的吗?当哥伦布登上美洲时,印第安人已经在那里生活了上万年了,怎么能说是哥伦布发现的呢?

那么是谁发现了美洲呢?是第一个踏上美洲的印第安人。

印第安人是在几万年前由亚洲到达美洲的。几万年前,地球处于末次冰期,整个白令海峡都被冰冻住了,史前亚洲人穿越海峡,来到了对岸,发现了新陆地,这块新陆地就是现在属于美国的阿拉斯加。

这些亚洲人,也就是印第安人的祖先才是美洲的发现者。

当然，欧洲人还是认为是他们发现了美洲新大陆，甚至有所谓"地理大发现"。那么他们是怎样发现的呢？这里还有一个相当曲折的过程。

寻找香料之路

地理大发现主要有四个原因。

一是与土耳其的强大有关。这时候的欧洲东面是强大的奥斯曼土耳其帝国，它占领了西起希腊、东至阿拉伯、南达北非的广大地区，恰恰把传统的东西贸易通道卡住了，这些土耳其人对过往的客商巨额征税，丝绸、香料、茶叶等运到欧洲后贵得吓人，欧洲人只好另找通路。

二是与中国和印度有关。欧洲人所需要的东西如丝绸、茶叶、瓷器、香料、金银等等实际上来自遥远的东方，主要是印度与中国，尤其是中国。那时《马可·波罗游记》畅销欧洲，几乎家喻户晓，书里把中国描述成遍地是金银，似乎只要弯腰捡就行的地方。欧洲人如何不想来中国？

三是这时的欧洲开始有了比较先进的航海技术和军事技术，例如有了罗盘和枪炮。前者保证他们能到达他们要到达的地方，后者保证他们到达后能用武力进行掠夺。

四是科学理论。文艺复兴时期科学已经大大进步了。许多人相信地球不是扁平的，而像一个球。这些理论流行起来，科学家们还画出了相应的地图。欧洲人相信在大洋的对面就是遍地是金银和香料的中国与印度。

以上几个因素加在一起促成了地理大发现。

地理大发现实际上可以分成两部分：一是发现美洲新大陆；二是发现通向印度的新航线。这两条发现之路的根源实际上是一样的，都是为了发现通向印度与中国的新航路。

在这两条发现之路中，"发现"美洲之路最有名。不过欧洲人最先开始寻找的不是这条，而是通往印度的航路。

印度航线的开辟是由葡萄牙人完成的。地理大发现的第一个积极分子是葡萄牙的亨利王子。他为了从非洲搞到黄金、奴隶、象牙，不断派出探险队考察非洲西部的海岸，占领了靠近海岸的好几个群岛，这就为进一步南航建起了跳板。

第一个取得重大成就的是迪亚士。1487年他在西非探险时突遇风暴，风暴一直吹了13天，待风平浪静时他们钻出船舱一看，发现自己已经不在大西洋，而在印度洋了。这样一来他就发现了好望角，这"角"位于非洲的最南端，它左边是大西洋，右边是印度洋。

如果他敢继续前行，前面就是印度，但他没有继续前进，而是回到了葡萄牙，与伟大的新发现擦肩而过。

完成这个发现的是达·伽马。1497年，5年之前哥伦布已经发现了美洲，他自以为发现的是印度，但葡萄牙人不信，因为哥伦布并没有从"印度"运回半点香料，印度产香料却是无疑的。他们便开始寻找自己的印度。这年，达·伽马带着4条船从葡萄牙出发，循着迪亚士曾走过的路线绕过非洲，第二年终于到达了印度。在这里他们弄到了满满一船香料、宝石、丝绸等，当他们回到葡萄牙时，用这船宝物赚了个盆满钵满。

发现新大陆

这是一次远比达·伽马的发现更重大的事件，它甚至被西方人称为有史以来最伟大的发现。

新大陆的发现者是哥伦布，他的发现过程是一个颇为离奇的故事。

哥伦布是意大利人，很穷，但人穷志不短。他有两个坚定的信念：一是相信地球是一个球；二是相信自己是个了不起的航海家。前者使他相信只要不断地往西航行，就能到达香料之国；后者使他为了达到目的不惜一切地奔走游说。他先到了葡萄牙国王那里,为他的伟大计划寻求资助,但葡萄牙国王不相信他,派了自己的船队沿着非洲海岸找印度去了。他又去找英国国王,但这时英国还没有到对这类探险有兴趣的时候。最后他找到了西班牙国王。开始没被理睬,但当他第二次再去时,正值西班牙终于占领了境内最后一个阿拉伯人的据点格拉纳达。女王伊莎贝拉在兴头上便答应了他,甚至封哥伦布为"海军大将",并预先封哥伦布为尚未发现的土地的"世袭总督"。当然她还为哥伦布的发现之路提供了装备:三艘船,最大的载重100吨,其他两艘只有50吨。

1492年8月3日,哥伦布率领他小小的船队出发了,共计3条船,87个水手。

他一直往西航行,不久就看不见陆地了,唯有无边的大海。他们的船走了一天又一天,四望无涯,天上连鸟都没有一只。水手们从来没有这么多天看不到陆地,他们中有些人害怕了,尤其是那些认为大地是平的人。他们有人想发动暴乱,要求回转航程,但被哥伦布制止了。两个多月后,他们终于看到了一只鸟,有经验的水手都知道,鸟是不会离开陆地太远的,它们要有落脚的地方。他们又走了几天,仍没有看到陆地,到10月9日,哥伦布也有些气馁了,答应水手们如果三天内没有看到陆地就打道回府。

漫长的三天慢慢过去,水手们准备掉头回家时,突然有人大叫起来:"看!陆地!"

这天是公元1492年10月12日,他们已经在海上航行了70天。

对于哥伦布,这是他的发现之旅的一个终点,然而对于西方,也许对于整个近代世界,这只是一个起点。

哥伦布到达的不是美洲大陆,只是一个小岛,他将之命名为圣萨尔瓦多,意即"救世主"。

这岛确实可以算是他的救世主，要是没有它的话，哥伦布也就没有伟大的发现。

当他看到那些身披羽毛，涂着花脸的土著时，哥伦布认定他们是印度人，于是称他们为印第安人，就是印度人的意思。

第二年，哥伦布扬帆回到了西班牙，船上载着欧洲人从来没有见过的各种奇人异物：头戴羽冠、身上刻满花纹的印第安人、棉花、烟草、古怪的鸟兽，还有欧洲人梦寐以求的黄金，只是少得可怜。

哥伦布向兴高采烈的西班牙国王保证，他将会带来更多的黄金。为此他又进行了三次美洲之行。然而一次比一次失败。几次航行耗费了西班牙大量人力物力，收获却无几，因为哥伦布始终没有找到他们最想找的东西——黄金，但如果不是相信在遥远的、未知的世界里有黄金，他们很可能根本就不会去进行这样的探险了。

1498年，哥伦布进行了第三次美洲之行。由于拙劣的领导艺术，他这个总督管辖下的殖民地一片混乱，印第安人开始了与殖民者之间的斗争，他的总督职位终于被撤，他被戴上镣铐遣送回国。但西班牙王救了他，给了他最后一次机会。

第四次航行依然如故，哥伦布带回来了不少有趣的东西，唯独少了那样他们最想要的东西。这时，达·伽马发现的真正的印度航线已经给葡萄牙带来了大量哥伦布没有找到的东西：黄金、宝石、香料等。深感失望的西班牙王决定不再为哥伦布的冒险事业掏腰包。

四年后，哥伦布在极度失意中死去，他至死都认为自己发现的是印度。

另一个人证明了哥伦布发现的不是印度，他就是亚美利哥·韦斯普奇。他在1499年到1504年的几年间几次到达美洲，经过仔细考察，证明了这是一块新大陆，于是这块新大陆就以他的名字来命名，叫亚美利加洲（America），简称美洲。

麦哲伦的危险之旅

这是发现新大陆的最后一幕。

我们知道,哥伦布之所以要往西航行,无非是他相信地球是球体,往西航行同样可以到达东面的印度和中国。但他失败了,为什么呢?因为在欧洲和印度、中国之间还横亘着一个美洲,它像一堵纵贯南北的长城,把欧洲和黄金宝石香料之国分开。但有位冒险家想,如果绕过这堵长城,不就可以到达香料之国了吗?

这个人就是麦哲伦,他本是葡萄牙人,但像哥伦布一样得不到对美洲不感兴趣的葡萄牙王的支持,只好也转向西班牙,像哥伦布一样得到了西班牙王的支持。

1519年9月20日,麦哲伦和他的船队,共有5条船,都载重100吨,起了锚,一直往西行去。

他们这次远航比哥伦布的发现之旅要艰苦卓绝。首先从航程就可以看出来,哥伦布不过是从欧洲到美洲一个来回,麦哲伦却要绕地球一个整圈。他要依次跨越三大洋:大西洋、太平洋和印度洋;要依次绕过六大洲:欧洲、南美洲、北美洲、大洋洲、亚洲、非洲。

从西班牙起锚后,他们到达美洲,沿着美洲海岸南下,第二年三月到达了美洲南部,现在叫巴塔哥尼亚的地方,那里至今是一片无垠的高原。看到这景象,许多船员感到绝望,掀起了一场暴乱,麦哲伦好不容易才平息。又过了7个月,麦哲伦抵达美洲南端,找到了一条可以穿过去的海峡,就是现在的麦哲伦海峡。这时他们在茫茫大海上已经航行一年多了。这条海峡一年四季恶浪滔天,而且狭窄难行,又多暗礁,至今仍是全世界最危险的航道之一。麦哲伦在这里一下失去了两条船,他坚持不懈地前进,终于胜利抵达海峡的另一端,他们先是沿岸北上,接着转舵向西,驶入了一片新大洋。它辽阔无边、风平浪静，联想起在海峡里遭受的惊涛骇浪，船员们便称这片新大洋为"太平洋"，这就是太平洋名称的起源。

然而这太平洋并不"太平"，他们将遭受更大的苦难。

整整98天，他们只见到过两座一无所有的荒岛，余下的就是浩瀚无边的大海。

又过了一年，1521年3月，他们终于看到了第一个富饶的岛屿，一年来第一次饱餐了一顿。又过了十来天，他们到达了第一个大群岛——菲律宾群岛。麦哲伦想征服这个岛屿，但这些部落人极其勇敢。他们在首领拉普-拉普的率领之下，用弓箭毫不畏惧地对抗枪炮，麦哲伦被拉普-拉普一刀砍死。

就这样，一个英雄史诗般的冒险故事连同他的生命结束了，这是1521年4月27日夜里的事。

杀死这位英雄的拉普-拉普因此成为菲律宾人的民族英雄。

麦哲伦的船员们选举了经验丰富的埃尔卡诺为新船长，他们继续西行，又航行了差不多7个月，终于达到了他们梦中的天国——香料之岛。

香料之岛就是现在的马六甲群岛，分属马来西亚、印度尼西亚和新加坡。

西班牙人费尽千辛万苦终于到达香料之岛时，等待他们的并不是成堆的香料，而是葡萄牙人的枪炮。葡萄牙人早已到达了这里，并且垄断了香料交易。他们想方设法弄到了满满一船香料，穿过印度洋、绕过好望角，又纵越大西洋，终于在1522年9月3日缓缓驶进了西班牙的港口。

这时距他们的起锚之日已经过去3年了。出发时共有5艘船，270名船员，现在只剩下一艘船，18名欧洲船员，另有从美洲抓回来的4个印第安人。

西方历史上的地理大发现至此告一段落。西方人不但发现了到印度和中国的新航线，还发现了西方人从未想到过的新大陆——美洲。

对于西方人而言，无论是印度、美洲还是中国，这些早已有着灿烂文明的地方不过是有待重新掠夺、瓜分、开垦的土地，以后的事就是如何在这片土地上建立他们的殖民帝国了。

最早建立殖民帝国的是西班牙和葡萄牙，两国占领了整个北美洲南部和南美洲，在世界其他地方也有殖民地，建立了庞大的殖民帝国。

但建立了一个比西班牙和葡萄牙更加庞大的殖民帝国，并且因此对以后西方乃至世界历史产生重大影响的却是英国人。

他们的帝国号称"日不落帝国"。

第十四章

日不落帝国

16世纪，葡萄牙人和西班牙人建立了西方历史上最早的两个殖民帝国，然而他们的帝国并不长久，代之而起的是荷兰人。

荷兰现在的面积大约相当于中国湖南省的五分之一，却使17世纪成为荷兰的世纪。到了18世纪初，荷兰衰落了，继之而起的就是英国。

英殖民帝国是西方历史上最强大的殖民帝国。

寻找新航线

英国最初的海外扩张活动开始于寻找所谓的东方新航线——西北航线。

西班牙和葡萄牙在欧洲南部，这两个国家靠着它们的地理优势最早开辟了通往东方的两条新航线：一条是从葡萄牙所在的欧洲南端出发再南下，经由好望角绕过非洲，再到达印度、香料群岛和中国；另一条也从欧洲南端出发，往西横渡大西洋，到达美洲后再沿美洲南下，经由麦哲伦海峡到达太平洋，再横渡太平洋到达香料群岛。这就是到达东方的两条航线，它们都是从欧洲南部出发，可称之为南部航线。

自从葡萄牙人和西班牙人通过东方和美洲的殖民活动发了大财，许多英国人就这样想：既然从欧洲的南部出发可以到达美洲，然后到达东方，那么为什么不可以从欧洲北部出发，横渡大西洋，到达美洲，然后像绕过美洲南端一样绕过它的北端，再通向东方呢？或者从欧洲北部再往北，然后往东，再到达中国呢？

这个设想从逻辑上看是合理的，英国人也相信这种逻辑的合理性，很早就开始了寻找通向东方的"东北航线"。早在1496年，也就是哥伦布发现新大陆才4年时，英国国王就派了卡伯特船长远航大西洋，寻找东北航线。1553年英国国王又派出了第二支探险队，这支探险队由3艘船组成，船长是威洛比，他身上带着英国国王写给中国皇帝的信。信用好多种文字写成，可惜就是没有中文。

这支舰队的结局很悲惨。他们往北走了没多远就遇到了北方的风暴与严寒，船被冻在了冰里，所有船员都被活活冻死了。后来人们发现了船员们留下的一本航海日记，详细记载了他们所受的苦难。

找东北航线碰了一鼻子灰后，英国人转向了西北航线。以马丁·弗罗比舍领头，他从1576年开始三次从英国出发往西航行，到达了美洲，不过他发现美洲一直往北似乎没个尽头，根本没办法绕到东方去。但这次航行也不是没有收获。英国人到达北美洲后，就不客气地顺手把它收做殖民地了，这是英国人殖民北美的开始，也可以说是英国人建立其殖民帝国的开始。

英国人建立殖民帝国的过程与西班牙不一样：一是地域更加广大、分布更加复杂；二是持续时间更长。为了将这么复杂的内容表达清楚，我决定以地区为角度来讲述英国殖民帝国形成的过程，从非洲说起，依次是非洲、亚洲、大洋洲、美洲。

殖民非洲

当英国人大张旗鼓地建立其殖民帝国时,世界上容易殖民的地方基本上已经被西班牙、葡萄牙、荷兰等三个殖民帝国瓜分完毕了。所以英国的殖民活动一开始就与这三个殖民帝国发生了矛盾。也可以说,英殖民帝国就是建立在其他殖民帝国,特别是荷兰衰落的基础上的。它一开始就沉浸在血雨腥风之中。它要战胜的对象不仅有殖民地的人民,还有这些殖民帝国。

通过三次战争,英国彻底击败了荷兰,夺走了荷兰几乎全部殖民地。此时,法国也开始了殖民,英法不可避免地发生了四次战争,从 1689 年一直打到 1763 年,结局是英国大败法国,英国仡立于殖民国之首。

英国在非洲的殖民大约始于 1588 年,这年英国人成立了几内亚公司。公司成立的目的是贩卖黑奴。

英国在非洲正式建立殖民地还要到 18 世纪末。18 世纪末奴隶制的存在已属非法,为了安置那些被解放了的黑奴,使他们有自己的家园,一些英国的废奴主义者便在西非向当地的酋长买了大片土地,再把解放了的黑奴运到这里来,让这里成为他们的家园。同时英国的军舰还在地中海各地游来游去,搜索那些走私黑奴的船只,把黑奴们救出来后也送到这里。这个地方就是现在西非的塞拉利昂。虽然是用来安置黑奴的,但这地方既然是英国人掏钱买的,主权当然归它。因此塞拉利昂算是英国在非洲的殖民地。

英国在非洲的第二块重要殖民地是南非。南非本来是荷兰的殖民地,但到 18 世纪末时荷兰已经衰落了,英国人采用了强买强卖的方式,花 600 万英镑从荷兰手中买到了荷兰在南非和美洲的殖民地。后来不断扩张,通过布尔战争打败了布尔人，又征服了许多非洲部落，最后形成了庞大的南非殖民地。

此后英国在非洲继续殖民，如黄金海岸（现在叫加纳）、尼日利亚、埃及等，都是英国的殖民地，大家只要看看地图就知道它有多大了。

殖民亚洲

英国殖民亚洲以殖民印度为主。印度这个文明古国有许多的种姓、语言、民族、宗教，彼此有许多矛盾，分裂成许多独立小国，这就给了殖民者以可乘之机。

1600年，英国人成立了东印度公司。这时在印度活动的不但有英国人，还有荷兰人、葡萄牙人、法国人。起初英国与这些国家共同殖民印度。当英国强大起来后，便把其他国家逐步排除出去，单独占领了印度。

在所有的殖民地中，印度是对英国"贡献"最大的殖民地，单从孟加拉一个地方英国人就掠夺了十亿英镑以上的财富，按现在的算法达千亿英镑。

在漫长的时期里，英国人虽说是殖民者，但统治印度的并非英国政府，而是东印度公司，后来英国政府被迫撤销了东印度公司，英国女王被宣布为印度女王，印度成了大英帝国的一部分。

英国在亚洲的殖民地除了印度，还有缅甸等。伊朗、阿富汗等也是它的半殖民地。

殖民大洋洲

澳大利亚位于茫茫大洋中，进入西方人的视野的时间比美洲还要晚。荷兰人曾经到过澳大利亚，以至那里一度被叫作新荷兰。

第一个到达澳大利亚的英国人叫丹皮尔，他是个海盗。

真正发现并开拓澳大利亚的是有名的库克船长。1770年左右，他带着一支船队到了澳大利亚东海岸，进行了仔细勘探，宣布这里是英国领土，大英帝国的殖民地名单上又加上了面积达800多万平方公里的土地。

整个大洋洲除了个别地方外全部是英国的殖民地，其中包括新西兰。

有趣的是，英国殖民者在澳大利亚遇上了最温驯的土著，但他们在一水之隔的新西兰却遇上了最勇敢不屈的土著——毛利人。毛利人可以说是唯一英国人从来没有征服过的土著民族，他们不但英勇善战，而且十分聪明。他们看到英国人用火枪后，也想方设法弄到了一些，很快就成了神枪手。虽然他们人数很少，但英国人从来没能征服他们，最后只能议和，共同占有新西兰。

殖民美洲

英国到美洲一开始并不是为了殖民，而是为了开辟由欧洲通到亚洲的西北航线。最终英国人没有找到什么西北航线，但到达了美洲，就是现在的哈得逊湾，后来哈得逊湾周围的地方就成了英国殖民地。

英国人在美洲，特别是北美洲拓殖时，法国人已经在那里占有广大的殖民地了。那时候，现在的加拿大、整个密西西比河流域都是法国的殖民地。英国的殖民地只是阿巴拉契亚山脉以东狭长地带的13块，面积比法国小得多。英国的殖民者们时刻想跨过阿巴拉契亚山去殖民，那里虽然属于法国，但法国人并没有开发，仍是一片荒原。相反，英国狭小的殖民地却人满为患，英法不可避免地起了冲突。

这时英国与法国不单在美洲起冲突，还在全世界起冲突。英国与法国在欧洲本土和全世界发生了四次大战，时间持续差不多一个世纪。最后英国取得了全面胜利，夺走了法国的大片殖民地。在美洲，这些殖民地包括加拿大及密西西比河以东全部地区，它还从西班牙手中夺取了佛罗里达。

除了美洲大陆外，英国还占据了靠近美洲大陆的西印度群岛的不少地方，南美洲的圭亚那和西印度群岛的牙买加、巴巴多斯等。

英国完成在非洲、亚洲、大洋洲、南北美洲的殖民扩张后，大英殖民帝国形成了。就面积而论，它超过了世界历史上任何一个大帝国，不论罗马帝国还是成吉思汗的蒙古帝国都无法与之相比。

到1914年，英国在各大洲的海外殖民地有55大块，面积超过2000万平方公里，人口超过4亿。

这使得英国有了一个外号"日不落帝国"。因为无论在哪个时间段，总有一片英国的殖民地在太阳的照耀之下。

永远的罪恶

我们讲述历史，讲述英雄们东征西讨，建立庞大的帝国的故事时，讲到英雄们为了战胜敌人而伏尸百万、流血漂橹时，时常难免为万千死难者洒下一掬同情之泪，也不得不承认我们在这些帝国的缔造者身上看到了人类的英雄主义，帝国的建立者们也将凭他们的征服事业而永垂不朽。

然而到了殖民时代，我们却丝毫不能感受到这些征服者的伟大，也不会认为他们是值得崇敬的英雄，为什么呢？

这是因为，从前帝国的建立者们所征服的是技术与实力旗鼓相当，甚至还要更优越的对手，征服者们展现了人类的勇敢与智慧。

殖民帝国所面对的对手是一些技术上要落后得多的族群，它们之所以能战胜这些族群，凭的不是勇敢与智慧，而是技术上的先进和没有人性的残酷。殖民者们用枪炮残暴屠杀只有弓箭甚至石器的"敌人"——

在许多时候，他们屠杀的"敌人"并不把他们当敌人。当土著们被屠杀时，他们经常不但没有抵抗，甚至不明白殖民者为什么要这样做。这就像一个四十岁的巨汉看见一个三四岁的小孩，这个小孩对着殖民者天真地一笑，还把手里的糖果递给他，但巨汉却一把将小孩抓起来撕成两半。这算什么英雄呢？

所以我们永远不能原谅这些殖民者对原始、愚昧而善良的印第安人和澳大利亚、非洲土著们的残暴不仁。他们的征服与屠杀并不是勇敢与智慧，而是兽性与怯懦。他们展现的是人类精神中最阴暗、最邪恶的一面！

下面我要举几个具体的例子来说明殖民者的残暴与怯懦。

殖民者从殖民之初，就表现得极其残暴、毫无人性。

在亚洲，1502年，达·伽马——这个西方到印度新航线的开辟者再一次去印度。在印度洋上他遇到了一艘商船，船上有近千名非洲摩尔人，他们没有一点儿武器，只是一些最普通的旅客。达·伽马统率着由20艘军舰和大量步兵组成的庞大舰队冲上去，先抢走货物，然后把所有摩尔人锁在船舱里放火烧死。

这种方法后来成了葡萄牙人对付抓到的商船的惯例，有时在烧船前还要将船上的人割耳割鼻挖眼，在岸上对付土著们也是如此。

在美洲，1520年，科尔特斯征服阿兹特克时，上千名阿兹特克人正在举行宗教仪式，西班牙殖民者们包围了他们，然后一一杀死。血染红了地面，像雨水般流淌。

另一个著名的西班牙殖民者皮萨罗则先把天真地来看望远道而来的客人的印加王抓起来，然后要印加人用整整一屋子金子来换回他们的王，弄到金子后又把印加王杀了。

在西班牙到达美洲的最初50年中，被屠杀的印第安人在1200万以上。

在许多地方，印第安人被彻底消灭了。例如在牙买加，哥伦布发现它时岛上的印第安人超过 30 万，但仅过了四十来年就一个印第安人也没了。

在大洋洲，土著的境遇更是悲惨。

这里的土著比印第安人还要落后得多，正处于旧石器时代，而且他们生性极其驯良，像绵羊和兔子一样。也因此他们遭受了最残酷的虐杀。到 19 世纪末，本来遍布澳大利亚的土著只剩下 6 万多人，其中大半还是混血儿，说明白点就是白人殖民者强奸土著女子留下的后代。

塔斯马尼亚人的遭遇就是土著催人泪下的命运的典型写照。

塔斯马尼亚是澳大利亚南部一个大岛，岛上本来生活着文化与人种都极富特色的塔斯马尼亚人。英国殖民者来到这个岛上后，立即对原始而驯良的塔斯马尼亚人展开了虐待与屠杀。塔斯马尼亚人迅速减少。后来，一些西方传教士把最后剩下的几十个塔斯马尼亚人集中到一起，让他们住到白人的村庄，还供吃供喝，他们这样做的目的只是想保存塔斯马尼亚人这个独特的种族，使之不致灭绝。

塔斯马尼亚人没有反抗，听任殖民者们摆布，他们绝望而沉默，一步步走向死亡。

1876 年，最后一个塔斯马尼亚人特鲁甘尼尼死了，塔斯马尼亚人从此灭绝。

以上是殖民者们在亚洲、美洲与大洋洲的恶行中的几个小例子。他们在非洲的恶行就是历史上最邪恶的生意——黑奴贸易。

对非洲的殖民，最重要的不是殖民者对土地的侵占，而是对人的侵占——贩奴。

自从发现新大陆后，大量的殖民者涌进了美洲，但随着殖民者增加的是印第安人的急剧减少。一是因为殖民者残酷的屠杀与掠夺。二是印第安人对欧洲的许多常见病，像天花等都没有抵抗力，殖民者把这些病带到美洲，使印第安人大批死亡。三是印第安人把自由看作生命一样宝贵，不惜以死来抗议。

那谁来为殖民者干活呢？于是他们将目光转向了非洲。

贩运黑奴正式成为一种商品交易，大概是在1513年，这年西班牙国王正式颁发执照，准许将黑人作为奴隶运到美洲。

殖民者一开始在非洲的西海岸贩运黑奴，后来当这里的黑人差不多被抓完时，他们就到整个非洲去找了。

他们找黑奴的方式有两种：自己抓或者买。第一种方式是早期的方式，殖民者们扑向黑人的家园，见人就抓，用铁链锁起来装上船运往美洲。这种方式的缺点很明显：危险。黑人常用弓箭和棍棒将殖民者打得狼狈而逃。狡猾的殖民者就用了第二种方式：买。他们先收买一些黑人部落首领，叫他们带人去攻击其他部落，俘虏卖给殖民者。殖民者用几小块布、一个玻璃球之类的小玩意儿就能换回好几个黑奴。当他们被卖到美洲时，一个能值上百金币。即使后来黑奴涨价了，例如要花上30英镑才能买到一个，但到美洲后至少也可以卖上200英镑。

一开始黑奴交易由葡萄牙人控制。葡萄牙政府不断派出船队到非洲去贩运黑奴，并用武力阻止其他国家参与。

后来葡萄牙衰落，继葡萄牙后成为贩奴大国的有法国、荷兰等，不过最大的奴隶贩子还是英国。

英国最早的黑奴贩子是霍金斯，1562年他就把一批黑奴运到了美洲，经过两次这样的贩运之后，他一下成了全英国最有钱的人。这也激起了英国的贩奴浪潮。

大批的英国船窜向非洲，他们在边境收买黑奴，在黑人部落间挑拨离间。组织军队进攻黑人部落，只有木制长矛的黑人怎是枪炮的对手？

在到达美洲前，黑人还要历经两个生死关。一是走到海边。他们被铁链连成一串，向海边走去，沿途是莽莽森林、荆棘和沼泽，还有殖民者的皮鞭和饥饿。病了就会被一棍子打得脑浆迸裂，扔在半路。

第二关是海上关。黑人们被关在又黑又潮的底层船舱。每天只有不致饿死和渴死的一丁点儿食物和水，大小便随地而下。在这样的环境里有多少人能活下去呢？病了的就会被奴隶贩子扔到海里喂鱼。鲨鱼们经常成群地跟在贩奴船后面。

两个来月后，终于到达美洲了，这时一船黑人往往只剩下了一半。

经过这两关后，等待他们的是终生的奴隶生涯，每天20个小时的辛苦劳作。

黑奴贸易给西方，尤其是英国带来了无限财富，为他们早期资本主义的发展提供了原始资本。然而对于黑人却是无边的苦难。黑奴贸易中总共有超过1000万黑人被卖到了美洲做奴隶，但非洲因此而损失的人口超过1亿。也就是说，殖民者为了把1个黑人从非洲送到美洲做奴隶，要杀9个人。

这样的罪恶永远不应该被忘记。

第十五章

两次了不起的革命

这时候的西方历史已经走过了黑暗的中世纪、光明的文艺复兴时期,开始了另一个光明的新世纪。

光荣的革命

在这个新世纪里,西方将成为世界的主宰,其中英国又将成为最强大的西方国家。

之所以如此,是因为英国发生了两次了不起的革命——光荣革命与工业革命,正是这两次革命为英国的强盛奠定了坚实的基础。

英国成为世界的领头羊的过程从斯图亚特王朝开始。

受欢迎的专制

前面已经讲了英国是如何走上历史舞台、建立起民族国家的,一直讲到红白玫瑰战争的结束。

1485年都铎王朝的建立是英国建立君主专制的开始，也是英国走向强盛的第一步。

亨利七世死后，二儿子继位，称亨利八世。他的臣子们紧守自卫，没有盲目发动战争，而是专心致志发展经济，大大增强了英国的国力。

亨利八世最有力量的一步是改革宗教。1534年，英国由国会宣布了"至尊法案"，在英国国王的众多头衔前又加上了一个新头衔："英国国土教会的最高统治者"。不久他又对修道院财产进行彻底清查、大量收缴，一方面毁灭性地打击了罗马教皇在英国的势力，另一方面增加了英国的国力。

亨利八世死后，继位的爱德华六世在位了6年便去世，继位的是他的姐姐玛丽女王。她是虔诚的天主教徒，虚荣又亲罗马，甚至想归还亨利八世夺来的天主教会的财产。这期间英国暂时倒退。

玛丽女王死后，伊丽莎白一世继位，她是玛丽女王同父异母的妹妹，堪称英国历史上最伟大的国王之一，正是她引导英国走上了强盛之路。

她继位时面对玛丽女王留下的烂摊子，默默地肩负起了为国服务的重任。在国内她任贤用能，使工商业蓬勃发展。在国外做得更加出色。这时西班牙殖民帝国正如日中天，法国国力也强于英国。伊丽莎白一世大败西班牙，使英国一举成了西方一流强国。

为了争夺富庶的尼德兰，英国和西班牙成了冤家对头，西班牙人建立了一支庞大无比的舰队，号称"无敌舰队"，准备消灭英国。

1588年，深夜，无敌舰队停泊在加来港外，英国舰队舰只数量只有无敌舰队的一半，兵分两路扑来。像赤壁之战一样，英国人派出了一些小艇，上面装满硫黄干柴火油之类，点上大火往无敌舰队冲去，把西班牙人打了个措手不及，加上他们的军舰体积庞大，移动不便，立时大乱，仓皇逃命。英国舰队紧追不放。英国军舰虽吨位小，但灵活机动，火力也强，在战斗中占尽优势。结果击沉俘获西班牙军舰63艘,英国这边竟无一损失。

这场战争既是西班牙也是英国的历史转折点,虽然西班牙此后一段时间仍是西方最强大的国家,但已日渐衰弱,而英国虽然没有立即成为海上霸主,却日渐强大。

伊丽莎白一世执政45年之后,于1603年去世。

据说伊丽莎白一世长得十分美丽:身材修长、金发碧眼、肤白如玉,而且才智过人、博学多识,通6种语言:拉丁语、法语、德语、意大利语、希腊语和英语。她终生未婚,没有留下后裔承嗣大统。随着她的去世,都铎王朝也就结束了,斯图亚特王朝随之建立。

伊丽莎白一世把王位传给苏格兰国王詹姆士一世,也许她深知在不列颠这小小岛屿上容不下两个国家,苏格兰与英格兰唇齿相依,长期以来却战争频繁,两败俱伤,最好的解决办法是统一起来,共同缔造一个强大的不列颠王国。

都铎王朝时期,英国一直是君主专制国家,名义上有国会,但国会没有实权,只是国王的御用工具,具体来说,就是每当国王囊中羞涩时,就会召开一次会议,以它的名义向国民征税。钱一到手,国王的第一件事是马上解散国会,免得碍手碍脚。但由于都铎王朝诸王除了玛丽女王外,都算得上贤君,所以无论国会还是人民都没有对君主专制提出抗议,加之君主专制有力地打击了有碍工商业发展的封建割据,英国国势日昌,君主专制甚至受到人民的欢迎。

但詹姆士一世彻底改变了这一切,将君主专制由受人欢迎变成了惹人讨厌。

被讨厌的君主专制

詹姆士一世比都铎王朝的君主更加专制。他满脑子是早就过时了的君权神授观念，声称他的权力来自神，既然教徒怀疑上帝能做什么或者不能做什么是对上帝的亵渎。那么臣民质疑君主能做什么或不能做什么同样是对君主的亵渎，在国会演说时，他甚至公开自称为神，要求拥有绝对的权力。

他还大肆迫害清教徒。当时英国已经建立了脱离罗马的英国国教，国王是国教最高首领。这个英国国教既不属于天主教，又不属于新教，而是一种英国独有的特殊教派。然而正因为如此，它就既可能同时受到天主教与新教两派的拉拢又可能受到两派虔诚教徒的憎恨。于是，英国国教内也分成了两派：一派想将国教内的天主教成分彻底清除，另一派则亲天主教。

这样英国就出现了"清教徒"，他们在平民大众中人数众多，特点是敌视天主教的一切，要把英国国教中与天主教相关的东西完全清除掉。

以国王为首的一派却亲近天主教，这样两派之间就不可避免地起了冲突。

先是国王一派迫害清教徒，逼他们远离祖国。但再往后，清教徒占了优势，英国国教也变了颜色，开始在国内迫害天主教徒。

清教徒们内部也非铁板一块，他们又分成两派：一派仍旧奉行英国国教，只想改革它；另一派则主张与英国国教彻底分家，另行开宗立派，他们因此被称为"分离派"。

詹姆士一世对清教徒讨厌至极，声称要将他们从英国赶出去，许多清教徒便逃离英国，逃到了北美洲，在那里建立了殖民地，这就是美国的雏形。詹姆士一世对天主教却容忍有加，甚至当天主教徒阴谋炸毁国会时，他仍旧包庇他们。这样的结果就是詹姆士一世遭到了从新教徒到清教徒的一致痛恨，使他成了全英国最讨人厌的家伙。只是由于他生活在伊丽莎白一世的余荫之下，臣民们还不习惯反抗他们向来尊崇的君主，所以他还能安享天年，直到死去。

1625 年，詹姆士一世死了，儿子查理一世继位。

查理一世的坏运气在他继位之初就显示出来了。就在他登基称王那年，英国与西班牙、法国同时打了起来，这场战争唯一的结果是英国白白耗费了巨额军费。为了支持战争，查理一世不惜向阔佬们强行借债，并把那些不愿借钱的阔佬送进牢房。这些阔佬，宁愿坐牢也不借！

这下查理一世没辙了，只能召开国会。

1628 年，国会召开了。他召开国会唯一的目的就是要国会代他去向人民要钱。国会拒绝了国王的要求，反而提出国会拥有更大的权力的要求，例如不能在没有国会同意的情况下随意向人民征税，也不能强迫阔佬们借钱等。查理一世胡乱答应了，议员们就给了他 35 万英镑。结果钱到手后查理一世就把答应的话抛到了九霄云外。

而且现在他不缺钱花了，以后的 11 年，英国处在他的无国会的独裁掌控中。

此时的英国就像一个大炸药包，随时有爆炸的危险，只等一根导火索了。

为查理一世点燃炸药包的是劳德。查理一世任命他为坎特伯雷大主教。他很亲天主教，采取了种种亲天主教的措施。他先把这些措施在英格兰实施了一阵，看见人们不怎么反抗，便得寸进尺，向苏格兰推行。苏格兰的教徒是比一般清教徒更激进、更痛恨天主教的苏格兰长老派，他们群起反抗。

成群结队的苏格兰人组成军队，向英格兰发动了攻击。查理一世身为苏格兰国王，不是采取怀柔政策，而是派出军队镇压他的臣民们。这是 1637 年的事。

过了 2 年，查理一世决定一劳永逸地解决苏格兰的麻烦，准备派出军队侵入苏格兰，但苏格兰人动作更快，他们率先冲进了英格兰，占领了不少土地，甚至要国王赔款。

查理一世想打仗又没钱，只得再次召开国会，要求国会出钱帮他镇压叛乱。

这次国会议员全体一致地提出了各种要求，除以前提出过的要求外，还特别限制了国王解散议会的权力。规定从上届国会解散到下届国会召开的间隔不能超过3年，非经国会同意国王不得随意解散国会等。他们还对查理一世的两个宠臣斯特拉福伯爵和劳德大主教提出了特别起诉。

在议会的强大压力下，查理一世只好忍痛割爱，把劳德关进了伦敦塔，斯特拉福甚至被送上了断头台。

查理一世开始答应了这些要求，议员们又连续不断地提出了种种新要求，例如所有高级官员都要从议员中任命，而且只对议会负责，等等。这等于把查理一世从几乎享有独裁权力的君主削弱成毫无实权的虚王。

查理一世带领军队冲进国会，要求国会将反对查理一世的政治领袖约翰·皮姆等几人交给他。

国会当然不答应，皮姆也早被伦敦人藏了起来。查理一世看到伦敦到处都是国会的同伙，便悄悄离开伦敦，在英格兰的北部和中部到处奔走，宣示国会欺君，要他们起来帮助他反抗国会。他的请求得到了贵族、大地主、天主教徒等的支持，他们帮助查理一世组建了一支军队。

国会见战争不可避免，也通过议案组建了军队。

1642年8月，查理一世在诺丁汉郡举起了战旗，向国会正式宣战。2个月后，在埃吉山，两支军队发生了第一次战斗。英国内战爆发了。

内战与国王之死

战争之初，王军凭借丰富的军事经验，在战斗中取得了一些胜利。

国会同苏格兰人联系，答应如果国会赢了，就在英格兰也实行苏格兰式的长老会制度。苏格兰一听大喜，立即率军从北部向王军发动进攻，南北夹攻之下，国会军大占上风。

这时国会军中涌现了一员大将克伦威尔，正是他建议国会改组军队，并组建了"新模范军"。

克伦威尔生于1599年，是个小贵族，曾在剑桥大学读过书，41岁时当选为国会议员，属于国会中的激进派，要求把王权剥夺得一干二净。

内战一开始，克伦威尔就显示了比其他军官高明得多的指挥艺术。他自己组织了一支军队。他从农民、手工业者、小商人中招兵买马，加以严格训练。

甫一参战，新模范军立即显得与众不同，他们纪律严明、屡战屡胜，被尊为"铁军"。

1645年6月，在纳西比荒原之战中，新模范军取得了辉煌胜利，消灭了王军几乎全部主力，缴获了大批辎重，俘虏了几百名王军军官。

在以后的时间里，失去了辎重给养的王军节节败退，坚固的城堡也一个个失去。最后，绝望的查理一世被迫逃往苏格兰。

国会一听到这个消息，立即派人送去了40万英镑，苏格兰人哪管什么国王不国王，立即将他送给了议会，堂堂国王便成了阶下囚，第一次内战结束了。

内战结束后，内乱很快就开始了，英国出现了三派：长老会派，代表国会，主要成员是国会议员；独立派，代表军队中的军官；平等派，代表军队中的士兵。三派内斗的结果是保王派乘势又起来了，这次苏格兰人站到了保王派一边，发动了第二次内战。他们迅速占领了好几个城市，并大举南下，攻入英国。

面对岌岌可危的形势，已经打败了长老会派的独立派与平等派立即团结起来，向保王党人发动了反击。克伦威尔亲率大军迎击苏格兰军，双方在普雷斯顿展开决战，苏格兰人大败，克伦威尔乘胜追击，一路势如破竹，直捣苏格兰首都爱丁堡。第二次内战就此结束。这是 1648 年 9 月的事。

接下去的大问题是怎么处理查理一世了。独立派本来还想和查理一世合作，这时一封密信落到了独立派手中。原来查理一世表面上没有拒绝独立派的合作建议，但暗地里却在与他的老臣们写信联系，设法在国会内部挑起分裂。

他们终于醒悟了，想要查理一世放弃专制无异于与虎谋皮。

他们下令组织特别法庭，审判国王。

1649 年，1 月 27 日，法庭做出最后判决：查理·斯图亚特是暴君、叛徒、杀人犯、国家之公敌，应予以斩首。

3 天后，查理一世在白厅前被公开斩首。

国王被杀后，让他儿子继位的主张也销声匿迹了，英国事实上成了一个共和国。

从共和到护国

进入共和时代的英国实际上是军人专制的寡头政府。统治者名为国会，实际上是将军们，为首的是克伦威尔。

凭借强大的军队，克伦威尔在国内实行了铁腕统治。他率大军跨过海峡，直抵爱尔兰，经过许多场血腥战斗，征服了爱尔兰，爱尔兰人死伤无数，流血漂橹。他又在国内残酷镇压保王派，毫不手软地将他们下狱、流放、斩首。

他还挥军直指保王党的老巢苏格兰。连战连捷，两年之后的 1652 年 5 月，苏格兰被彻底征服，领土被并入英国。

通过一系列血腥征服，克伦威尔建立了巨大的声望，在英国拥有了无上的力量与地位。

1653年他被支持者拥戴为"英格兰、苏格兰和爱尔兰终身护国主"。

此后克伦威尔颁布了《政府约法》。按照这个约法，克伦威尔掌握了国家一切大权，他和国会一样是立法者，并且国会的立法只能经他同意才能生效，在国会休会期间，他可以单独制订法律并立即生效。他能任命官员，决定大赦，他还是陆海军总司令，等等。后来这个护国主职位还成了世袭，克伦威尔家族世世代代都是护国主。

做了护国主后，克伦威尔尽心尽力为英国服务。他建立了一支强大的海军，先强迫葡萄牙同意英国在它的殖民地做生意，又与西班牙开战，从它手里夺取了西印度群岛中富饶的牙买加岛，还夺取了有"欧洲大陆的钥匙"之称的敦刻尔克。它是从海上登陆欧洲大陆的最佳地点。

克伦威尔死于1658年。他的儿子理查继位当了护国主。但理查个性与父亲大不一样。克伦威尔勇敢果断，善用铁腕治人。理查却优柔寡断，做什么事都瞻前顾后，畏首畏尾。这样的性格是致命的。这时英国实际上是军人统治，军人之所以服从克伦威尔并不是出于对他个人的盲目忠诚，而是服他的英明果敢，多谋善断。如果理查也这样，那么相信军官们仍会服从他，但理查恰恰缺乏这样的性格，他们当然不会盲目地服从他。仅仅8个月之后，他们就把理查赶下了台。国家的控制权落到了克伦威尔手下的高级军官手中。

国不可一日无君，英国怎么办呢？它可以有三条路走：第一条是从克伦威尔的高级军官中选出一人来做护国主；第二条是实行普选制，从共和国的公民中遴选出一位担当国家元首；第三条则是迎回查理一世的儿子，他正在法国，也时刻想着重登王位。

第一条路不可行。这些军官中没有一个人的能力、威望能代替克伦威尔,别的军官也不会服从他。

第二条路也不可行。要在那个时代进行普选,即使英国已经是共和国了,也是不可想象之事。

比较可行的是第三条道路。一则因为英国毕竟千年以来就是君主国家,君主制已经深入人心,虽然查理一世是个暴君,但毕竟不能说明下一个王也是。二则保王党们虽然失败了,但并没有被消灭,他们依然在暗中活动,或者隐藏起自己的真实信念,钻入共和国内部,随时准备东山再起,复辟君主制。

不久共和国的新贵们就和保王党合作了,首领是蒙克将军,他是克伦威尔的大将,统重兵驻防苏格兰,他以稳定国家秩序为名,率军进入伦敦,控制了政府。

紧接着,以蒙克为首的复辟派派出了特使和查理一世的儿子查理谈判。查理信誓旦旦地保证说他不想搞君主专制,绝不会对共和革命者们反攻倒算,也不要求收回共和国政府没收的王室贵族财产。他诚恳地说,他不想"再做一次旅行"。

这样的保证给共和国的新贵们吃了一颗定心丸,于是在新近一届国会上,议员们通过了决议,邀请查理回国继位。

度过了10多年的流亡生涯后,1660年,查理带着一大群保王党人风风光光地回到了英国继位称王,为查理二世。

护国主时代就此结束,开始了英国历史上的复辟时期。

光荣革命

事实证明查理二世与他的父亲一样不守信用。

得到王位后,查理二世把以前答应过的东西抛到了九霄云外。

他曾答应过大赦共和时期的革命者。但这时他宣称凡参加审判与杀害他父亲的人不在大赦之列，他把他们一个个抓起来杀掉。甚至把克伦威尔的尸体从坟墓里挖出来，砍了脑袋示众。

他曾答应过不收回被共和国没收的土地。他倒没有收回，只是要求买回：由政府出钱，把那些没收来的土地买过来，重新交给原来的主人。

他曾答应尊重国会的权力。但他上台后立即蔑视国会，甚至想过要废掉它，他确实也废掉了国会制定的不少法律。

此外，他还特别亲法国，亲天主教。但由于查理二世平时和蔼可亲，讨人喜欢，而且也善于妥协，所以他在世时并没有遭到多少攻击，安享天年。

查理二世死后，他的弟弟继位，称詹姆士二世。

他也和哥哥一样亲法国和天主教。他登上王位后很快降低了法国商品进入英国的关税，让价廉物美的法国商品，尤其是奢侈品，在英国大量销售。他还废除了法律中不准天主教徒担任公职的规定，把身边的天主教徒们安置到军队政府一些至关重要的部门，甚至宣称自己是天主教徒。

这些措施使詹姆士二世成了几乎全体英国人的敌人。他又十分固执，不肯妥协，顽固地推行他的政策。本来英国人不想再来一次革命，他们想等詹姆士二世死了，他的两个女儿都是新教徒，一旦她们继位，八成会把这些坏措施改正过来。

但这时詹姆士二世又生了一个儿子，按照英国的继位法，男士优先，这个小天主教徒将要当国王。

英国人知道，他们非得把这个詹姆士二世赶下台不可。

这是一次称不上革命的革命，因为它与传统革命完全不一样：它没有流一滴血！

首先，这场革命的发动者是国会的议员们，而且是几乎全体议员。

他们本来就掌握着英国的国家大权，能够对国家发号施令。其次，要是这场议员们发动的革命在人民中有反对者，他们起来勤王，那可得流几滴血，但詹姆士二世实在是过于昏庸的国王，他的措施对英国上上下下都不利，根本没有人为他说话。再次，这次革命英国人采取了巧妙方式。他们没有带兵冲进王宫，而是悄悄向詹姆士二世的大女儿玛丽和她的丈夫——荷兰执政官威廉发出邀请，请他们来英国做王：玛丽做女王，威廉做国王。

这时的荷兰还是世界第一的海上强国，有一支强大的军队。威廉接到这个邀请后，迅速统领荷兰海军直奔英国，登陆后直指伦敦，一路兵不血刃。

詹姆士二世看到这架势，知道大势已去，飞奔出伦敦，逃往法国去了。

詹姆士二世一跑，国会便宣布英国王位已经空缺，正式邀请威廉和玛丽登基为王，称玛丽二世、威廉三世。时值1689年2月。

可能是由于这次革命没有流血，所以这次革命被称为"光荣革命"。

玛丽二世、威廉三世登基后，自知能当上英国的王完全是凭借国会的力量，与国会抗衡对他们有百害而无一利，便一概赞同国会通过的各项法案。

接下来一段时间，英国国会通过了一系列法案，为英国的整个政治制度奠定了基础。中心是限制国王权力，彻底根除君主专制。例如每年只向国王拨款一次，如果没有得到国会同意，国王不得终止法律的实施。威廉继位后一个月国会通过了《权利法案》，明确规定了国王的权限和王位的继承制度：国王必须服从国会的决定，必须在国会同意下才能征税或招募常备军；国王必须是新教徒，天主教徒哪怕是前任国王的子女也不能成为英国国王。

经过光荣革命后，英国终于走上了健康发展的道路。它所实行的君主立宪制在当时堪称最好的国家制度，在这个良好的制度下，英国飞速强大起来，不久之后将成为西方最强大的国家之一。

工业革命

工业革命与光荣革命有着重要的联系，一是它们都发生在英国，二是光荣革命是工业革命的"先驱"，所以把它们两个放在一起讲。

工业革命是工业领域内的一场革命，标志是大量采用新技术。这些新技术使人类在100年之内所生产的商品比以前整个文明史生产的还要多，人类生活方式的改变比以前整个文明史所产生的变革还要大。

为什么工业革命发生在英国？

首先是政治稳定，政府努力促进工商业发展。

光荣革命后，英国的政治局面终于安定下来了，再也没有了大规模内战。革命后上台的政府是资本家们的代言人，他们主要一件事就是大力促进工业发展。例如把农民赶到城里做工，用战争开拓市场。为了发展棉纺业，英国议会曾通过法令，禁止从中国和印度输入棉布，而此前英国人爱穿的棉布衣服几乎是从这两个地方来的。

其次是市场巨大。

工业革命之初，英国的殖民地在非洲、欧洲和亚洲都已经初具规模。后来在同荷兰、西班牙、葡萄牙、法国的殖民战争中，英国都取得了辉煌的胜利，占领了不少殖民地。英国在殖民战争中有一个特点：它并不一味攻城略地，同样重视开拓市场。如鸦片战争后除侵占香港外，还要求清政府把几个城市开做通商口岸；打败葡萄牙后，英国人要求在葡萄牙的殖民地巴西有通商权。

通过一系列行动，英国几乎把整个世界都变成了它的商品市场。

再次就是圈地运动。

大家听说过英国有"羊吃人"的故事，地主不种粮食去养羊了。圈地运动造成了两个结果：一是用羊毛供给毛纺厂，发展了毛纺业；二是原来土地上的农民没饭吃了，只好去城里的毛纺厂和棉纺厂当工人了。

最后就是资本也不缺。

英国在殖民战争中屡战屡胜，带来了巨额收入，还建立了相当成熟的股票市场，为资本家们筹资提供了最佳场所。

如此等等的结果就是工业革命。

工业革命大致分成两个时期：第一期大约始于1767年，终于1870年；第二期始于1870年，终于1914年。

前期工业革命基本上是英国人唱独角戏，后期工业革命有了一个新角色，这个新角色和英国有着千丝万缕的联系，就是美国。

工业包括许许多多类目，那么工业革命是从哪个类目开始的呢？

我们有个词语，衣食住行。其中第一样就是衣，这也是人的基本需求，衣正是工业革命的开始。

纺织革命

工业革命的第一项成果是约翰·凯发明的飞梭。它在织布机上飞来飞去，大大提高了效率。

发明飞梭后，一个织布工能够织出比先前多得多的布，织布用的纱的需求量自然也大大增加了，但一时间哪能织出那么多纱呢？于是纱就供不应求了，价格一下跳了上去。

看到这情形，有发明头脑的人自然会拼命去发明能纺纱的机器了。结果就是珍妮纺纱机的发明。它的发明者是詹姆斯·哈格里夫斯，也许他很疼爱自己的老婆，她名叫珍妮，他就用她的名字来给自己的新机器命名。这新机器能同时纺16根纱，远超最巧手的纺纱姑娘。遗憾的是它纺出来的纱不太好。过了2年，另一个发明家在珍妮纺纱机的基础上发明了一种水力纺纱机，解决了质量问题。

但这水力纺纱机又有一个"毛病"——它纺纱太快了，在纺纱与织布间又造成了新的不平衡：纺纱太多，织布来不及用掉这么多纱，使纱一下子供过于求。

怎么办呢？一个叫卡那特的牧师想到了这一点。他模仿水力纺纱机，制成了水力织布机。经过改进后，这种织布机能够织出原来40个工人才能织出的布。

纺纱与织布之间总算达到了平衡，英国人既能纺出大量的纱，又能织出大量的布，织出的布物美价廉，占领了巨大的市场，赚得了巨额的利润。

这是工业革命的第一步。

工业革命的第二步是动力革命。

动力革命

动力革命开始于瓦特发明蒸汽机。

不过说瓦特是蒸汽机的发明者并不完全确切。在瓦特发明蒸汽机之前，英国的矿山里已经有了一种被称为"矿工之友"的机器，它能够将矿井里的水抽出来，它有燃料、蒸汽和活塞，是一架原始蒸汽机。虽然有用，但它有一个大缺点：每抽一下活塞就得用冷水泼一下，让蒸汽凝结，在下一次抽动活塞前又得加热，很麻烦。

瓦特在一所大学当修理工，负责为教授们制作各种实验仪器，懂一点机械，偶尔还帮人修修钟表什么的。有一次，别人请他修一架原始蒸汽机。他修理时发现这个机器的毛病真不少，一是老要泼水冷却，二是只能做直线运动，这样用途就很有限了。

回家后，瓦特就开始琢磨着怎么改进，经过一番努力，他制造出了既不用泼冷水又能做圆周运动的新蒸汽机，这是1782年的事。

蒸汽机的发明与前面的珍妮纺纱机之类有根本区别：它带来的不是一个领域内的革命，而是整个工业领域的革命。其根本原因是蒸汽机所产出的不是某一种吃穿用的具体产品，而是能量，几乎任何工业部门、任何一架机器，它可以不穿衣吃饭，但不能不用能量。能量对于机器就像饭对于人一样，是最基本的需求。满足了这个需求之后，机器才有了生命，才能发挥它的作用，制造出它的产品。

有了蒸汽机之后，使许多原来就有的机器发挥出了更大的威力。

例如，蒸汽机发明之后，原来的水力纺纱机和水力织布机都可以采用蒸汽机来作为动力了，这比水力不知要强多少倍。

有了蒸汽机后，不但老机器有了新内容，而且还催生出了大量新机器，它们将改变整个工业的面貌。

蒸汽机首先改变的是钢铁业和煤炭业。

蒸汽机发明出来之后，人们对它有了很大的需求，同时蒸汽机带动了其他机械，如织布机和纺纱机的需求，这些机器的制造需要大量钢铁。这就使得英国人不得不赶紧想办法增加钢铁产量。

从前英国人炼铁是用木炭，这样耗费了大量的木材，后来达比发明了用焦煤制造焦炭来炼铁，挽救了森林，后来科特又发明了能炼成更好的熟铁的"搅炼法"。这些都大大增加了钢铁的产量和质量。

用煤炼铁造成了煤炭的大量需求，使得煤炭业也大大发展了。

到1861年，英国的铁产量达到380万吨，煤产量达到惊人的5700万吨。

这时人类不但进入了蒸汽时代，还进入了钢铁时代。

运输革命

纺织业、煤炭业、钢铁业等都得到巨大发展后，这些产品空前地多了起来，这时候又引起了一个新的问题——用什么法子将这成千上万吨的煤、铁、机器运走呢？如果还用传统的马车和帆船肯定是不够的。面对这个强烈的新需求，火车出现了。

火车运输由两部分组成：机车本身和下面的铁轨。

英国的煤矿里早就出现了铁轨。它上面也有车在运东西，不过这些车只是轮子稍做了改变的普通马车，它由人或者马来拉。在这样的铁轨上一个童工就能拉动差不多一吨的东西，一匹马能拉动普通道路上需要20匹马才能拉动的东西。

火车的发明人是乔治·史蒂文森。史蒂文森出身贫穷，到17岁才有机会读书识字。但他从小爱动脑子，想做发明家。他看到马和小孩子在铁轨上拉车的情景后，冒出了用蒸汽机车替代人力的念头。

后来他成了新铁路的总工程师，3年之后铁路建成了，它每小时能跑差不多30公里，比最快的马车都要快得多，后面还拖着巨多的货物。

这1825年发生的事。火车的优势不言自明，英国一下子掀起了铁路热，10年之后建成了800公里，又过了不到40年，英国建成铁路达2万5000公里。

蒸汽机能用在陆上，人们自然就会想到它也能用在水上，但这次成功的不再是英国人，而是美国人了。

这个美国人叫罗伯特·富尔敦，他曾到英国留学。当时坐的是帆船，那慢吞吞、能不能走全靠风给他留下了深刻的印象。他想，要是能将蒸汽机放到船上去，让船快点儿走，不管有没有风都一样，那该有多好。

回到美国后，他潜心发明起蒸汽机船来，1807年，他终于成功制作了克莱蒙特号，这也是第一艘蒸汽轮船。

除了火车和轮船外，人类还有什么交通工具呢？还有汽车与飞机。

汽车与飞机是工业革命第二阶段的发明。

与蒸汽机和火车不一样，汽车的发明是本糊涂账。

有许多人自称发明了汽车，如德国的戴姆勒和卡尔·本茨，他们后来建立了戴姆勒——奔驰公司。也许第一个造出真正的汽车的是法国人勒瓦瑟，他的汽车和现在的汽车原理已经差不多了。但还有两个大毛病：一是轮胎是铁或木做的，一点弹性也没有，走在路上的颠簸劲真叫人受不了；二是每次启动都费劲得很，以致女士们开车时得专门请个人来发动。不解决这两个问题，汽车就说不上是一种好的交通工具，还不如马车来得舒服。

后来邓洛普和凯特林分别解决了这两个问题。邓洛普发明了橡胶轮胎，人坐在汽车上轻松又舒服了；凯特林发明了电气自动点火机。

飞机的发明是由莱特兄弟俩完成的。

吸收了别人的经验之后，1903年，在美国的北卡罗来纳州，莱特兄弟用他们造的飞机在天上兜了个圈，虽然飞得不远，但人类由此迈得很远。

通讯革命

最早发现电报秘密的是著名的科学家安培，他发现电线可以用电磁传播消息，只要在电线两头有合适的接收工具就行。

这个发现传开后，很多人开始设计制作接收设备。成功的有三个人：英国人查尔斯·惠斯通、美国人塞缪尔·莫尔斯和艾尔菲德·维尔。其中最成功的当数莫尔斯，现在的电报电码还用莫尔斯电码。1844年，在美国的巴尔的摩和华盛顿之间架起了电报线，这是世界上第一条正式经营的商业电报线。

它传递消息的快捷、便宜是令传统方式望尘莫及的，不久整个西方所有的大城市之间都架起了电报线。20多年后，第一条横跨大西洋的电报线架起来了，应该说"沉"，而不是"架"，电报线是沉到海底的，叫海底电缆。架设者叫赛勒斯·菲尔德，一个屡败屡战的美国实业家。

电报有有线电报和无线电报两种。上面的是有线电报，后来还有了无线电报。它是伽利尔摩·马可尼发明的。1899年，他在英吉利海峡上空向法国发了第一个远程无线电报。1901年，无线电波横越了茫茫大西洋，瞬间把消息从英国传到了美国。

电话的发明者是贝尔，现在美国还有贝尔电报电话公司（现名：美国国际电话电报公司，即 AT & T) 和贝尔实验室，贝尔实验室仍然是全世界主要的通讯研究机构之一。

通讯革命完成之后，工业革命大体也就完成了，人类从此进入了另一个时代——工业化的时代，它不但使人们的日常生活形态发生了巨变，也使政治和军事形态发生了巨变。

第十六章

美国的诞生

美利坚民族的形成

美国曾是英国庞大的殖民地之一,具体来说是位于北美的13块殖民地。

哥伦布发现美洲新大陆后,欧洲人像潮水一样涌向美洲。首先是西班牙人在这里建立了最庞大的殖民帝国,其次是葡萄牙人占领了广大的巴西,再次是荷兰人建立了新阿姆斯特丹,也就是今天的纽约。

英国的殖民活动主要集中在北美洲。它的第一块殖民地始建于1607年。

这年,伦敦公司获得了英国国王的特许状,准许它占有北纬34度和41度之间的土地。公司的三艘船来到了指定的地方,船上装着120个人,全是男人。它们在一条河边建立了一座小城,其实是一个小村,村里有一所教堂,几间茅草房,还有一门大炮。殖民者采用当时流行的命名法用他们的国王詹姆士一世的名字为这座小村命名,称詹姆士城。它是以后英国人继续殖民的桥头堡。

到美洲之初，英国人一无所有，甚至连吃的都没有，120个人不到1年就死了一大半，幸亏当地印第安人的接济才没有死光。

这些天性良善的印第安人，看到远道而来的白人衣食无着，就把自己的粮食送给他们，又教他们种玉米，养活了殖民者。但白人是怎么回报印第安人的救命之恩的呢？——抢劫和屠杀。他们恢复了力量后，立即向救命恩人们发动了进攻，用枪炮对付印第安人的长矛，赶走他们，杀死他们，把印第安人生活了几千年的故土变成自己的新家园。

詹姆斯城以后发展成了英国在北美的13块殖民地中最早的一块——弗吉尼亚，就是现在的弗吉尼亚州。

1620年，一群英国清教徒的"独立派"乘一艘叫"五月花号"的船前往美洲殖民，他们本来要前往已经建立起来的弗吉尼亚殖民地，但途中遇到风浪，船被漂到了另一个地方，就是现在马萨诸塞州的普利茅斯港。就在登陆前，发生了这样一件事：由于船上人员混杂，且他们到达的地方并非英王已经特许给他们的地方，他们在这里殖民很可能得不到母国的帮助，这就意味着他们将面临极大的艰难险阻。为了殖民的成功，为了生存，殖民者们上岸前制定了一个"公约"，这就是有名的《五月花号公约》。

此后，殖民者们不断开疆拓土，到1733年已经建立了13块殖民地。它们都位于阿巴拉契亚山脉和大西洋之间一个狭长地带。分为南部、北部和中部，分别有4块、4块和5块殖民地。

这13块殖民地建立起来后，大量的移民从欧洲各地涌进来，最多的还是英国人。到1775年，整个殖民地已经有260万人。

这些移民的主体是英国人，也囊括了欧洲各国各民族的人，如法国人、德国人、意大利人、荷兰人、爱尔兰人、瑞士人、瑞典人、犹太人等等。

其中纽约和特拉华还是荷兰人建立的。其他国家的人来到英国的殖民地居住后，与英国人杂居在一起，也渐渐说英语了。

表面上看，英国人同化了其他欧洲国家的人，殖民地人民说的虽然是英语，但实际上，原来纯种的英国人不存在了。就像当时一个旅行者在殖民地旅行后的描述："我可以指给你一个人，他的祖父是英吉利人，妻子是荷兰人，他儿子娶了法国女人，生下的四个儿子和四个不同国籍的人结了婚。"

到独立前夕，殖民地的人民大都是这样的"英国人"了，他们自己也知道这点，这就使得他们反对那个岛国的暴虐统治时毫不手软。

这时殖民地的语言还是英语，但与伦敦的英国人说的不再一样了。像人种一样，这些语言也是混血儿。那些说英语的法国人、荷兰人仍"顽固"地坚持说某一些法语和荷兰语词汇，并且慢慢地把这些词塞进了英语。这样一来，殖民地英语中间就夹杂着大量源自欧洲各国甚至印第安人和黑人的词汇了。日积月累，殖民地人说的英语与英国人说的英语差异越来越大，连英国人自己也发觉不对头了，称殖民地英语为"美洲话"。

在离英国越来越远的同时，殖民地的人们感到彼此越来越近。他们在经济上组成了统一的市场，还建立了统一的邮政和交通系统，彼此的血缘和语言也越来越近。

殖民地慢慢形成了独特的文化。

这时美国还建立了许多大学，如哈佛大学、普林斯顿大学、耶鲁大学、哥伦比亚大学等，它们成了传播这独特文化的中心。一些思想敏锐的人，像富兰克林、托马斯·杰斐逊等深刻地意识到了殖民地的这种独特性，经过研究、总结与宣传，终于让广大殖民地人民也了解了这一点，懂得了他们的文化不再是英国文化，而是独特的美利坚文化。

有了独特的美利坚文化，也就有了独特的美利坚民族。

战争前夕

美利坚民族诞生了，而促使他们闹独立的，是英国人。

英国建立殖民地后，便把殖民地当作了金母鸡。想了很多掏金蛋的法子，主要有两个。

第一个方法也是最简便的一个：征税。英国人在殖民地设立了许多海关，向进入殖民地的商品征收关税，再把税收送回英国。

第二个方法是控制殖民地的运输和贸易，为英国庞大的商船队和商人们挣钱。

早在克伦威尔时期，英国人就颁布了《航海条例》，未经英国政府许可禁止外国与英国殖民地贸易，外国商品如果想输入殖民地，必须由英国船来装。接着又颁布了《列举商品法》，规定殖民地的商品如烟草、棉花等只能卖给英国，如果想卖到外国去也得先卖给英国商人，再由他们去卖。后来还颁布了《主要商品法案》，规定殖民地从欧洲进口的绝大部分商品都要先在英国港口卸下，让英国人先征一大笔税才能运往殖民地。

英国人不仅控制了殖民地的对外贸易，还想把它们彼此之间隔绝开来，例如禁止各殖民地之间互相销售羊毛、棉纱等，好让英国产的这些东西垄断市场。当英国人看到殖民地有什么商品能危及英国本土生产的同类商品时，就极力限制，甚至禁止生产。如铁，英国政府规定殖民地可以大量地往英国销铁，却禁止它们制造铁制品，哪怕一颗小铁钉也不成。

大家可以清楚地看到这些措施的共同特点：它们极不公平且十分荒唐，淋漓尽致地表现了英国人的自私自利，他们大发不义之财，殖民地的人民却只能吃亏，由此埋下了他们仇恨的种子。

此外，英国政府还颁布法令，禁止13块殖民地的人移居到英国人已经从法国人手中夺取的阿巴拉契亚山脉以西的大片地区。接着又颁布了《食糖条例》，对从西印度群岛输往殖民地的糖征收高关税。为了征收到这些关税，英国人派了军舰在海上巡逻，抓走私分子。这样一来，给了原来很大程度上是靠与西印度群岛走私发展起来的殖民地经济一闷棍，一时间工厂关门、船员失业，沿海经济一片萧条。

这些不公平的做法如大山一样压在殖民地人民头上，这时他们已经像被放了一根又一根稻草的骆驼，快要忍受不住了，只等那最后一根稻草放上去，他们要么累死，要么跳将起来，把身上的稻草一股脑儿全掀掉。

这最后一根稻草终于加到他们身上来了。

1765年3月，英国政府颁布了《印花税法》，规定殖民地所有的印刷品，从报纸、书刊、债券、执照到各种证书，都要交"印花税"。

在此以前，殖民地人民虽然受尽了英国人的压榨，但税却一直只要交一项：关税。他们终于忍不下去了，胸中的怒火如火山爆发般喷出来。

《印花税法》刚颁布，殖民地人民立即冲上街头，高呼口号："要自由，不要印花税！""英国佬滚回去！"等等。

后来殖民地慢慢出现了一个个反抗组织，主要代表是"自由之子"和"自由之女"。从康涅狄格到纽约，"自由之子"成群结队地捣毁存放印花税的地方，甚至放火烧总督府。脱了英国税官的衣服，给他们涂上沥青，再在身上粘上羽毛，变成"鸟人"，抬到大街上游行。

不久，议员们也发难了，弗吉尼亚议会首先通过一项决议，宣称英国国会向殖民地征收印花税是非法的。一周后，马萨诸塞议会也通过了类似法案，此外它还发出了一项意义重大的倡议：请其他殖民地一起来共商大计。

1765年10月，9个殖民地的代表在纽约举行大会，大会通过了《权利与自由宣言》，指出英国国会无权向殖民地人民征税，因此必须废除《印花税法》，同时要求取消所有限制殖民地进行自由贸易的法律。

一个叫加兹登的议员说出了这样一句话："这个大陆上不应当有人称为新英格兰人、纽约人等等，我们所有的人都是美利坚人。"

这句话第一次明白地把殖民地人与英国人从名称上区分开来，殖民地人民终于有了自己民族的名号——American，现在通译作美国人。

其他没有派代表参加大会的殖民地人民也致信同意宣言，13个殖民地第一次团结起来。这为以后的独立战争提供了强大的基础。

殖民地团结起来后，采取的第一个统一行动就是抵制英货。原来殖民地人民喝的是英国茶，穿的是英国布，连屋顶上的铁皮都是英国的。

这给英国造成的后果之严重可想而知，大批国内的工厂关门，大批工人失业，工厂主和工人们都起来反对印花税法案。

内外夹攻之下，英国政府被迫让步，印花税法案颁布一年之后就被废除。

《印花税法》废除了1年多后，英国议会又抛出了《唐森德税法》，中心是向所有殖民地从英国进口的商品征收进口税。

又一次抗税高潮兴起了，波士顿市民首先起来反对《唐森德税法》，马萨诸塞的议会正式声明，英国无权向殖民地征收任何税。

英国人派出巡逻艇在殖民地各港口到处搜索，一边收税一边没收没交税的货物。英国人终于诉诸暴力了。

殖民地决心以暴力对抗暴力。

反抗的中心是波士顿，这里是英军驻防的中心，也是殖民地人民反抗的中心。1770年3月，波士顿惨案的发生使殖民地的反英斗争进一步扩大。

波士顿惨案的情形是这样的：在一个很冷的白天，英国兵和市民发生了冲突，一个士兵率先用枪托揍了一个理发匠的学徒。市民便群起还击，还有人跑到会议厅摇起集合铃，一时间市民从四面八方冲过来，随手抄起积雪做武器向英国兵扔过去，有的人还举起了木棍。英国人悍然开枪，当场打死三人，几天后另外两个受伤的人也死了。

鲜血终于惊醒了美国人民，他们发动了更大规模的抵抗运动，硬是逼英国兵撤出了波士顿。由于抵制英国货，英国商人吃了大亏，要求政府废除《唐森德税法》，英国政府只好听从。

但英国人保留了一项税：茶叶税，每磅三便士。

英国人从茶叶税中得不到多少好处，只不过是为保面子，做个象征，象征英国人有权在殖民地征税。

殖民地人民就是不给英国人面子，他们干脆不喝茶。后来索性不准英国人把茶叶运过来，这就直接导致了著名的"波士顿倾茶事件"。

1773年12月的一天，东印度公司的船运了几百箱茶叶到波士顿，准备在这里做笔生意。殖民地人民听说后，不但不买茶叶，甚至不准运茶船停在港口。英国人当然不理会，这时一群人像猛虎般直扑茶叶船，将整船价值18000英镑的茶叶倒进大海。

被惹急了的英国人立即宣布了针锋相对的措施。如封锁波士顿港口，要求波士顿赔偿损失；取消马萨诸塞的自治，议员不再选举，而由英国国王任命；英国军队可以任意进入殖民地的任何地方；等等。

英国人知道殖民地人民不会轻易遵守这样的法令，决意以武力强制实施。

面对英国空前的高压措施，殖民地人民像弹簧一样，被压得越厉害弹得就越高。他们士气高涨，决心团结起来进行反抗。

殖民地人民进一步团结的标志是"第一届大陆会议"的召开。

1774年9月，北美13个殖民地中的12个在费城召开大会，正式共商抗英大计，经过一番争论后达成共识。一方面，殖民地宣布建立联合政府，共同抵制英货，并建立武装，用武力反抗英国统治；另一方面又并没有宣布独立，甚至表示仍然效忠英国国王。

如果英国人能够让步，尊重各殖民地人民的权利，战争仍可避免。因为这时候大多数殖民地人民都没有想到要独立，他们只想维护他们的正当权利。

但这时的英国国王乔治三世比铁还硬，他下了决心：打！打赢了殖民地还得像从前一样让他发财，打输了就让它独立。那个名义上的效忠，没有一点实际好处，他才不要呢！

殖民地人民被逼到墙角了：要么完全屈从英国国王，缴税纳粮；要么战争，直至独立。

他们不可能完全屈从，于是决心发动独立战争。

战争进程

独立战争是从"列克星敦的枪声"开始的。

前面说过，反《印花税法》时殖民地有了反抗组织——"自由之子"。

"自由之子"不仅用游行、雪球、木棍等打击英国人，还建立了武装力量——民兵，它们是独立战争中美国武装力量的主力。

1774年4月18日，在波士顿附近的小镇康科顿，一队英军悄悄扑来。他们奉英军头目盖治之命前来夺取这里的民兵武器库。

银匠勒维尔和工人戴维斯首先发现了他们，立即飞奔沿途报信。英军刚走到列克星敦，民兵们就向他们射出了第一枪，这也是整个北美独立战争的第一枪。这就是"列克星敦的枪声"。

独立战争正式爆发了。

英军人数众多，而且训练有素，几个民兵阻止不了他们，他们且战且进，打到了康科顿，破坏了那里的武器库。但在得胜回营的路上，他们发现自己陷入了枪林弹雨之中，到处是民兵，子弹从篱笆里面、大树后头、墙角野草中乱钻出来，打得他们胆战心惊，狼狈地逃回了波士顿，损兵200多人。

列克星敦的枪声霎时传遍了整个殖民地，人们到处自发行动起来，夺取武器，抢占关隘，向英国人开火。

美国民兵数量越来越多，但有一个致命弱点：他们像一盘散沙，各自为战，与久经沙场、军纪严明的英国正规军作战时常常吃亏。

为了使这些散兵游勇成为一支正规军，1775年5月，美国人召开了第二次大陆会议。会议做了三项重大的决定：一是发行美国自己的货币，建立独立的美国经济；二是组建正规的反英军队，由华盛顿任总司令；三是向外国购买武器，并且积极寻找外国同盟军。

担任总司令后，华盛顿首先率军向波士顿发动进攻，因为那里是英军的老巢。经过一番苦战把英军赶跑了。

直到这时，包括华盛顿在内的美国精英们仍然没有想到要完全独立，所以每天晚饭后，华盛顿和军官们还按军中老规矩为乔治三世的健康干杯，大陆军、海军的旗帜上也还有英国的"米"字。

但这并不是说殖民地人民不想独立，他们只是作为英国国民生活得太久了，一时还想不到要独立。

最终捅破这层纸的是一本小书，名叫《常识》。它的作者是出身卑微、没上过几天学的打工仔潘恩。

在《常识》中，潘恩说的确实都是一些"常识"，如英国只是个小岛，怎么配统治如此广大的北美？只要能够独立，那好处也是明摆着的：英国与别的国家或地区打仗了，用不着他们来出钱出兵；美国的货物可以自由地买卖，赚取高额利润，用不着英国人在中间插一脚把钱拿走；等等。

这本小书一出版，立即成了美国最畅销的读物，前后销量达50万册，这时全美国的人口也不到300万。这些常识把美国人心中那层薄纸捅穿了，他们如大梦初醒一般，独立的愿望无比强烈。

1776年7月4日，这是美国历史上最难忘的一天。

这天，在宾夕法尼亚州的议会大厦里，大陆会议的代表们通过了由托马斯·杰斐逊主持撰写的《北美13州联合一致的共同宣言》，简称《独立宣言》。

在《独立宣言》上签字的共有56名各殖民地代表，第一个签名的汉考特特意把自己的名字写得格外大，还一边幽默地说这是为了"让乔治三世不戴眼镜也能看清楚"。

美国独立战争包括两个阶段：第一个阶段从列克星敦的枪声开始到萨拉托加之战为止，这个阶段美军处于守势。第二个阶段从萨拉托加之战结束直至整个战争的结束。这个阶段美军节节胜利，直到最后英国战败投降。

为了迅速击败独立军，英军统帅制定了三路并进的战略方针：第一、二路从加拿大出发南下，第三路从纽约北上，发动钳形攻势，占领反抗的中心地区新英格兰诸殖民地，只要占领了新英格兰诸殖民地就等于掐断了美国人的生命线。

英军一路冒着枪子前进，损失惨重，而且供给极难，结果第二路刚到美国境内就遭到埋伏在一个山谷两侧的民兵的攻击，狼狈逃回了加拿大。第三路由威廉·豪率领，他没有按照计划北上向新英格兰殖民地搞钳形攻势，而是南下去找华盛顿的主力决战。这样三路大军之中只有由柏高英率领的第一路按计划南进。这使英国本来就分散的兵力更加分散。柏高英没有审时度势，仍然孤军深入，结果在萨拉托加陷入美军重重包围之中。

1777年10月17日，这是独立战争中一个转折性的日子，被围的柏高英军队，眼看内无粮草、外无援兵，冲出去又无望，只好在这一天带着 5000 残军缴械投降。

这就是萨拉托加大捷。

萨拉托加大捷后，美军开始转守为攻，战争进入第二阶段。

独立万岁

美军之所以能取得最后胜利与另一个因素是分不开的，那就是国际援助。

聪明的美国人自战争一开始就审度天下大势，知道凭一己之力很难战胜世界上最强大的国家，他们也清楚地知道，在建立殖民地的过程中，英国结下了太多的冤家，从葡萄牙、西班牙到荷兰，尤其是强大的法兰西，它也刚刚被英国战败，时刻想要复仇。这些国家不都是美国的天然盟友吗？

第二届大陆会议讨论独立的同时派出了代表前往欧洲，首先是法国，去鼓动法国支援美国的独立战争。主要代表就是著名的本杰明·富兰克林。

本来在高傲的法国人眼中，美洲蛮荒之地都是愚夫，法国人是向来看不起的。但富兰克林的到来彻底纠正了他们的看法，富兰克林的幽默、博学、深邃极大地震动了法兰西人，令他们相信能产生这样完美的人物的民族一定有伟大的未来，值得他们援助。

萨拉托加大捷后，法国人看到了美国人曙光在前，便同美国人签订了同盟条约。条约规定：法国承认美国独立，并且承担向美国提供军事援助的义务；美国则承担保卫法国在西印度群岛领地的义务；同时约定一方未得到另一方的预先同意不得与英国议和。

法美建立同盟后，法国和英国的战舰在欧洲发生战斗，英法也正式开战了。

法国人知道自己的海军与英国相比还差一大截，所以就大力向西班牙和荷兰宣扬它的复仇主张，这两个国家也是被英国人打怕了的，一直又恨又怕，现在找到机会了，它们的舰队纷纷加入了法国的行列。这样两边的海军实力相当。这时英国人又犯了一个大错，他们借口打击法国，竟在公海上随意侵犯当时还处于中立的国家的船只，如普鲁士、瑞典等。这些中立国家于是也组成了"武装中立同盟"，名义上是中立，实则是与英国作战。

至此英国差不多同整个欧洲列强都打起来了。

英国海军虽然厉害，但也难以抵挡这么多的敌舰。

在陆地上，美国也得到了大量支援，除法国提供了金钱和武器外，还来了大量"志愿军"。他们来自欧洲各国，都是富有理想的浪漫主义者，并且愿意为理想而献身。

这些人中最有名的是拉法夷特。他是法国大贵族，腰缠万贯，自己掏钱装备了一艘"胜利号"舰只，里面装满了各种军需用品，还带着一大群法国军官来到了战场。这年他才19岁，他成了华盛顿的主要将领之一，率军与英国人展开了血战，屡战屡胜，功勋卓著。他还动员了同胞、法国罗尚博伯爵来参战。罗尚博来了，后面跟着另外5500人。

为了尽快取得胜利，美国人采取了一系列措施，如严厉打击亲英派，没收他们的土地分给士兵。又在北部各州废除了奴隶制，允许黑人参军。这些措施大大提高了士兵们的士气，现在士兵就是为了自己的土地作战了。

在这种情形下，战局不可避免地向着有利于美军的方向转换。这时的英军大头目是亨利·克林顿。他早放弃了三路并进的方针，把军队集中在纽约，将它作为根据地，从这里向美军发动了反攻。他一路顺利，占领了许多城市，包括有重要战略地位的查尔斯顿。打到这里他就撤回去了，一则以为南方已定，二则华盛顿那时已经率主力进抵纽约附近的哈得逊河谷了，亨利·克林顿可不敢冒老巢被毁之险。但他把大量部队留在了查尔斯顿，由康华利指挥。

这时美军已经发动了全面反攻，强大的正规军配合遍地开花的民兵，到处攻打英军。英军的主力这时已在康华利手上了。他是个只懂战术、不懂战略的人，勇敢倒是挺勇敢，他不甘心困守查尔斯顿，率军北进，攻入弗吉尼亚，大败华盛顿的大将霍雷肖·盖茨。后来又大败拉法夷特的法国志愿军，还差点逮住了《独立宣言》的起草人、弗吉尼亚州州长托马斯·杰斐逊。他扬扬得意地进驻约克镇。以为这里是个进可攻、退可守的好地方。

但他打错了算盘，关键是没想到美军的战略。看到康华利孤军困守约克镇，华盛顿立即决定各个击破。他率大军直扑约克镇，美军副统帅纳撒内尔·格林也迅速南下，冲向这里，拉法夷特的志愿军部队也向约克镇围过来。

三支大军将小小的约克镇在陆地上围得像铁桶似的，但康华利一点也不惊慌，他背面还有大海呢，他相信万一打不过了，英国海军也能救他出去。

这是他最后一次打错算盘。他没想到这时英国已经把大部分舰队从北美撤走了，到地中海、印度、非洲各处去同法国、西班牙、荷兰等国的海军作战。剩下来保护他们的只有一支小舰队，这支小舰队就在约克镇外的海上被法国舰队击败，逃往纽约去了。

到了这个地步，康华利在约克镇的处境就同柏高英在萨拉托加差不多了，都是内无粮草、外无救兵，军心也日趋涣散，只好突围，但结果就像撞到了墙上一样。

走投无路的康华利只好投降。

1781年10月19日，康华利将他的佩剑交给了华盛顿，后面缴械投降的还有约8000名士兵。

英军的主力丧失了。虽然战争还没有结束，但后面的战斗只是对残余敌军的零敲碎打了。

又过了一年多时间，英美签订和约，英国承认美国独立，并且把密西西比河以东、阿巴拉契亚山脉以西的土地割让给美国。

美国独立战争结束了，从此世界上又多了一个大国，虽然它与欧洲相距遥远，但仍属于西方列强之一，并且将成为最强大的西方国家。

第十七章

法国大革命

法国大革命要从前面"法兰西的诞生"一章的结尾说起。

中世纪的法国本是一个诸雄割据的国家,以致在百年战争中被英国人打得差点亡了国。后来逐步走向统一,到路易十一统治时期,只剩下最后一个大封建主勃艮第公爵大胆查理了。路易十一想出了一个借刀杀人之计,他诱使大胆查理与团结而强悍的瑞士人交战。1477年,大胆查理被瑞士人杀死,路易十一乘机夺了他的领地。从此全法国再也没有一个封建主有力量和他抗衡了,法国成了一个君主专制国家。

为什么要革命

成为君主专制国家的法国在各方面取得了不小的成就,尤其在工业和商业上,随之逐渐有了一个强大的新阶级——资产阶级。他们靠着精明头脑和勤奋工作成了有钱人,但他们仍满脸不高兴,因为他们虽然有钱,但没权。

资产阶级争取权力促成了最初的革命。

这就是法国大革命的特色：它不是由农民或其他穷苦大众的起义开始的，而是像英国革命一样，是由于国王召集三级会议要钱，结果三级会议乘机发难夺权而开始的。

我们先来看看发生大革命前夕法国的情形。

大革命前，全体法国人被分成了三个等级，分别以教士、贵族和平民为核心，彼此之间壁垒森严。其中第一、二等级是统治阶级，第三等级是被统治阶级。

第三等级的成分非常复杂，包括资本家、包税人、军火商等腰缠万贯的家伙，也包括农民、工人、个体手工业者、小商贩等等，总之贩夫走卒、三教九流都被算在内。

第三等级是社会的底层，受到第一、二等级的歧视与压迫。根本原因就在于法律不给予他们政治权利，只让他们交大量的税，人头税、所得税、盐税等等，数不胜数。权没有，税却这么多，太不公平了！这可以算是大革命发生的最根本的起因。

大革命发生的另一个重要起因是腐败的专制。

成为君主专制国家后，法国的专制君主们在一开始还算可以，但到路易十四那里一切都改变了。他的专制作风达到了前所未有的顶点：他将一切大权，从立法、司法到行政都牢牢抓在手心；他可以任意调动军队，任意从本国乃至外国招兵买马，全国各省各城市所有官员的任命都是他说了算。总之，像他自己所说的："国家即朕。"

路易十四最为重视的国政是收税，但他不派收税官去收，而是把要收的税款"包给"一些人，让他们去收，只要把国王要的数目上交就行，其余的全归他们。结果可想而知，那些承包收税的家伙怎么样也要把老百姓剥三层皮。

虽然路易十四极度专制，但法国人并没想把他轰下台。因为在他的领导之下，法国成了欧洲首屈一指的军事强国。

首先，他通过所谓的"遗产之战"，获得了工商业十分发达的佛兰德斯的一部分。接着，他又向荷兰发起了进攻，即使荷兰与德意志、西班牙、奥地利等联合起来，法国依旧取得了一次又一次胜利，获得了大片土地和城市。他宣布自己是德意志几十座城市的主人，占领了重要且富裕的城市斯特拉斯堡。他在去世之前还发动了西班牙王位继承战争，帮他的孙子获得了西班牙王位。

通过这些战争，路易十四不但没有因腐败而丢失王权，反而大大加强了王权。

路易十四死后，他的曾孙继位，就是路易十五。路易十五算不上专制君主，相反，他对权力一点也不感兴趣，大小政事都交由臣子和情妇决定，自己只管想法子取乐。他的情人之一是蓬皮杜夫人，她在法国野史上是个有名的人物，是路易十五统治时期真正的专制君主，为法国建筑了许多壮丽的宫殿，对文学艺术非常重视，在她举办的沙龙里，作家和艺术家得到了很高的礼遇。

到路易十五时代，法国已经是一个乱七八糟的国家了，不过由于曾祖父的余荫，即使在7年战争中惨败，人民也没有起来反抗他，路易十五平平安安地做了59年国王。

人民没有反抗，但并不意味着他们不痛恨带给他们痛苦的专制君主，他们只是把一切痛苦愤恨压抑在心里，等待喷发的机会。

1774年，路易十六做国王了。

路易十六更加腐败，特别是在金钱上更加挥霍无度。虽然他用各种名目搜刮了巨额金钱，但还是不够花，只好借钱，到大革命前夕他的债务已经达到了45亿锂的天文数字。

路易十六在财政面临崩溃时又揽了件花大钱的事——援助美国独立战争。这花了超过 20 亿锂,使国家财政雪上加霜,到了破产的边缘。

这时的路易十六和前面说过的英国的查理一世一样,只剩下一条路了,就是召开三级会议。

大革命爆发的直接原因是三级会议的召开。

三级会议

经过大量热热闹闹的选举运动,三级会议的代表选出来了。

第一等级的代表主要是乡村牧师,占了第一等级代表总数的 2/3。第二等级的代表中,乡村贵族也占了大多数。

最古怪的当数第三等级的代表。按理说,如果是数钱多,那么应当是商人们来做代表;如果是数人数多,应当是劳工大众做代表。但实际上第三等级的代表中人数最多的是律师。为什么会这样呢?道理很简单,因为这些代表是经由正式的选举产生的,选举就需要竞选,什么样的人最善于竞选呢?当然是最能说会道的人。什么人最能说会道呢?当然是律师了。

除律师外,第三等级的代表中还有几个特殊人物,他们本来不是第三等级的,但却是十足的第三等级代表,最有名的是米拉波和西哀士。其中,前者是伯爵,后者是修道院院长。他们本来可以在第一、二等级享受富贵生活,但出于对下层疾苦人民的同情和对正义的渴望,勇敢地站到了第三等级,不但成了代表,而且成了领袖。

三个等级的代表选定以后,三级会议就可以开了,日期定在 1789 年 5 月 5 日。

在三级会议的开幕式上,国王要代表们只考虑他关心的问题:如何为他多弄些钱来花,对第三等级关心的其他问题一概不提,这使第三等级的代表们憋了一肚子火。正当这时，有件事把他们的火点起来了。

三级会议第一项议题是代表资格审议，即确定这些来参加三级会议的各个代表到底有没有做代表的资格。在怎样进行审议这个问题上，三个等级闹分裂了：前面两个等级的代表要求分别在各自的地盘审议，而第三等级的代表则要求在同一个地方审议。

三方激烈争辩的结果是第三等级人多势众，宣布在同一个地方审议，如果前面两个等级的代表不来参加，则视为自动弃权。

第三等级的代表们着手审议代表资格，不久一些属于第一等级的教士代表前来把他们的资格交给第三等级的代表们审议。

这场小小的审议大大助长了第三等级的威势。想想吧，原来的底层阶级现在竟凌驾于大主教们和公爵大人们之上，前来决定他们的政治前途，这对于巴黎普通市民来说是何等新鲜刺激！他们立即成了第三等级代表们狂热的支持者。

在强有力的支持下，第三等级中那些头脑精明的律师代表公开宣布这已经不是三级会议，而是"国民大会"。这意思很明白，就是说他们所代表的不是哪个等级，而是法兰西的全体国民。

紧接着，摇身一变的国民大会就颁布自己的新法令了。它最初的法令之一就是宣布国王随意征税不合法，同时宣布国王不能否决国民大会的决议。

这些措施受到了第三等级的热烈欢呼，因为他们可以少掏腰包了，但国王同贵族教士们可不这么想。

1789年6月20日清晨，当代表们像往常一样走向会场时，发现会场大门被锁，原来国王竟蠢到认为用一把锁就能把代表们赶回老家去。

代表们看到这个情形，胸中热血沸腾。他们和成群结队的巴黎市民一起来到附近网球场。代表们和广大民众发誓一起向一个新目标前进——

为法兰西制定一部新宪法。

这时天空突降暴雨，只听见风声雨声中混合着代表们高亢的誓言声，还有无数巴黎民众的欢呼声："国民大会万岁！"

这就是著名的"网球场宣誓"。

攻克巴士底狱

代表们的行动无异于在国王胸膛上插了一把尖刀。他知道巴黎市区原有的驻军内有第三等级分子，所以暗中从外省调来成千上万的瑞士和德意志雇佣军，准备大开杀戒。

这些消息像风一样传遍了巴黎的大街小巷，面临死亡的巴黎市民知道唯有团结起来，拿起武器才能求得一条生路。就像一个叫卡米尔·德穆兰的年轻人所喊出来的：

公民们！一刻也不能迟延了，内克被免职，这是警钟，又要发生屠杀爱国者的圣巴托罗缪之夜了！

圣巴托罗缪之夜是巴黎人的一块心病。在那个白色恐怖之夜里，数以千计的法国良民被屠杀，而罪名仅仅是因为他们信奉新教，这让法国因此失去了大批优秀人才。

巴黎的百姓们被喊醒了，他们组成庞大的游行队伍，在街上大喊口号，支持国民大会。

他们的喊声惊动了国王的军队，一队龙骑兵向游行队伍冲来，顿时几个人倒在血泊之中，这样的结果就是游行示威变成了武装暴动。市民们冲向军队，冲向路边的商店，冲向一切找得着武器的地方，拿起了步枪、手枪、佩剑甚至石头，向国王贵族发动了进攻。

革命开始了。

历史上柔驯了千年的巴黎人第一次发出了醒狮般的怒吼。几天之内，他们夺取了成千上万支枪，造出了成千上万支枪，组成了成千上万的市民军队，占领了巴黎的绝大部分地方。

最后剩下的是路易十六专制统治的象征——巴士底狱。

经过一番惊心动魄的战斗，巴士底狱被攻下来了，这是1789年7月14日的事，攻占巴士底狱也是法国大革命爆发的象征。

占领巴士底狱后，国王屈服了，知道已经无法阻挠一部宪法的产生。国民议会成立的制宪会议也加快了制定宪法的进程。

新宪法有三个特点：君主立宪、三权分立和按财产定权。

在这部宪法里，国王不能随意立法，也不能废除法律，他不能向外国宣战，也不能媾和。他不再是军队的最高统帅，甚至对法国的各级地方政府，包括巴黎市政府，他也不再能控制。他剩下的唯一权力是行政权，具体来说，就是他能任命中央各部的部长。但他的权力又受到这些大臣的极大制约，因为他必须把政务交给各部大臣来处理。所有文件政令也得由对应各部的大臣和国王一起签署才能算数。总之，国王必须依照宪法进行统治。

宪法的第三个特点是根据财产定投票。按宪法规定，并不是全国所有的成年男子——女同胞们的投票权还根本没有进入人类的大脑——都有投票选举和被选举的权利，而只有那些能缴纳3天工资的直接税的人才有这样的权利。宪法称这样的人为"积极公民"；那些没有钱交税的人被称为"消极公民"，他们没有投票权。结果在全法国约2600万人口中，积极公民只有400多万人，即使在成年男子中也有300万人不是"积极公民"，没有投票权。

路易十六本来是一个性格驯服的人，害怕流血斗争。所以每当革命群众举起暴力的大旗时，他总赶紧让步，使三级会议和制宪会议都没费多大周折就成功了。但他有一个毛病——他怕老婆，几乎什么事都听老婆的安排。他的老婆是奥地利哈布斯堡王朝的公主，是个满脑子封建思想的人。在她的左右下，她的丈夫一步步走向了深渊。

他们一家子本来住在凡尔赛宫，革命群众并没有去招惹他们，但玛丽·安托瓦内特王后天天责备丈夫太软弱了，应当给革命党人一点颜色看看。路易十六招来了一支军队，这就是忠于王室的弗朗德勒旅。

这支军队到达凡尔赛宫后，国王的御林军，主要是瑞士卫队的军官们，开了个盛大的派对招待战友们。在宴会上，军官们用山呼海啸般的祝酒声祝国王和王后健康，但没有按规矩祝祖国昌盛。军官们看到美丽的王后那充满忧郁的双眼时，他们愤怒了，他们知道她为什么这么忧郁伤心——都是因为那帮该死的革命党！恰在这时，乐队奏出了一支伤心的曲子，词中说："啊，理查德，啊，我的国王，全世界都抛弃了你！"

这充满忧郁的曲子，令年轻的军官们再也忍不住了，他们高叫起来，痛骂革命党，并把国民军象征革命的三色帽徽摔在脚下猛踩。

一切祸根就此种下了。

第二天，王后竟公然说她对昨夜的宴会感到十分高兴。而昨夜宴会上的情形这时已经传遍巴黎的大街小巷了，巴黎人愤怒了。

当他们的孩子正因没有面包而啼哭的时候，凡尔赛宫那帮人却在痛骂他们，痛骂革命，痛骂法兰西！巴黎人像当初攻占巴士底狱一样，再一次集合起来，向凡尔赛进军。先是大队的妇女，她们是最愤怒的一群，因她们和她们的孩子的饥饿而怒不可遏，再是她们的丈夫。还有一队队的国民自卫军，穿着华丽的套装，中间甚至有他们一脸不情愿的总司令拉法夷特将军。国民自卫军建立之初他就是总司令了，不过他现在变得有点保守，是半个保王派。据说，他之所以来是因为部下威胁说如果他不来就要吊死他。

人们先是在凡尔赛宫外面示威,后来终于愤怒地冲进了宫殿,还打死了好几名试图阻拦的卫队士兵,并把他们的头挑在长矛上。

看到这架势,路易十六一下子垮了,赶忙答应了革命群众的一切要求,甚至从王宫的粮仓弄来了好几车面包。

革命群众商量的结果是国王应跟他们一起回巴黎。一队前所未有的奇怪队伍出现在了从凡尔赛宫到巴黎的大路上。带队的是国民自卫军和巴黎的男男女女们,牵着一长列的大炮,有的骑在大炮上,有的坐在破马车上,后面是他们从凡尔赛宫"借"来的几十大车粮食,再后面是国王的卫队,因在革命群众面前吃了败仗而灰头土脸,耷拉着脑袋。

再往后就是队伍的中心——国王和他的一家子了。他们都坐在裹得严严实实的大马车里,一大队妇女围在马车周围,一边唱着指桑骂槐的歌曲,一边不时地指着马车对围着看戏的与她们同样邋遢的男女老少说:"别怕,哥们姐们!以后咱们不会缺面包了,你们瞧,我们给你们带来了面包师傅,连他的老婆孩子都带来了!"

这样,路易十六就从凡尔赛宫被带到了巴黎,被革命群众围得像铁桶似的,从此别想过舒心日子了。

马赛曲

至此的一系列革命行动中,法国的贵族们似乎表现得十分宽宏大量,对于革命行为都予以容忍甚至支持,如一下就自动放弃了150项特权。但这只是对一部分贵族而言,还有很多贵族对革命愤恨至极,他们自知力量不够,不敢公开起来反抗,于是他们选择逃亡。他们大批大批地逃到了国外,尤其是与法国相邻的普鲁士、奥地利和意大利,并以德意志境内的科布伦茨为中心开始组织武装反抗。

他们还策动欧洲各国的国王，特别是普鲁士的国王和奥地利的皇帝起来向法国进攻。

这时，革命派又怎样了呢？

他们开始分裂了。

1791年宪法出笼后，按照宪法，制宪会议解散了。第二天，按照宪法行使立法权的立法会议也开张了。这个立法会议一开始就明显地分成了左、中、右三派。右派认为，革命已经成功，同志们无须再努力，国王是无论如何要保住的；左派认为，革命尚未成功，同志仍需努力；中间派则是骑墙派，墙头草两边倒。三派中的左派又包括两派即吉伦特派和雅各宾派，其中雅各宾派更是彻底革命派，这两派将主导下一阶段的革命。

在国外，欧洲诸国国王一则由于法国流亡贵族的恳求，二则也害怕革命的火种传到他们国家，开始商量对付法国革命军了。特别是普鲁士和奥地利，公开发表了联合宣言，说要采取"共同措施"来"主持公道"，也就是说，要恢复法国贵族和路易十六原有的一切。

面对武装干涉的直接威胁，法兰西的革命者们毫不畏缩，不等普鲁士和奥地利的侵略军到，1792年4月，由吉伦特派掌握的内阁便主动对普、奥宣战。

随即，法国的10万大军便向4万奥军发动了进攻。按理说这场战争应当是一面倒，然而事与愿违，10万法国大军竟节节败退，法国处于危急之中。

前线失败的消息传遍了法国，法国人民没有被吓坏，而是更激起了空前的爱国热潮。立法会议宣布"祖国在危急中"，实行全民总动员。同时各省也纷纷组织义勇军，自动从四面八方向巴黎出发，保卫首都，保卫祖国。其中来自马赛的义勇军口里高歌着一首曲调，既优美动人，又极富力度的曲子，这首歌不久就唱遍全法国：在内地，人们唱着这首歌走进工厂、农田，走进义勇军的队列；在前线，战士们唱着这首歌投入枪林弹雨。它一时成为法国革命精神的象征。这首歌的作者就是被称为"一夜天才"的国民自卫军上尉鲁热。他这一辈子只创作了这首歌，却因之而永垂不朽。后来这首歌被称为《马赛曲》。

革命群众努力拯救祖国。

对外，各省义勇军和巴黎人民一起朝已经打下凡尔登、正向巴黎扑来的普奥联军发起了猛烈反击，战场就在瓦米尔高地，义勇军前仆后继，向敌人冲去，虽然他们衣着不整，也没有经过正规军事训练，但正如兵家所言：两军相遇，勇者胜。他们那股一不怕苦、二不怕死的劲儿把敌人吓坏了，他们丢下大炮军旗，狼狈而逃。革命军乘胜进攻，不久就把敌人赶出了法兰西。

这场小小的瓦米尔之战实际上成了决定法国大革命命运的战斗，对法国乃至世界历史产生了重大影响。

对内，人们更加痛恨路易十六了。他们相信先前对普奥战争的失败是国王与敌人串通的结果，认为路易十六是个地地道道的卖国贼，加之他曾试图逃往国外，只是在半路上被追了回来，所以法国人对他已经失去了一切信任。本来法国还只是少数人有还很抽象的共和思想，但国王的行为把他们抽象的共和思想具体化了。

就在瓦尔米之战前约一个月，在巴黎还发生了另一场革命。

1792年8月9日的深夜，巴黎突然警钟长鸣，起义者们冲出破街陋巷，向巴黎市政厅攻去。市里的大小官员们吓得落荒而逃，起义者很快占领了全市，成立了新的市政府，名叫巴黎公社——不过这不是后来那个更加有名的巴黎公社。

起义者继续向国王的住所杜勒伊里宫进军。不久，在起义者的刺刀压力下，本想保护国王的立法会议让步了，宣布国王退位，并且把他交给了起义者。起义者把他关押在一座坚固的堡垒里，昔日全欧洲最威风的法兰西国王如今沦为了阶下囚。

革命也随着王权的陨落而进入了第二幕。这一幕的主角是吉伦特派。

吉伦特派

吉伦特是法国一个外省，吉伦特派取这个名字同它的代表们多为外省人有关。它是如何走上革命领导者的呢？这还得从共和国的成立说起。

吉伦特派名义上是左派，但实际上它算不上真正的左派。掌权前，为了获得人民大众的支持，他们似乎是站左派革命立场，但一旦掌握政权他们便像鲁迅笔下进了衙门里的革命党人，"穿布衣来的，不上十天也大概换上皮袍子了，虽然天气还并不冷"。他们一做了官，立即成了不折不扣的官，变得保守起来了，害怕进一步革命，因为害怕革命会落到自己头上。他们做一切事情的中心也只是如何牢牢掌握政权，如何为自己谋取最大的好处。

路易十六之死

吉伦特派上台后第一件棘手的事就是如何处置路易十六。

本来吉伦特派早该把路易十六付诸审判，但却迟迟没有行动。他们也知道审判是迟早的事，否则会激起公愤。他们只是尽量地拖，直到拖延不下去了，才开始研究审判的程序问题。

路易十六的命运这时候还没有确定，特别是在执政党想尽力保护他的情况下是难以将他绳之以法的。

但宫殿中的一个发现决定了路易十六的命运。

1792年11月，在路易十六居住的杜勒伊里宫的墙壁里发现了一个铁柜，里面有大量的文件，这些秘密文件证实路易十六与流亡国外的贵族有大量联系。

这是路易十六阴谋叛国的铁证。

因此，国民大会成立了一个专门委员会处理这些文件。

又过了一段时间，因为长久未审判路易十六，巴黎人民开始骚动了，他们的代表来到国民大会，言辞激烈地要求立即审判路易十六。深知人民力量的吉伦特派知道这样下去不但保不了国王，弄不好连他们自己都保不住，只好妥协。1793年1月，最终决定以无记名方式投票决定两个问题：一是国王是否有罪？二是如果国王有罪，该不该处以死刑？

投票的结果是一边倒的，大部分国民大会的代表主张国王有罪，并且应处以死刑。

投票结果公布后，路易十六的可悲结局已经不可避免了。

1月21日，是个寒冷的日子。清晨，在潺潺雨幕下，装载着路易十六的囚车从丹普尔堡驶出来，自从被起义者从杜勒伊里宫抓出来后，他一直被关在这里。十点左右，囚车到达革命广场，就是如今巴黎著名的协和广场，路易十六从囚车上出来，他没有害怕，只是有些麻木。是的，他一直是个麻木甚至迟钝的人。

观众发出一阵狂热的呼喊。沐浴着呼喊，还有蒙蒙细雨，路易十六缓缓地走向断头台。一声巨响，路易十六的头无声地滚落下来。从一幅描绘当时情景的画上，我们看到，刽子手抓着他的头颅，扔向断头台下无边无际的革命者们。

他们看到了路易十六滴着血的头颅，发出惊天动地的狂吼："公民万岁！"

吉伦特派的兴亡

吉伦特派执政时，法国第一次显示了革命力量的强大。瓦米尔之战后不久，普奥军队狼狈地退出了法国领土。但法军并没有因此而停止战斗，各路法军继续麾军前进，向敌国攻去，取得了一系列战果。

在南面，法军一举攻入意大利，占领了大片土地；在北面，一个叫杜姆利尔的吉伦特派将军率军进入比利时，大败奥军，取得了辉煌胜利；另一支法军在屈斯丁将军的指挥下攻入德意志，连战连胜，打下了美因茨和重镇法兰克福。

法军之所以能取得这些胜利与他们在被占领地区实行的政策有关。吉伦特派政府下令，每占领一个地方，便立即在那里采取革命措施，如立即取消贵族的一切封建特权、取消什一税、取消一切封建奴役制度。

这些措施使法军没有遭到被占领地区人民的反抗，相反，那些被封建主义压迫的意大利、比利时与德意志的人民，把法国人视作解放者。以至于一位法国将军向国民大会报告说："我军之前进如凯旋一般，城市及乡村的人民都来欢迎我们，到处竖起了三色旗。"

但随着战争的进展，法国的胜利在全欧洲引起了恐慌。很明显，对于其他欧洲国家来说，现在出现了两个敌人：一个强大的法兰西敌国和一个革命的敌国。这两者之中任何一个都足以令他们起来反抗。于是全欧洲的大国空前团结起来，其中包括强大的俄国和英国。

1793年初，路易十六被送上断头台后不久，那些反对法国革命的欧洲君主国组成了反法同盟。这也是以后若干次反法同盟的第一次，参加的国家除普鲁士、奥地利这两员主将外，还有西班牙、葡萄牙、意大利半岛上的撒丁尼亚、那不勒斯等，另一个最积极的支持者是英国，它不但出兵，还为其他国家组织反法同盟军大撒银子，总后台则是俄国女皇叶卡捷琳娜。

反法同盟成立后，立即纠集庞大的军队，向法军展开了大反击。

在占极大优势的敌军的打击之下，法军抵挡不住，节节后退，退出了比利时，又退出了意大利和德意志，战争开始向法国本土发展。与此同时，法国内地的反革命分子也趁火打劫，各地发生了反革命暴乱，革命再次危机四伏。

面对这样的情形，吉伦特派找不到任何有效的方法拯救法国，雅各宾派便乘机而起，提出了自己的政治主张，挽救法兰西，挽救革命。

雅各宾派的办法得到了实施。首先，法国建立了非常法庭，以镇压国内的反革命分子。其次，经雅各宾派力主，国民大会撤销了执行委员会领导战争的责任，另外成立了一个机构——公安委员会来领导战争。此外，雅各宾派知道从法国穷人那里榨取钱财对革命胜利有害无益，于是主张从富人那里要钱，并且一要就是10亿锂。

吉伦特派在无奈之下同意了这些措施，这些措施使法国的形势略微好转。但吉伦特派并没有因此而感激雅各宾派，而是看到了一个强大的政治对手，欲将之除去而后快。

他们到处打击雅各宾派，怂恿国民大会成立调查委员会，调查雅各宾派为主导的巴黎市政当局的行动，甚至在全国各地杀害雅各宾派人士，光在里昂就杀了好几百名人。

面对如此情形，雅各宾派退无可退，他们起来反抗，决心再一次发动群众，进行一场新的革命。

1793年5月底的一个晚上，罗伯斯庇尔在雅各宾派的俱乐部公开发出了暴动的号召。

过了三天，雅各宾派的代表们秘密集会，成立了暴动委员会。

第二天，暴动委员会决定次日凌晨实行暴动。

这日凌晨，巴黎街头忽然警钟长鸣，巴黎的民众开始从各处向国民大会集中，不久便挤满了会议大厅，他们向国民大会提出了一系列要求，如逮捕反革命分子，把旧贵族从军队中清除出去、限制物价等，中心是把吉伦特派从国民大会和各权力机关中清除出去。

他们的这些要求没有得到国民大会的同意。

在暴动的第八天，这时吉伦特派在里昂屠杀雅各宾派的消息传来了。雅各宾派和他们的支持者们，主要是巴黎下层人民，终于忍不住了，他们再一次武装起来，把吉伦特派当作新国王，把国民大会当作新杜勒伊里宫，冲了过来。

国民大会里的吉伦特派一开始还嘴硬，不肯答应革命群众的要求，但当革命群众把大炮口对准了他们，甚至装上了炮弹，声言就要点燃时，他们答应了群众的一切要求。

很快国民大会里的吉伦特派分子被赶了出去，大权落到了雅各宾派手中。

大革命由此进入了第三幕——雅各宾派当政。

红色恐怖

雅各宾派上台之时，正是大革命最危急之日。在法国国内，倒台的吉伦特派不甘失败，与王党联合起来向革命者开战，王党继续在国内的许多地区策动叛乱，不择手段要打垮革命。雅各宾派上台刚一个来月，主要领袖之一的马拉就被刺杀。那些间谍、刺客横行全国，雅各宾派革命者随时有死亡的危险。在国外，反法同盟步步紧逼，战场已经移入法国境内，普鲁士、奥地利、英国、西班牙等国的军队已经从西、北、南等各处涌入法国领土。法国军队内无粮草、外无救兵，节节败退。法兰西已面临亡国之厄。

面对这种情形，雅各宾派激起了革命者的万丈豪情，他们采取了一系列果断措施来维护革命，拯救法兰西。

当时农村人口占法国人口的大部分，所以雅各宾派采取的第一个措施就是土地改革。没收王室、教会、逃到国外的贵族的土地，并把这些土地分成许多小块，卖给无地或少地的农民，定的价钱相当低，而且许可他们在20年以内分期付款，不收任何利息。这使得许许多多贫苦农民第一次有了自己的土地，他们也因此成了死心塌地的革命派。

雅各宾派政府的另一措施是限价法令，规定了一切商品的最高价格，要是谁敢擅自抬价就有掉脑袋的危险。

这样一来就没有人敢囤积居奇了，城市贫民的食物也得到了保障。

雅各宾派在城乡都获得了很多的支持者，有了支持者之后，雅各宾派便要对付敌人了。

他们对付敌人的方式很有名，就是以革命的恐怖对付反革命的恐怖。

何谓恐怖？就是杀人。

1793年9月，雅各宾派掌握的国民大会公布了《惩治嫌疑犯条例》。

依据这个条例，只要谁有反革命的"嫌疑"，就可以抓起来，并且不必经过审讯就可以处死。

在这样的"条例"之下，大量的人，从贵族到平民都被抓起来了，他们中的许多人仅仅是因为有所谓的反革命"嫌疑"就被处死，而这个嫌疑可能完全来自诬陷或者某个革命领导者的心血来潮。

依据这个条例，路易十六的妻子安托瓦内特被砍掉了脑袋。和她一起掉了脑袋的还有大量贵族。事实上当时留在国内的贵族除了极少数幸运者之外，都失去了他们的头颅，法国社会失去了大量精英。

除了贵族外，还有大量的商人被杀，因为他们"投机倒把"。

那些叛乱分子、间谍、吉伦特派就更不用说了，一旦抓起就格杀勿论。

后来贵族、奸商、乱党、间谍、吉伦特派都杀完了，但革命者的杀人欲望还没有得到满足，于是大量人被以各式各样的罪名送上了断头台，他们中有许多是老人、妇女和孩子，有许多是普通工人、农民和教士。

甚至有拉瓦锡这样的伟大科学家。

当有人因为拉瓦锡是一个著名的科学家而请求雅各宾派的领袖赦免他时，得到一个漠然的回答："革命不需要科学。"

这时的罪名已经不一定是反革命了，看上去对革命者有点"冷淡"，或者"并无其他过错而只是未能履行选举职责的公民"，也被列入了上断头台的名单。

到后来，断头台不够用了，因为它一次只能杀一人，下面等着要杀的"反革命者"已经排成了一眼望不到头的长队。于是出现了许多杀人效率更高的新花样，例如用大炮轰，成百的人立时化作齑粉，或者将他们活活淹死。

这些刽子手中杀人最凶的是名叫富歇、隆山、科洛·德巴的几个人，他们是革命的酷吏和刽子手。

到底有多少人倒在革命的屠刀下呢？——永远无法知道。

通过革命的恐怖，国内的反革命分子基本上被肃清了，漏网之鱼转入地下，不敢再明目张胆地与革命为敌。随着限价法令的实施，饥荒问题也解决了。

雅各宾派可以腾出手来对付外来之敌了。

1793 年 8 月，国民大会通过了法令，宣布进行"全民总动员"。

雅各宾派的政策已经为他们在人数众多的农村和城市的下层人民中找到了朋友，所以动员令一出，立即获得热烈响应，一下征募到 40 余万大军。

征集到军队之后，雅各宾派又对军队进行了大改造，赶走贵族军官，代之以平民出身且深受士兵爱戴的青年军官。这时一个青年军官只要具备了以下三个条件，就很容易得到提拔：一是平民出身；二是士兵爱戴；三是立有战功。例如一个叫欧什的青年在一年之内就由普通士兵成为司令官。

通过这种方式组织起来的军队不再是从前的职业军队，他们是国家的军队、人民的军队，他们的作战不是为了哪个国王，而是为了自己和祖国，不是为了金钱，而是为了胜利。为了这个光荣的胜利，他们不惜抛头颅、洒热血。

面对这样一支新型军队，反法同盟的旧军队明显不是对手，奥军连战连败，英军被赶出了土伦，西班牙人从西面、意大利人从南面逃回了本国。

到1793年底，距发布全民总动员令短短三个来月后，法国领土上已经看不到外敌了。但法军没有就此止步，他们乘胜追击，次年6月，在比利时的弗勒吕斯，名将朱尔坦统率法军大败反法同盟军。

在这场战争中，法国以一国之力战胜了几乎整个欧洲的联军。

就在雅各宾派在国内外取得光辉成就的同时，它的内部也开始分裂。

领袖之死

雅各宾派本来有三个伟大领袖：马拉、丹东和罗伯斯庇尔。马拉我们前面已经说过，它在雅各宾派主政后不久就被刺杀了。

剩下的是丹东和罗伯斯庇尔。

丹东本来是巴黎的律师，有着狮子般的形象，魁梧而强悍，也像所有律师一样，有一条如剑之舌，他的最大长处是善于挑起民众对王室和贵族的仇恨。靠这个本事，他在巴黎的下层民众中有了许多追随者，凭着这些追随者的力量，他成了雅各宾派的领袖之一，马拉死后一度与罗伯斯庇尔并驾齐驱。

后来，随着他由一个穷人变成一个富人，他逐渐变得不爱斗争了，变得宽容了，主张革命见好就收，也不想再触动有钱人的利益。于是他成了雅各宾右派势力的代表，这些人大都像他一样在革命中发了财。

与丹东相反，这时在雅各宾派里也出现了一个极左派，他们代表社会最下层人民的利益，革命了这么久，他们仍一穷二白。这些极左派人士主张搞绝对平均主义，要把有钱人的财富全部夺过来，大家人人有份，并且要以加倍的恐怖实现这个目标，他们甚至主张取消传统的基督教信仰，建立一个"理性教"，大家都来信仰理性。这就是阿贝尔派，主要领导人是阿贝尔。

与这两派都不同的是以罗伯斯庇尔为首的执政派。罗伯斯庇尔这时已经是法国实际上的总统甚至独裁者了，他才是最强有力的雅各宾派领袖。

罗伯斯庇尔生于1758年，和丹东一样是个律师，也是卢梭的狂热崇拜者，他相信只有卢梭的社会浪漫主义思想才能拯救法国、拯救人类，为了这个信念他可以做一切事情，包括屠杀成千上万的人。正是这个信念促使他投身革命事业。他到处演说，由于他有出色的口才、如钢的信念，还有对下层人民的热爱，他迅速获得了大批追随者，成了雅各宾派最杰出的领袖。雅各宾派执政之后，他进入公安委员会并成为首脑，后来他的影响力进一步扩大，成了国民大会主席和法国实际上的独裁者。

拥有如此大的权力之后，罗伯斯庇尔渐渐发生了变化，他仍然爱人民、爱大众，但他迷失了自己的方向。像一个船长，他的船是坚固耐用的，他的船员也是忠实可靠的，但他丢失了罗盘，不知把这艘巨轮领向何方。

他曾幻想过创立一个古怪的新宗教，既有上帝，又有不灭的灵魂，还有理性，但他其实又不知道自己真正想要的是什么，到最后他懂得的唯一事情是：谁反对我，谁就得上断头台。

这样雅各宾派走进了血雨腥风中。先是阿贝尔等想推翻罗伯斯庇尔的极左派人士，被捕并被送上了断头台。

接着是丹东，他后来也想推翻罗伯斯庇尔，结果也上了断头台。

这是1794年的事。此后罗伯斯庇尔开始更加疯狂地杀人。在巴黎，"革命的剃刀"每天都要砍下几十上百颗头颅，插在长矛上示众。这些人很多都是他先前的革命同志，而且可以相信很多人并非反革命者，甚至并不反罗伯斯庇尔。

于是，在国民大会和公安委员会中，罗伯斯庇尔的同志们人人自危，害怕哪一天自己也要走上断头台。怎么办呢？

很显然，唯一的办法是推翻罗伯斯庇尔。

一场基础广泛的、精心策划的反罗伯斯庇尔政变紧锣密鼓地悄悄进行。参加者遍布国民大会、公安委员会、社会保安委员会等，占了这些机构成员里的大多数。

1794年7月的一天，罗伯斯庇尔到了国民大会，发表了一通演说，在演说中他称周围的人是"不洁的坏人"，是"联合起来的暴君"，当听众问他指的是谁时，他又沉默不语，于是人人怀疑他指的就是自己。

他们决定立即行动，逮捕罗伯斯庇尔。

第二天，罗伯斯庇尔再次来到国民大会，一进来他就感觉气氛不对，人人对他怒目而视。当他要求发言时，他被制止了，对他又恨又怕已久的人相继站起来指控他的各种罪行，可以相信这些罪行中的一大部分必是莫须有的。但正所谓欲加之罪，何患无辞？他们的目的只有一个：无论如何必须把罗伯斯庇尔赶下台。

罗伯斯庇尔被当场逮捕，与他同时被捕的还有他的主要支持者古东、圣·鞠斯特等人。

仍忠于罗伯斯庇尔的巴黎市政府派军队当晚又把他抢了过来。国民大会派出军队向市府进攻，两军对峙于市府。无论是巴黎普通市民还是普通士兵，都没有对罗伯斯庇尔显示出同情。那些被派去保护他的军队与政府军经过一番商讨之后，便把罗伯斯庇尔和他的同志们交了出来。

第二天，他，还有最忠于他的同志们，被送上了断头台。

把无数颗头颅取下之后，终于轮到了罗伯斯庇尔他自己。

这次事件叫"热月政变"。

这是1794年7月28日的事。

热月党人

罗伯斯庇尔被砍头后，大革命最后一个为贫民说话的人死去了，剩下的是热月党人。他们大都是些保守的家伙，是在大革命中发了财的人，是新兴资产者。他们掌了权后，想要建立这样一个政府：有钱人能保住他们的财富并且变得越来越有钱。这就要求新政府是一个相对稳定，没有那么多屠杀的政府，还要让工商业得到顺利发展，让资本家们挣大钱。

为了建立这样一个政府，热月党人立即采取了与雅各宾派截然不同的施政纲领。首先他们立即结束了革命恐怖政策，大批嫌疑犯从监狱里被释放出来，也没有再抓新的嫌疑犯。他们还对那些公开暴动的保王党说，只要他们停止暴乱就可以得到赦免。

他们还镇压了雅各宾派，封闭了全国所有雅各宾派俱乐部，大抓雅各宾嫌疑犯，对那些拒不投降的保王分子也毫不手软。同时他们也大力维护革命期间取得的革命成果，例如把处死路易十六的日子，1月21日，定为国家法定节日。

通过这"革命的两手"，热月党人牢牢巩固了政权。此后他们便开始大力发展国家，力图让法国走上正常发展的轨道。

由于当时的国民大会太庞大了，不能靠它处理国家每天都要发生的无数大小事务，于是一个新政府建立了，就是督政府。

督政府的产生源自一部新宪法，即"第三年"宪法。此前法国的革命者们曾在1791年和1793年分别制定了两部宪法，这是第三部。

这部宪法的中心是维护私有财产，并规定了国家权力机构的组成，以及立法权与行政权的分离，立法权属立法院，行政权则属"督政府"。

督政府由五个人组成，它是实际上的法国国务院，享有行政大权，负责处理除立法外的几乎国内外一切事务，例如负责执行法律，统率军队，对外宣战媾和，等等。

督政府的第一个首脑叫巴拉斯，有历史学家称他是一个地地道道的流氓。

在这样的领导人的领导之下，督政府及其官员们，以及他们领导下的法国可以用一个词来形容：玩世不恭。

这时，贪污受贿不但不是可耻的行为，甚至成了一种时髦。督政府从五个都督到大小官员，在接受别人的行贿时绝没有脸红的感觉。

整个社会大肆铺张浪费。这些督政府的官僚靠革命发了横财，一夜之间从穷人变成了阔佬，盛大的舞会、豪华的宴席每天都在举行。革命新贵和他们的妻子、情妇个个穿金戴银，那架子丝毫不亚于当日的路易十六和他的王公贵族们。

贫富悬殊再次抬头。这一切事实是如此可恨可悲，督政府、国民大会、整个国家有钱有权的新贵们对这一切都视而不见，甚至穷人们自己也沉默不语。

但督政府也有一个厉害之处，就是知人善任。他们挑选的统军将领大都有真本事，拿破仑就是其中一个。在这些将领的统帅之下，本来就士气高昂的法军更焕发出惊人的战斗力，简直战无不胜、攻无不克。

法军先打败了普鲁士这个反法中心国，逼迫普鲁士签订和约、退出反法同盟。又派拿破仑打入意大利，把反法同盟的另一个老伙伴撒丁尼亚彻底击败，也逼它退出反法同盟，并且割地赔款。拿破仑又在意大利大败奥军，几乎把整个意大利北部握在了手中。此后法军就向反法同盟的最后一个主力奥地利发动了总攻，奥军哪是对手，不久被迫割地求和。第一次反法同盟完蛋了。

此外，为了打击最强大的敌人英国，督政府派拿破仑远征埃及，想以此切断英国的对外贸易航道。拿破仑很快打败了埃及的马木留克骑兵，占领了整个埃及。

这一系列赫赫战功自然被督政府归到了它名下，即使督政府再腐败，法国人民也没有什么话说。

不难看出，督政府之所以能过着腐败而安稳的日子，凭的是对外战绩。这就像它的救命稻草一样。当这根稻草抓不住时，它的末日也就来临了。

第二次反法同盟的建立之日就是督政府倒霉的开始。

第一次反法同盟被粉碎后，法国和它在欧洲的阔步前进吓坏了其他欧洲国家，尤其是最主要的两个大国——英国和俄罗斯。1798年末，它们联合起来组成了第二次反法同盟。

比起第一次反法同盟，第二次反法同盟的力量要强大得多。除英国和俄罗斯之外，还包括奥地利、西班牙、意大利的那不勒斯王国、土耳其等。其中有三大帝国：大英帝国、俄罗斯帝国和土耳其帝国，这也是当时世界上最强大的三个帝国。

尤其是俄罗斯，这是它第一次大规模干预西方列强的事务，从这次起它的军队战斗力之强就令欧洲诸国震惊不已。在任何艰苦的条件下，面对任何强大的敌人，俄罗斯人都毫不畏惧，而且好像条件越艰苦、气候越恶劣、敌人越强大，他们的战斗力就越强。尤其是俄罗斯的哥萨克们，这些生下来就是军人的人,他们的英勇残酷吓坏了法国人。也许可以说,如果不是有拿破仑这个天才军事家,仅俄罗斯的军队就足以镇压法国的军队了。

1799年春,俄罗斯军队与法军在北意大利交战,此前一向战无不胜的法军在陌生的俄军面前简直一触即溃,逃回了本国。

在东面,奥军向法国本土步步紧逼;在北面,英国远征军也在荷兰登陆,击败阻拦的法军,乘胜前进。

国内的保王党分子趁火打劫,又起来造反。法国又一次面临危机。

督政府束手无策。督政府与法国人都认识到——要找到一位伟大的将军来拯救革命,拯救法兰西。

这位将军就是拿破仑。

下一章我们将会看到拿破仑开启的惊心动魄的时代,这是人类历史上最激动人心的时代之一。

第十八章

拿破仑传

　　我将花一整章的篇幅专门讲述拿破仑的故事。这样做有两个原因。一是拿破仑确实比较重要,他对于欧洲历史的作用也许唯有亚历山大大帝能够相比。但事实上,亚历山大大帝与其说影响了欧洲,不如说更影响了亚洲,他把希腊文明传播到了亚洲,并由此形成了一种新文化,开创了一个新时代。拿破仑就不同了,他对欧洲的影响是实实在在的,这种影响直到现在都看得见,如他制订的《拿破仑法典》如今都还在法国实施,而且欧洲大陆其他国家,如德国、意大利等国家的法典,无不以之为蓝本。他的战术也至今仍令无数人衷心叹服。

　　二是他虽然最终失败了,孤独地死于茫茫大西洋,但他仍代表了人类的一种崇高的英雄主义精神,这使得他流芳百世,他一生的经历至今令无数人心驰神往。

　　在这里,我将简要地记录他这令人神往的一生。

少年军官

拿破仑生于1769年8月15日，出生地是地中海中的科西嘉岛。他的母亲在30岁之前已经生了13个孩子，活下来的有8个。

刚满10岁时，小拿破仑就进了军校。在军校他算不上突出的学生，他个子很小，皮肤又黑，成绩也不突出，只有数学特别好。而且他性格内向，与其他同学不大说话，这些同学也不理他，这造成了他的孤独感。他变得爱沉思、好读书。

从这所军校毕业后，拿破仑又上了更高级的巴黎军校，但一年后就毕业了，成了王家炮兵团一名少尉军官，这时候他才16岁。

1789年，法国大革命爆发，拿破仑一开始就站在了革命的同情者一边，后来更成了雅各宾派的一员，热烈地支持革命，并在革命开始不久就加入了共和政府的军队。

1793年，当雅各宾派执政时，土伦这座重要海港被当地的保王党拱手交给了英国海军，并把这里变成了反革命中心。革命政府岂能听之任之，决定发兵攻打。通过革命政府的一个重要将领，拿破仑得到了土伦战役炮兵司令一职。

到了土伦后，他以炮兵司令的名义召集了大批被革命政府解职的旧军官，因为他知道这些人都是炮兵好手，又设法筹集大炮，在短时间内就建立了一支相当强大的炮兵。他又深知地理对于炮兵发挥作用的重要性，仔细勘测了土伦的地形，在附近找到了两座小山头，设法占领了它们，再把大炮架在上面，这样炮弹就可以直接轰击停在港口里的英国舰队了。

英国人本来就是用土伦港来停泊军舰的，现在军舰停在那里不安全了，土伦港也就失去了意义，于是撤退。拿破仑乘机向撤退中的英舰大肆开炮，轰沉了好几艘，尤其是轰沉了多艘运送陆军的运输舰，每艘上面载了成百上千名士兵，使英国人损失惨重。

土伦的胜利像风一样传遍了法国，雅各宾政府大喜过望，立即把拿破仑捧上天，他一下从上尉变成了将军，年仅24岁。

1794年7月，法国发生了热月政变，雅各宾派被赶下台，作为雅各宾派的拥护者，拿破仑被捕了，但由于没有找到拿破仑犯罪的任何证据，他被释放了。

回到巴黎后，新政府一开始任命他为步兵将军，去叛乱者的老巢旺代指挥平叛。但拿破仑拒绝了，他认为自己对步兵是外行。这种抗命惹恼了新政府，他被革除了军籍，顿时从将军沦落为无业游民。

接下来的一年左右时间是拿破仑一生中最痛苦的时期之一，他成天东游西荡，或者躲在屋里不出门，总之无所事事。他想过去土耳其为苏丹作战，甚至想过像他哥哥约瑟夫一样娶个有钱的妻子了此一生。

他也发了疯似的努力摆脱这种局面，皇天不负有心人，他的机会终于在1795年10月来了。

这时发生了"葡月政变"。

政变是保王党人发动的。他们趁督政府腐败无能，在民众中威信下降的时机发动了大规模叛乱。这时督政府的军队都在外国领土上作战，国内一无强兵，二无良将，民众也出现了离心倾向。督政府岌岌可危。这时，督政府首脑巴拉斯记起了在野的拿破仑，立即召见他，要他负责巴黎的城防，镇压叛乱分子。

拿破仑提出用大炮轰击在城市中的叛军。用这个办法来对付自己的同胞太残酷了点儿，但拿破仑成功地扫平了保王党。

经过这次事件，拿破仑又一次成了政府的宠儿和巴黎最有势力的人物之一。

也就在这时，他认识了约瑟芬。她本是共和政府一个将军的妻子，那位将军像其他许多将军一样，死于罗伯斯庇尔的恐怖之手。约瑟芬的美貌娇姿令拿破仑一见钟情。虽然她比他大好几岁，又是个寡妇，还有两个孩子，大孩子十多岁了，但这些都阻挡不了他娶她为妻的决心。

1796年3月9日，拿破仑与约瑟芬幸福地结合了，他成了个有家的男人。

蜜月期刚过了10来天，他就匆匆离开了巴黎，前往意大利。因为他被任命为法国意大利方面军司令，去收拾乱得一团糟的意大利。

这时他尚未满27岁，却已经是独当一面的大将了。

他将在这里开始他一生的事业，开始他辉煌的马上生涯。

大战意大利

这时的法国意大利方面军正陷入难以自拔的困境。既不能进，又不能退。骑兵没有马，步兵没有枪，甚至连吃的穿的都没有。拿破仑一到这里就显示了他的才能——善于鼓舞士气。他刚一上任就对士兵们发表了一通有名的演说，使饥寒交迫的士兵们顿时精神倍增，充满了斗志。

拿破仑统领着这支穿得像叫花子，却士气高涨的队伍，穿越阿尔卑斯山，向驻扎在那里的奥地利军队发起了进攻。

这时的奥军无论从人数还是装备上都要比法军强大得多，但拿破仑找到了敌军的薄弱之处。奥军按常规兵分三路，分进合击，于是拿破仑集中优势兵力，向三路敌军中的中路发起了猛攻，在法军的全力猛攻之下，奥军土崩瓦解。

中路被歼之后，另两路敌军大惊失色，士气骤降，而且彼此失去了联系，只能各自为战。拿破仑乘机发动了总攻。他亲率大军，先后击溃了东西两路敌军。这时距他发动进攻不到一个月，就已经把富庶的意大利平原踩在了脚下。

他的胜利在法国激起了空前的反响，人们称他为民族英雄。因为此前法军在国外从来没有取得过如此辉煌的胜利。

得到在意大利惨败的消息，奥地利帝国政府立即再派大军驰援，并由三位久享盛名的沙场老将指挥。但他们都不是拿破仑的对手。拿破仑总是能用极其巧妙的灵活机动的战术牵着敌人的鼻子走，使敌人疲于奔命，士气日渐低落。然后他再各个歼灭。

一旦交战，拿破仑总是身先士卒，英勇非凡。例如在著名的"通过洛迪桥的恶战"中，他亲率士兵，冒着对岸奥军的枪林弹雨，率先冲过了洛迪桥，占领了横跨波河的战略要道，被士兵们亲切地称为"小伍长"。因为他的行为好像不是总司令而是像一个小伍长一样。他的这些行为给了其他士兵最好的表率，所以，法军从将军到士兵个个奋勇当先。勇敢加上高超的指挥艺术，法军哪有不胜之理？

此后，他接连击败了奥地利不断派来的精锐之兵和能战之将，维尔泽姆这位奥地利最负盛名的老将在走投无路的情况下甚至向拿破仑投降了。

之后，拿破仑不费吹灰之力就占领了罗马这座永恒之城。

1797年2月，他与罗马教皇签订了和约，4月又与奥地利签订了和约。这时，距他担任意大利方面军司令仅仅一年。在这一年里，他以区区5万名装备不齐的疲惫之师横扫意大利，取得了以下战果：15万名战俘，170面军旗，550门攻城炮，600门野炮，9艘64炮军舰，12艘32炮巡洋舰，12艘海防舰，还有米开朗琪罗、提香、拉斐尔和达·芬奇的大批杰作。

带着在意大利取得的辉煌战绩，拿破仑回到了法国。

他所过之处，无不充满了漫天绚丽的焰火、满街狂热的人群，以及响彻云霄的欢呼："拿破仑万岁！"

掌权的督政府和国民议会为拿破仑举行了最盛大的欢迎仪式，大督政巴拉斯也对他表示了最大的敬意。然而在他们无比热情的拥抱之下，拿破仑看到的却是嫉妒与危险。

怎么办呢？他想到了一个办法，就是远征埃及，切断当时法国最强大的对手英国最主要的贸易通道。

这场埃及之战拿破仑失败了，他悄悄离开埃及，回到了法国。

这时的法国处于什么样的局面呢？在国内，督政府的腐败已经无以复加，任用的各级官吏成了疯狂掠夺老百姓的暴徒，甚至比路易十六犹有过之，法国从南到北一片萧条。人民开始反抗，实际上这时法国已经是无政府状态。在国外，法国已经失去了意大利，那块曾经给过拿破仑，也给过法国人荣誉的地方。

在这种情况之下，法国人民从上到下只有一个愿望：恢复秩序，消除腐败，重现法兰西的光荣与自由。

这一切只能依靠谁呢？

答案再明白不过——拿破仑。

1799年11月9日，法国共和历雾月18日，已经得到民众广泛支持的拿破仑发动了"雾月政变"。

这是一场没有动用普通民众，也没有流血冲突的政变。

这天，先在元老院，拿破仑的支持者们让他得到了指挥巴黎一切武装力量的权力。他带领他的士兵们冲进了五百人院，议员们顺从了。于是拿破仑兵不血刃地成了法国的统治者。

他着手建立的新政府由三个执政当权，他自己是第一执政，除此之外还有参议院、保民院、国务会议等等。但实权尽归第一执政。

着手整顿了内政之后，拿破仑又把目光转向了意大利。这时奥地利夺回了土地，法国意大利方面军被击溃，残部有的逃回了法国，有的在意大利的深山老林流窜。

拿破仑决心重现在意大利的光荣。

他先派深得士兵爱戴的马塞纳担任意大利方面军司令。马塞纳一到达意大利，他的名字立即吸引了已被打散的法军残部。拿破仑一方面装作要重建庞大的新意大利方面军，并且大张旗鼓地做着各种战争准备，包括从边境各地调兵遣将；另一方面却悄悄地在法国内地各省招兵买马，建立了一支全新的大军。这才是真正的新意大利方面军。

1800年5月，拿破仑大模大样地离开了巴黎，说是去视察新意大利方面军。他也果真去视察了，但检阅一过，他立即悄悄奔向日内瓦。拿破仑在这里勘测了附近阿尔卑斯山的圣柏纳德大山口。这里地势险要，要翻越它真是难于上青天。

但拿破仑决心翻越它。

他亲统三万余大军来到了圣柏纳德山口，这时已经没有路了，士兵们不得不用肩膀扛着所有武器，包括几十门大炮，在怪石嶙峋和永久积雪的山顶上攀行。这里此前是只有羊倌、羚羊才敢来的地方，脚下是悬崖峭壁，一失足就会没命。

拿破仑亲自与行军最艰苦的炮兵们走在一起，即使在最危险的地方也镇定自若，他的榜样极大地鼓舞了士兵们，帮他们克服了难以想象的困难，跨越了天险。

他们从天而降般地出现在波河平原上，在他们的猛击之下，奥地利军作鸟兽散。

但他们也一度遭到优势敌人的攻击。马伦哥之战中，法国一度处于危殆之中，但关键时刻战士们拼死战斗，终于在一天之内反败为胜。这一战后，拿破仑彻底击溃了奥地利大军，把一度失去的意大利重新夺了回来。这时距他离开巴黎才一个月。

上次初战意大利，拿破仑成了法兰西民族英雄，奠定了他走向政权的基础，这次再战意大利，则令他牢牢地把政权握在了自己手中。

马伦哥之战后，法国与奥地利签订了临时和约，但和约不久就被破坏了，因为奥地利又从英国得到了200万英镑巨款作为再战法国的酬金，于是奥地利人又蠢蠢欲动了。

拿破仑决定给奥地利人致命一击，但这次他没有亲自去，他命令莱茵方面军统帅莫罗向奥地利出击，不断地打击他们，直到他们失败求和为止。莫罗率法军不停地攻击，节节胜利，特别是在霍恩林登战役，法军在冰雪泥泞中奋勇作战，再次以少胜多，大败奥军，前锋进抵维也纳郊区，迫使奥地利再次求和。

这是1800年底的事，次年2月，法、奥签订了《吕内维尔和约》，奥地利退出反法同盟，割让大片领土。

由于没了奥地利这个主要盟国，英国也没法再打下去，遂被迫和法国签订了《亚眠和约》，第二次反法同盟正式瓦解。

接下来的几年法国人民终于享受和平。

登基称帝

和平到来之后，拿破仑做了两件大事：重建法兰西和加冕称帝。

他采取了许多有效措施大力促进工商业的发展，制订了规模宏大的建设计划，包括兴建一大批港口，开凿把全国河流连为一体的运河系统，修筑全国公路网；建立严格的中央集权制，把全国划分为大体相等的省区，省区长官完全按照中央的命令行事，这样就彻底消除了地方割据势力；如此等等，其中最重要的是制定了《拿破仑法典》。

在这部法典里，拿破仑用法的形式牢牢确立了大革命以来取得的许多成果。如彻底否定封建等级制度与封建特权，强调法律面前人人平等；

确认了大革命时期剥夺封建贵族和教会财产土地的合法性，它的中心之一是强调私有财产神圣不可侵犯，这也是资本主义得以发展的中心。

《拿破仑法典》在拿破仑留下的众多遗产中也许是最为重要的一个，被称为整个西方历史上两部最重要的法典之一，另一部是《查士丁尼法典》。

通过这些措施，法国出现了工业、商业、农业全面发展的大好局面，从资本家到普通农民的日子都比以前好过多了。全法国从上到下都衷心拥护他们的领袖。

这时候拿破仑虽然已经是法国最有权力的人，但还算不上是独裁者。毕竟还有两个执政与他分享权力。而且除执政外，还有参议院、保民院、国务会议等，都有一定的权力。

拿破仑当然不会满足。1802年，他把自己的第一执政之位由为期十年变成了终身，并能指定自己的继承人，这等于把第一执政变成了拿破仑家的专利。

到这时拿破仑的权力其实已经与皇帝无二了，但他不仅要做实际上的皇帝，还要做名义上的皇帝。

于是，1804年12月26日，在法兰西的巴黎圣母院，他正式加冕称帝，成为皇帝拿破仑，他也是法国历史上的第一个皇帝。

称帝后不久，拿破仑就发动了另一场战争——乌尔姆之战。

1805年9月的一天，拿破仑离开了巴黎，以惊人的速度调集了大批军队，用数万辆马车运往战场。

拿破仑在他的"机械化部队"赶到之前到达了战区，并统率由当地巴伐利亚人组成的军队开战，他在这里显示了另一种才能——使异邦的军人忠于他，为他英勇作战。

10月2日，乌尔姆之战正式开始，法军迅速推进。

6日，拿破仑派军横渡多瑙河，从侧翼包抄奥军，奥军被围。

8日，缪拉元帅在多瑙河畔截击奥军，俘敌2000余名。

10日，法军进入军事重镇奥格斯堡。

12日，占领慕尼黑。

14日，6000名奥军向苏尔特元帅投降。同日内伊元帅占领埃尔欣根大公国。

17日，在乌尔姆，奥军统帅马克率全军残部3万余名向拿破仑投降，包括将军17名，其中有克勒瑙、德·朱莱等奥地利名将。

乌尔姆之战就此结束。

奥斯特里茨战役

乌尔姆之战后，法军立即乘胜前进，10月27日渡过莱茵河，进入奥地利本土，随即占领军事要地萨尔茨堡。

由于拉纳和内伊两位元帅莽撞似的勇敢，法军占领了多瑙河上的桥梁，而这些桥梁距维也纳只有咫尺之遥。

拿破仑取得如此辉煌胜利的重要原因是，不但自己有非凡将才，而且有一帮几乎与他同样非凡的部下。如缪拉、拉纳、莫罗、儒尔当、内伊、贝尔多纳特、马塞纳、苏尔特、达武等等。每一个都是独当一面的大将。例如马塞纳，当进行乌尔姆大战时，他统领意大利方面军独战奥地利大军，血战卡列迪耶罗，取得大捷，为拿破仑牢牢守住了意大利这块宝地。

占领横跨多瑙河的大桥后，法军几乎兵不血刃地占领了维也纳。奥地利皇帝逃往维也纳之北的奥斯特里茨，在那里见到了前来援助的俄国皇帝亚历山大一世。他们把尽可能多的军队会集到了这里，拿破仑也以他惯用的方法快速调集大军：在意大利、法国、德意志等，到处都有赶往奥斯特里茨的法军。

11月底，俄国和奥地利在奥斯特里茨集聚了六万三千大军，并且不久将再增加一倍。而拿破仑也在此地合军六万八千之众。

于是，一方是俄奥联军，另一方是拿破仑的法军，在奥斯特里茨这个小小的村庄展开了空前的大会战，由于全欧洲的三个皇帝都亲临战场，史称"三皇会战"。

战争经过大体是这样的。在法军与俄奥联军之间有一个湖和一大片沼泽，时值隆冬，上面结着厚厚的冰，足以通过大军和大炮。湖和沼泽位于法军的右翼。是夜，拿破仑巡行各营，把敌人的战略及他的战略向全军将士大张旗鼓地公开。

这战略简而言之是这样的：拿破仑推测联军将会以湖沼为突破口进攻，于是将计就计，决心就在这里歼灭敌人；具体方法是故意让敌军知道右翼是法军薄弱之处，引诱奥军把主力部队调到这里，然后法军将先退后进，把敌军包围在这里聚而歼之。

拿破仑之所以要把这个右翼而不是左翼作为薄弱点暴露给敌人，是因为这里到处是沼泽、湖泊与冰雪，是一个不宜进攻的地区，所以他相信，敌军会自作聪明地认为法军不会将主力集中于这里，而他们却可以把这里作为突破口，并在突破之后迂回包抄法军后路，将法军围而歼之。但恰恰因为这里是不利于进攻之处，所以当他们"出其不意"的进攻恰逢有备之法军时，地形的不利必会令他们惨败。

他言辞简明扼要，连普通士兵也听得懂。他的士兵为统帅对他们的信任而感动，同时他们也完全信任他们统帅英明的决策。他们用响彻云霄的欢呼声来表达他们的信任与感激。

这欢呼声一直传到奥地利军营，奥军却以为这是法军上了他们的当，准备将主力集中于中翼和左翼，而右翼薄弱，他们的计划得逞了。

第二天，即1805年12月2日凌晨，大雾弥漫，奥斯特里茨大会战正式开始。

双方都按既定部署进行。自以为得计的联军主力向法军右翼进攻，法军立即"败退"，敌军大喜，猛追过去，沼边湖畔顿时布满了联军部队，而法军在稍退之后立即坚守，任由联军冲击也绝不后退一步，奋力死战。联军想包抄法军后路的战略当然也就没法实现了。

这时法军主力从中路猛冲过去，成竹在胸的法军人人奋勇、个个争先，迅速突破了联军中路防线，再兵锋一转，从后路直扑右翼的联军主力。

正在猛烈进攻的联军顿时受到前后夹攻，阵势大乱，纷纷败退，他们的前面、后面和右面都是法军，只有左边是结冰的湖面，要知道这是纬度与中国的哈尔滨差不多的地方，冰足有几米厚，坦克都能开，何况人马。败退的联军一齐向湖面扑去，冰面上不久便布满了人。

早有准备的拿破仑下令将所有大炮对准湖面开火，大家想想看，冰再厚哪能经得起大炮的猛轰？冰层纷纷破裂，上面的联军士兵纷纷坠落冰冷的湖水中，那惨状看得正在高地从容观战的拿破仑自己都深感悲伤。

举世闻名的奥斯特里茨战役在一天之内就结束了。此战结果是，联军死伤及被俘三万五千余人，损失了所有大炮与辎重。

对于俄军，最惨的是其作为皇帝最精锐之旅的近卫军几乎被团灭，亚历山大一世自己也差点成了法国人的俘虏。

奥斯特里茨战役之重要，并不在于法军此役歼敌之众，三万五千人并不是一个大数目，较之光俘虏就达六万的乌尔姆之战要少得多，而在于这场战役中三个皇帝投入的都是他们的最精锐之军。而这也是双方真正实力的对比。

结果是：亚历山大一世沙皇、奥地利皇帝及其俄奥联军均不是拿破仑及其法军的对手。

奥斯特里茨战役结束后，拿破仑在战场上发表了一次感人的演说，大家可以从《拿破仑在奥斯特里茨战役》这部电影中听到它。

奥斯特里茨战役后，俄军狼狈地逃回国了，奥地利被迫求和。

12月26日，奥法签订《普里斯堡和约》，奥地利赔款4000万法郎，失去了德国和意大利的大片领土。

奥斯特里茨战役是拿破仑一生中最辉煌的战役之一，也是西方战争史上最经典的战役之一。

大败奥地利后，拿破仑在欧洲的四个主要对手只剩下了三个：英国、俄国、普鲁士。英国他打不着，俄国在普鲁士后面，他主要对手就只有普鲁士了。

他决定征服普鲁士，一如征服奥地利。

在此之前，拿破仑与普鲁士有过战斗，但那只是小战斗，双方还没有分出胜负。也就是说，双方都认为自己能赢。

1806年10月7日，普鲁士王腓特烈·威廉三世向拿破仑宣战。

拿破仑率15万大军急速北上，一战耶拿，再战瑙堡，三战荷尔斯泰特，彻底击溃了普军，开战仅10余天后，拿破仑占领柏林。

拿破仑在20天之内就征服了普鲁士——欧洲最强大的国家之一。

拿破仑由此迅速走向人生之巅。

欧洲霸主

征服普鲁士后，普鲁士国王逃往北方，那里他的盟友俄国大军正在驰援他的途中。拿破仑穷追不舍，直抵埃劳，与俄军对峙。

1807年2月8日，埃劳会战在鹅毛大雪之中开始了。

这是一场不折不扣的血战，谈不上有多少高超的指挥艺术，俄罗斯人和法兰西人在这里都展现了他们全部的勇敢精神。俄罗斯人天生勇猛，而法兰西人天生狂热。双方棋逢对手，损失惨重。

但对于拿破仑而言，不胜利就是失败。这也是若干年以来他第一次没有取得胜利的战斗，而且法军遭到如此惨重的损失。

他愤怒了，指责贝尔多纳特元帅没有及时赶来支援。这是有道理的，因为当时俄军已全部投入会战，而法军也几乎全部投入会战——只有贝尔多纳特的军队例外，他在离战场并不远的一个地方，拿破仑先前把他派往那里防卫法军的左翼。现在，当战斗已经开始时，贝尔多纳特本该火速驰援，但他没有，他竟然率领4个步兵师、2个骑兵师无所事事地待在一边。

这时那些在严寒中作战如鱼得水的哥萨克正疯狂地冲向法军，法国士兵，包括拿破仑，在严寒中苦苦支撑，等待贝尔多纳特的到来。

直到夜幕降临，俄军主动撤退，贝尔多纳特才带着他的大队士兵姗姗而至。

当然，战争并没有结束，才刚刚开始。

在平静了几个月之后，6月份，在弗里德兰，法军与俄军再次决战，这次拿破仑赢得了胜利。

比胜利更为重要的是，他终于可以和欧洲最古老而强大的皇族之一的皇帝坐下来平等地谈判了。在弗里德兰再次失败后，亚历山大一世终于向拿破仑求和了。他敏感地发觉，求和的好处更大。

1807年7月7日，在提尔西特小镇的涅曼河正中央的木筏上，出现了历史性的一幕：当时西方最强大的两个皇帝会晤了。

在这次会面中，两个人把自己当作整个欧洲大陆的主人，以"谁是欧洲？""我们就是欧洲！"的姿态把欧洲大陆瓜分了，签订了《提尔西特和约》。

拿破仑是最大的得利者。根据和约，普鲁士和俄国都接受了他的"大陆封锁体系"。他的哥哥约瑟夫成了那不勒斯国王,大弟弟路易成为荷兰国王,小弟弟热罗姆成了在德意志新建立的王国——威斯特伐利亚王国的国王。昔日的欧洲强国普鲁士则成了任人宰割的羔羊,大片国土被剥夺,军队被规定不得超过4万人,还要付出1亿法郎的赔款,这在当时几乎是一个难以想象的天文数字。

欧洲大陆就此成了拿破仑的掌中之物,自千年之前的查理曼大帝以来,欧洲还没有出现过如此强大的君主。当初罗马帝国虽然强大,以地中海为内湖,但这时的拿破仑皇帝和他的仆从国王们所统治的国土几乎囊括了除俄罗斯之外的整个欧洲大陆,从西端的西班牙直到奥地利的最东边,北抵挪威,南迄意大利的最南端。

拿破仑成了整个欧洲大陆前无古人、后无来者的霸主。

这就是处于巅峰的拿破仑。

使拿破仑渐趋没落的有三件大事:大陆封锁体系、西班牙的起义、征俄惨败。

封锁大陆

前面说过,拿破仑有四大敌国:英国、俄罗斯、普鲁士、奥地利。经过《提尔西特和约》之后,俄罗斯成了他的盟友,普鲁士成了他的俘虏,至于奥地利,早在《普里斯堡和约》后就成了他的囊中之物。

这样,他只剩下了一个对手——英国。

面对如此强大又难以战胜的敌人,拿破仑首先想到的是与之讲和。

1802年,在马伦哥之战中打败英国的老盟友奥地利后,拿破仑同英国签订了《亚眠和约》,但不久和约破裂,1805年4月英国又组织了一次新的反法同盟,发生了奥斯特里茨战役。

拿破仑终于知道,英国人不会容忍他独霸欧洲。除非彻底征服它,否则英国永远是他的心腹大患。他决心一战。

他在布雷斯特和安特卫普之间集结了近2000艘战船，并将为数达16万的庞大军力集中在北部的布洛涅港。这时西班牙已经是法国的盟友，它将曾经欧洲最强的舰队交到了法国人手中。就规模而言，这时拿破仑的海军已经不下于英国。

拿破仑跃跃欲试，要用这支舰队登上不列颠。

可惜的是，英国人的海军像拿破仑的陆军一样，不能以数量来衡量。1805年10月，英国和法西联合舰队在特拉法加海角展开了历史上规模最大的海战之一。但这次拿破仑失败了。英国也损失惨重，最惨重的是失去了被称为"海上拿破仑"的海军统帅纳尔逊。

拿破仑用战争征服英国的计划就此落空了。

无法用战争征服英国，又不能与之讲和的拿破仑，这时拿出了最后一招：大陆封锁体系。

1806年11月，拿破仑发出"柏林敕令"，宣布全面封锁英国。规定任何同英国交往的行为都是犯罪，英国出产的任何物品一经发现，立即没收，并严惩走私者。

《提尔西特和约》签订之后，这个敕令在整个欧洲大陆得到实施，重点是查禁英国货。

为此，拿破仑派出了数万军队和稽查官在大陆沿岸到处设点检查，没收英国货，严惩甚至枪杀走私者。

这个大陆封锁体系是拿破仑使自己走向衰落的第一个损招。

它造成了两个严重后果。

第一个后果是遭到了广大民众的怨恨。由于英国货是广大民众的日常生活用品，如布匹、食糖等。封锁使得大家无法得到这些价廉物美的生活必需品。

第二个后果是使他与各国君主，不管是被他征服的也好，他的盟友亚历山大一世沙皇也好，甚至他委以国王的兄弟大将，都发生了矛盾。因为他们国内的人民一样需要英国货，他们当然不能无视自己人民的需要。他们对国内的走私分子们睁一只眼闭一只眼。

造成最坏后果的是他与亚历山大一世的决裂。本来，通过提尔西特的会见，拿破仑通过他出众的外交手腕已经与年轻的沙皇成了好朋友。亚历山大一世参加大陆封锁体系后，同样看到了它对自己国家极大的危害。俄罗斯本来每年可以把大量毛皮输往英国，得到它不能生产的工业品，这对他的国家来说再重要不过。现在什么都不成了，他的毛皮卖不出去，必需品也买不进来。这简直令俄国经济崩溃了。而拿破仑一方面不允许别人买卖英国货，另一方面却任意颁发所谓的"特许证"给法国商人，让他们进口英国货，再牟取暴利，真是岂有此理！

于是，愤怒的亚历山大一世开始不理睬拿破仑的封锁令，任由英国货进入俄罗斯。

这激起了拿破仑的愤怒，认为亚历山大一世不守信用。

双方龃龉不断扩大，以致决裂，并最终导致了拿破仑侵俄战争。

导致拿破仑衰落的第二个事件是他在西班牙的倒行逆施。

受挫西班牙

西班牙在法国的西部，当时的西班牙已经大大衰落了，人民更是贫穷。它的国王查理四世基本上是个白痴，执政西班牙的是有名的"和平亲王"戈多伊。他不打扰英国，对法国也百依百顺。对于这样一个国家，拿破仑一直未予注意。

查理四世和他的儿子发生了矛盾，他指责儿子阴谋废黜他，儿子当然不认账。于是两个傻瓜都给拿破仑写信，请求他给予"公正"的仲裁。

拿破仑怎样"公正"地仲裁呢？他写信答应查理四世帮忙，立即派军队越过比利牛斯山，入侵西班牙。

1808年4月的一天，查理四世和他的儿子斐迪南七世签署了一份文件，宣布他们本人和子孙放弃西班牙王位，获得的只是一笔巨额年金和意大利的一小块避隐之地，实际上成了终生的囚徒。

随后，拿破仑把西班牙王位给了哥哥约瑟夫，这时约瑟夫已经是意大利那不勒斯王国的国王了。

这时，整个西班牙被法军占领。

拿破仑在西班牙没有遭到上层社会的反抗，但遭到了人民的反抗。

西班牙人民虽然贫穷，却是自豪而勇敢的民族。当他们看到占领者废黜了他们的国王、占领了他们的家园时，他们愤怒了，揭竿而起，拿起武器冲向侵略者。

法国侵略者每到一处所遇到的都是数不清的武装起来的西班牙人，他们不懂战术，甚至没有军装，但他们人数众多，全民皆兵，又极其勇敢，视死如归。此外他们熟悉地形。西班牙是个多山的国度，处处崇山峻岭，地形复杂，起义者们利用这样的有利地形打得侵略者摸不着头脑。

向来不可一世的拿破仑大军被起义者打得落花流水。开战不久，杜邦率领的两万名法军在起义者人山人海的包围下，被迫投降。如此庞大的一支法军投降，这可是拿破仑从没有受过的耻辱。接下来拿破仑亲自征讨，也没能制服西班牙人民。

从此拿破仑不得不在西班牙投入大量军队，为数达25万。庞大的法军像陷在了泥潭里一样。如此，拿破仑能够用于其他战场的军队相应就少了许多。这也成了他以后失败的主要原因之一。

西班牙大大地伤害了拿破仑，而直接导致他失败的则是侵俄战争。

惨败于俄罗斯

拿破仑侵入俄罗斯，仿佛是一个疯子的举动。如果有什么别的原因，那就是他曾向亚历山大一世请求把他妹妹嫁给他，但亚历山大一世以一种分明的轻蔑态度拒绝了——他怎可以把沙皇高贵的血统与科西嘉的暴发户混杂起来！这想必大大地伤害了拿破仑的自尊心。

当然如果能打败俄罗斯，那好处是明摆着的，那样整个欧洲大陆就完全地归附于他的统治之下了。

从1810年起，拿破仑就着手准备对俄罗斯的征讨。

他首先把除俄罗斯外的几乎整个欧陆国家都拉到了自己一边：他与普鲁士和奥地利都结了盟，其他国家，除瑞典外，也像普、奥一样早已是他的掌中玩物了，所有这些国家都向他的侵俄大军派出了军队。

1812年6月，准备就绪的拿破仑率领一支庞大无比的军队不宣而战，侵入俄罗斯。

这是欧洲历史上迄今为止从来没有过的大军：它的成员来自除英国和俄罗斯外几乎所有欧洲国家，包括法国、奥地利、普鲁士等德意志诸国，以及西班牙、葡萄牙、意大利、荷兰、波兰、立陶宛等等，总人数超过60万，其中法国人不到一半。

面对如此强大的敌人，俄罗斯人采取了它唯一的，最可行的，同时也是必胜的战略：诱敌深入，以空间换取时间，再伺机歼敌。

那时的俄罗斯还包括现在的芬兰和波兰，总面积超过2000万平方公里。

试问，在如此广大的土地上撤退，那不是想撤多远就撤多远吗？后面的经过就不用多说了，拿破仑一直追到莫斯科，那里已经是一座空城了。

这时摆在拿破仑的大军面前的只有两条路：逃命或者冻死。

拿破仑选择了第一条，而给了他的士兵们第二条。

这时的情形与来时已经相反了：拿破仑在前面拼命地跑，哥萨克们在后面拼命地追。

当拿破仑终于回到自己的地盘时，他出发时的60多万大军，有的说还剩5万，有的说还剩1万，有的则说只剩下1000了。不过，这些数字有什么区别呢？

从俄罗斯回来后，拿破仑并没有垂头丧气，相反，他立即精神饱满地回到了巴黎。当他再离开巴黎时，后面又跟了为数达20万的大军，他气势汹汹地准备向扑来的俄罗斯人报仇雪恨。这是1813年4月的事。

他以惯常的神速到达战场，与俄军一战于德累斯顿，二战于包岑，三战于奥许克，三战皆胜。命运女神好像再一次向拿破仑抛媚眼了。

然而这一切都是假象。他这时的敌人已经不是封建君主和他们的雇佣军了，而是为了从法国的铁蹄之下解放自己的人民的军队；他们是为自由而与拿破仑作战的。这样的军队的战斗力之强，法军在西班牙已经见识过了。拿破仑现在就面对着这样的军队。

这支军队的总人数达100万之众，甚至拿破仑的小舅子，他最英勇的元帅之一，在意大利被他封为那不勒斯国王的缪拉也参加了。

面对如此强大的对手，拿破仑纵有三头六臂又如何？往昔他借助自己高明的指挥与法军的勇敢而取胜，但现在，在他面前指挥反法联军的将领是俄国的库图佐夫、英国的惠灵顿、普鲁士的布吕歇尔。他们都是伟大的统帅。

决战在1813年10月进行，这就是著名的莱比锡大会战。

这场战斗双方都没有高明战略，只有勇敢精神的决斗。

与拿破仑作战的联军这时是为了自由和解放而战，为正义的复仇而战。

在这样的势力对比之下，拿破仑怎么可能取得胜利呢？

连他最后的德意志盟友撒克逊人也临阵倒戈，投到了反法联军一边。

这样，拿破仑在莱比锡战役中以惨败告终，这是拿破仑与联军之间最后的决战。

此后，虽然拿破仑决不投降，继续抵抗，但那只是"垂死挣扎"了。

1814年3月，联军占领巴黎。

4月，在巴黎郊外的枫丹白露，拿破仑签署了退位诏书，宣布他及他的家族成员永远放弃法兰西和意大利的王位。

拿破仑被准许保留皇帝尊号，并享有200万法郎年金，被送往地中海中距他的家乡科西嘉不远的厄尔巴岛，那将是他这个皇帝的全部领土。

英雄末路

一般说来，即使英雄与伟人，到了这个地步，他的一生也完了。拿破仑却不是这样，他无时无刻不在想着如何重振雄风，像一匹掉在陷阱里的雄狮一样，一有机会就要一冲而出，重做百兽之王。

他如何一冲而出呢？

我们来看看这令人惊诧的一幕吧！

厄尔巴岛上的拿破仑妻离子散，孤处小岛，他并不显得愁烦，反而一本正经地做起他的海岛皇帝来。

他经常巡行小岛，与岛民们促膝谈心，问他们需要什么帮助，并且慷慨地帮助他们，获得了他们的爱戴，不久他就把小岛变成了一个井井有条、居民夜不闭户、路不拾遗的世外蓬莱。

我们可以相信，如果没有下面的一幕，拿破仑将会在宁静甚至幸福中安度余生。

然而，拿破仑毕竟是拿破仑，他永远不会甘于寂寞，也许他这种人天生为辉煌而生，所以，他仍在等待机会，再次创造辉煌。

机会不久就来了。

拿破仑被废之后，在联军刺刀的保护之下，被处死的路易十六的弟弟路易十八做了国王。他一登基就打出了复仇的旗号，随他流亡国外的那帮旧贵族也归国了，立即气势汹汹地伸出了双手，索要大革命以来被剥夺的一切：土地、房屋、钱财，甚至被处死的亲人的生命。

大革命以后，贵族们的大片土地已经归到了农民们的名下，法国形成了小土地所有制，拿破仑就是因为承认了它的合法性而受到人民的拥护。现在贵族们公然提出了这些要求，无异于与整个法国民众为敌。此外，波旁复辟后，法兰西领土一度到处是外国军队，这对于法国国民的刺激是何其之大。

所有这一切都为拿破仑的东山再起提供了基础。

他在厄尔巴岛时时刻刻关注着法国国内的形势，凭他犀利的目光，他也察觉了法国的局势。

他知道机会来了，决意重归法兰西。

1815年2月26日，在厄尔巴岛上，一大队人马悄悄地向海边移动，他们早就算好了，这时在小岛周围的海面的英国军舰正在挺远的地方打盹呢。这群人的领头人就是拿破仑·波拿巴。

他们上了船，立即悄悄往大陆驶去，消失在夜色茫茫的大海上。

三天之后，在法国南部美丽的海滩戛纳，一队人上岸了。当地人一下认出了他——他们昨日的皇帝拿破仑。

他们先是惊惶了一下，随即发出了震天响的欢呼声。

随后拿破仑的前进就像是一次胜利大游行，农民们来了，市民们来了，后来军队也来了，再次集合在他的旗帜之下。

所有城市都为他敞开了大门。

3月20日，他抵达巴黎城下，波旁王室的人早就逃之夭夭了。

他立即宣布所有波旁从人民那里夺走的东西，他都将交还给人民，包括他自己一度从人民那里剥夺了的自由。

与这些同时宣布的是，他立即重建大军，因为他知道，反法联军一定会再次组织起来，甚至会比上次规模更大。

到5月份，他已经组织了一支人数达37万的大军，其中包括4万名身经百战的老兵，他称之为禁卫军。这支大军还有充足的给养、精良的装备，而且他们不是通过命令来强征的，而是志愿军，他们自愿为拿破仑、为法兰西的光荣而战。

率领这支军队，拿破仑立即开赴战场，地点是比利时。

这时俄国、普鲁士、奥地利、英国已经结束了他们在维也纳的争吵，宣布拿破仑是欧洲的公敌，迅速组成了一支大军，扑向拿破仑。

拿破仑遇到的第一个对手是普鲁士的布吕歇尔，拿破仑打退了他，但也仅仅是打退了，布吕歇尔不慌不忙地带着他的军队退走了。他知道后面来帮忙的人多着呢。

拿破仑发现现在的普鲁士人与以前完全不同了，他们的勇敢绝不下于他的士兵们，他们也不再害怕法国人。

真正的决战是下面一仗，地点是比利时的小村滑铁卢，这个小村将因为这一战而名载史册。

拿破仑知道奥地利大军已经向他开来，俄罗斯大军一定接到了同样的命令，欧洲所有其他国家也正在准备做同样的事——集合军队，消灭他。

如果这些军队集中起来，绝不会下百万，他的大军将不可避免地被消灭。

他唯一的机会是在他们集中起来之前将他们各个击破。

令他极其失望的是，第一仗就没能彻底打败普鲁士人。

他下一个要打败的是靠他最近的英国军队，惠灵顿是他们的统帅。

他知道很困难，但这是他唯一的希望。

他率军向惠灵顿进逼，惠灵顿总揽全局，知道了拿破仑的意图。他知道他用不着进攻，他只要固守，等待普鲁士、奥地利、俄罗斯和其他国家的大军，他们一到，拿破仑就完了。

所以他选择了滑铁卢这个易守难攻的小村庄，迅速构筑好阵地和防御工事，静待拿破仑的到来。

拿破仑来了，带着他的大军，这一天是1815年6月18日。

滑铁卢之战开始了。

这是一场传奇式的战斗，似乎失败者比胜利者获得了更多的荣誉。

是的，虽然拿破仑失败了，但无论是拿破仑，还是法兰西军人，在这场战斗中所展示的英雄气概将使他们长存于后世人们的记忆之中。

这里不再详细描述法军是如何冲向在高地上牢牢守御的英军的，只讲述一个小片段：

拿破仑命令他的禁卫军发起最后的冲锋，他们身披铠甲、骑着高头大马，像中世纪的武士，在内伊元帅的率领下——他骑着他的第四匹战马，前面三匹已经倒在战场——向高地上的英军阵地扑去，在英国人先进的毛瑟枪的齐射下，士兵们一排排倒了下来，但后面的毫不迟缓地继续冲上去，终于，他们冲到英国阵地前面了，看得清英国人的眉毛了，但这时，不知是天然的还是英国人挖出来的，他们面前突然出现了一条又宽又深的沟。

接下来，令人震惊的一幕出现了。

冲在最前面的禁卫军毫不犹豫地跳下了深沟，后面冲上来的禁卫军同样毫不犹豫地跳了下去……直到深沟被人和马的尸体填满，后面的禁卫军踏着这些尸体继续冲锋。

当英国人终于支撑不住，快要崩溃的一刻，一支大部队像从地底冒出来一般，向法军猛扑过来。

在这支生力军的凶猛打击下，法军立即崩溃了。

这给予拿破仑最后一击的正是布吕歇尔率领的普鲁士军。

拿破仑的帝国就此完了，他的事业也完了。

此后，"滑铁卢"在西方成了一个新名词，意思是悲壮的失败。

逃回巴黎的拿破仑已经无力抵抗了，1815年6月22日，在巴黎的爱丽舍宫，他再次签署了退位诏书。

他作为战俘登上了一艘英国巡洋舰，驶往普利茅斯港，但没能上岸，大批英国人驾着小艇绕着军舰转，当拿破仑在甲板上露面时，他们向这位敌国皇帝热烈欢呼。

最后，英国人决定把这位极度危险的敌人送往茫茫大西洋中的圣赫勒拿岛，那里距最近的海岸也有上千英里。

在岛上，拿破仑被严密监视，用与拿破仑在岛上共度余年的奥马拉医生的话说，英国人"采取了人间的一切警戒办法来防止他逃跑"。

拿破仑的余生就此在不自由中度过，他往往几个小时沉默不语，或者呆呆地眺望蔚蓝的大海，也许想看到大海那边的法兰西……

虽然法兰西这时正因他而痛苦，然而谁能否认他对自己祖国的挚爱呢？

正如虽然他失败了，谁又能否认他也为法兰西，甚至为人类赢得了光荣呢？

他在圣赫勒拿岛上生活了5年又7个月。

1821年5月5日下午6时，拿破仑艰难地咽下了最后一口气，在半昏迷中离开了这个世界。

第十九章

英法德俄的百年变革

1814 年，拿破仑失败了。

1914 年，第一次世界大战爆发了。

在这之间的 100 年里，西方发生了什么呢？

这是一段相当复杂的历史，改革与革命是其中的主轴，对英国、法国、德国、俄罗斯都是如此。

先说英国。

改革中的大英帝国

前面已经说到，到 1914 年，英国在各大洲的海外殖民地有 55 大块，面积超过 2000 万平方公里，人口超过 4 亿，成了不折不扣的"日不落帝国"。

这个帝国就实力而言在当时可谓举世无双，即便是那么强大的拿破仑，最终也折在它手里。

然而，从 1814 年到 1914 年，英国在繁荣昌盛的外表之下，正经历着剧烈的变革，这些变革体现在英国社会的每个人身上：从首相大臣直到平民百姓。

第一个是著名的宪章运动。

英国的国会分成两部分：上院和下院。上院即贵族院，权力没有下院大，成员都是由国王指定甚至世袭，谈不上什么选举。下院是英国的权力中心，它的成员名义上由选举产生，但选举极不公正，不公正之处表现在两个方面：一是只有极少数的有钱人享有选举权，100 个居民当中不到 1 个，而且下院的 650 个议席中只有 1/3 是真正选出来的，2/3 是由那些最有钱有权的贵族、地主和资本家指定的，他们甚至公开出售或出租议席。

更荒唐的是，议员的选区是 100 多年前划定的，但现在仍要根据老选区来定，这样就出现了一些咄咄怪事。

有的新兴大工业城市，如伯明翰和曼彻斯特，人口数十万，但在国会中没有 1 个议席，因为它们在 100 年前是一片荒滩。相反，布特村却有 1 个议席，而这里的居民只有 1 个。

还有一个邓威治选区在下院也有议席，可 1 个居民都没有，因为它已被海水淹没了。

面对这样的选举制度，有许多人认为它不好，要改革。第一个起来进行改革的是约翰·罗素。

约翰·罗素是辉格党人的领袖，辉格党后来改叫自由党，它是英国两大政党之一。另一个党派叫托利党，后来改名叫保守党。那时候英国基本上由这两党轮流坐庄。

在罗素伯爵等人的努力下，在广大民众，特别是中小资本家们的参与下，1832 年，议会通过了改革法案，重新分配了议席，原来那些荒唐选区被撤销了，空出来的议席给了新兴工业城镇。另外对选民的资格要求也放宽了，例如年收入在 10 英镑以上的就可成为选民。这样不但大资本家，中小资本家乃至普通有钱的平民都成了选民。选民与居民的比例从改革前的 1/100 提升到了 1/32。这虽然是一个大进步，但反过来说，32 个人里面仍有 31 个人没有选举权，其中有许多是本该有选举权的成年男女。所以不管它有多大的进步，仍是不公平的选举制度。

于是那些被剥夺了选举权的穷人通过一场声势浩大的运动来表达自己的反对，这就是宪章运动。

宪章运动

宪章运动的主力是工人，这时候他们团结起来了，有了自己的组织与领袖。

英国第一个城市工人领袖是伦敦的木匠洛维特。1836 年他就组织了"伦敦工人协会"，由于他口才出众，又写得一手好文章，他的组织迅速扩大，并且有了自己的纲领。这就是 1837 年协会公开提出的六条政治要求，其第一条就是要求凡年满 21 岁，没有被判过刑的男子都被给予选举权，即普选权。

次年这个要求正式公布，并被称为"人民宪章"，这就是宪章运动名称的来源。

这个替工人争取选举权的好事得到了广大工人的热烈支持。除了工人，所有对现存选举制度不满的人，包括个体手工业者、技术工匠、贫下中农，都参加进来。许多有选举权的人因为同情下层社会的人们，也都起来支持宪章运动。

1839 年，宪章派召开了全体代表大会，讨论如何实现宪章中提出的目标。虽然有些人提出要用武力来实现宪章，但大部分人倾向于和平实现。5 月，他们把一份请求实行宪章的请愿书递呈给了国会，附有多达 125 万人的签名，但被否决。

不单如此，政府还进行了镇压。他们派出警察甚至军队，大肆逮捕宪章运动的领袖和积极分子，没有任何反抗经验和反抗决心的宪章运动代表们各自躲灾去了，宪章运动第一次高潮到此结束。

又过了两年，那些被捕的领袖出狱了。他们有的退出了宪章运动，有的则立即重新开始。而且，他们汲取上次失败的经验，成立了一个更加严密的组织——"全国宪章派协会"，有小组长、执委等，甚至还有会费，并且向国会提供了第二份请愿书。结果仍被下院否决。

当工人们想用大罢工来进行反抗时，政府又以大逮捕来镇压，加之这个时期英国的经济迅速成长，工资也有了一定提高，工人们便顿时失去了革命热情，宪章运动第二次高潮又过去了。

到了1848年，法国爆发了二月革命，这一下子又把宪章运动的热情提起来了。他们把宪章运动推向了第三次，也是最后一次高潮。

但这时候参加者的热情已经越来越低，这次高潮也迅速过去了，从此再也没有起来。

宪章运动虽然失败了，但它的作用却是显而易见的：它为普通工人和农民争取普选权的目标始终存在，并且深深融入了英国人民的心中。以后他们继续以别的方式奋斗，并最终取得了胜利。

1867年，英国通过了改革法案，几乎所有城市的工人都获得了选举权。到1884年，贫苦农民也获得了选举权。

宪章运动虽然失败了，但它的所有目标都获得了最后胜利。

无声的剧变

实际上，在这百年之中，英国不但选举制度在变，而且几乎所有的方面都在变，这个"变"不同于法国那样的革命，而是改革，这个改革在内部进行，而且似乎是悄悄地进行。

光荣革命后，威廉与玛丽登上王位，死后由他们的女儿安妮女王继位，安妮女王只生了一个儿子，但比母亲还死得早，所以英国议会在安妮女王死前就通过了王位继承法，宣布安妮女王的王位由汉诺威的索菲娅及其子孙继承。就这样，乔治一世当上了英国国王。

乔治一世自小在德国长大，满口德语，既不会说，也听不懂一句英语。他来到英国后，几乎什么事都不管，也管不了。他很信任一个叫沃波尔的大臣，就把什么事都交给沃波尔去决定，他自己连内阁会议都不参加。此前，国王只有大臣，没有首相，国王自己才是首相。现在国王不理政务了，才出现了首相，由他代国王处理政务。

以后，内阁尤其是首相的权力更加扩大，首相不但有行政大权，还是军队的首脑，虽然他要对下院负责，但也不是什么都得听下院的。如果他与下院发生了冲突，他可以辞职，但也可以断然解散下院，重新举行大选。

总之，英国走向了内阁制，这样的制度一直延续到今天。

与内阁制的产生几乎同时的是文官制度的改革。

光荣革命后，议院拥有了最高权力，然而国王还掌握着行政大权。他可以自行任命大臣，虽然要经议会同意，但议会出于对国王的尊重，一般情况下不会驳回国王的任命。而且，只有任命各部大臣才要经议会同意，至于各部大臣之下的大小官员呢，那就任由国王与大臣们来决定了。我们要知道，国王和大臣们大都是贵族，他们喜欢挑选自己一伙的人当官，由于没有制度约束，便出现了这样的局面：当官的不一定有才能。这些人当了官后没有人管，饱食终日，无所用心；晋升不是凭才干、功绩与勤劳，而是靠论资排辈、溜须拍马。这样一来，英国的官僚机构便做官的多、办事的少，薪金高、效率低。

这一切令有责任心的大臣痛心疾首，深知只有改革才是唯一的出路。

1868年，主张改革的格拉斯顿当上了首相，他大力推行他的改革措施。两年后政府正式颁布了文官制度改革的法令，中心内容是通过公开考试择优录用各级官员。此后，除各部大臣之外，绝大部分其他官员将来自考试，他们的晋升来自他们的工作成绩。

官员考试制度的实行提高了政府机构的效率，通过考试进来的官员们能力强、责任心也强，他们知道只要他们努力工作，用不着溜须拍马也能使自己有美好的前程，正如通过他们的努力，英国也有美好的前程一样。

事实上也是这样，在进行改革的这段时间正是英国经济高速成长的时期。1870年，英国及其殖民地的对外贸易占了全世界对外贸易的40%，超过了美、法、德三国的总和。

经济大发展也惠及了穷人。从1870年开始，英国政府采取了一系列的措施，大力促进有利于社会下层人民的社会改革，其领域遍及教育、卫生、住房等。例如通过了初等教育法，规定适龄儿童必须入学，否则父母受罚。政府还大力兴办学校，经费由国家、地方和父母共同分担，以国家为主；对于贫穷地区则兴办免费学校，学生免费入学。这个时期政府也建立了相当完善的公共医疗保健体系，使身无分文的穷人也可以接受免费的治疗。当时英国的各个城市都还存在贫民窟，1890年议会通过了《工人阶级住宅法》，勒令各市政府购买那些贫民窟的房子，拆掉破房子加以重建，再交给穷人们住。1897年还颁布了工人赔偿法案，规定工厂主对受了工伤的工人要进行赔偿。

这些就是英国无声的剧变。

不断革命的法国

1814年拿破仑帝国崩溃后，路易十八的波旁王朝复辟了。

虽然法国被彻底打败了，但并没有吃多大的亏，它只是把原来从其他国家那里夺来的领土还给人家罢了，它还是欧洲主要大国之一，在随后召开的维也纳会议和成立的神圣同盟中发挥着重要作用。

但大革命似乎已经彻底改变了法国的国民性，使之患上了一种"革命病"。从此法国继续淹没在持续不断的革命之中。

七月革命

路易十八复位后，深感"王座是最舒服的椅子"，为了不再出去"旅行"，他想了许多办法。

上台后不久，他就颁布了一部新宪法，新宪法中承认《拿破仑法典》继续有效，确认了革命期间发生的财产转移，又承认了革命的其他一些基本原则，如法律面前人人平等，以及新闻出版言论自由等。此外他又努力推动法国经济的发展，并取得了相当的成绩。

这些使得路易十八稳稳地坐了10年王座。他死后，弟弟继承王位，称查理十世。

查理十世与哥哥完全不一样，他痛恨革命。上台伊始，他就推出了一套坏政策。例如他宣布要给大革命时逃亡的贵族赔款10亿法郎。这些钱自然从法国人民头上出。

1830年7月，他颁布了六条所谓的"非常法令"，剥夺了人民的言论、集会、出版等自由，还剥夺了资产阶级的选举权。因为"非常法令"规定只有大土地所有者才能投票，而资本家们没有那么多土地。

倒行逆施激起了几乎全体法国人民的愤慨，就在他颁布"非常法令"的第二天，巴黎人又上街了，他们先是抗议，当军警前来镇压时，他们举起了武器，而那些军警也几乎一股脑儿投到革命者一边了，他们一齐向王宫冲去，查理十世吓得没命地逃到英国去了。这就是七月革命。

革命胜利后，革命者们推举奥尔良公爵路易·菲力普为王，史称七月王朝。

二月革命

路易·菲力普上台后的主要特点是"一切向钱看"，至于大革命时盛行的国家荣誉之类，他们嗤之以鼻，他们的口号是"不要为荣誉花一分钱"。

在路易·菲力普的统治下，法国成了当时欧洲最腐化堕落之地，大资本家们、官僚们不择手段地榨钱发财，平民百姓们却过着暗无天日的日子，他们既无选举权，甚至连吃面包都成问题。

这样下去的必然结果只有一个——革命。

从很早起，法国国内就有了一大批反对七月王朝的人，他们以各种形式进行反抗运动。其中最有名的"宴会运动"，就是借请大家参加宴会的名义，宣传改革与革命。路易·菲力普感到这个宴会运动是对自己的威胁，于是下令禁止。

但革命者们岂会听他的话？1848年2月22日，他们举行了示威游行，高呼："改革万岁！"

革命者们本来不准备起义，但黄昏时示威者们开始打砸抢。他们冲向街道两边的店铺，抢到东西就吃，抢到酒就喝，然后开始筑街垒了。

不久，巴黎大街筑起了上千的街垒，参加者越来越多，示威游行变成了起义。情形同18年前的七月革命一样，起义者们向王宫冲去，前来镇压的军队掉转枪口加入起义者。路易·菲力普一看这架势，知道完了，像他的前任国王查理十世一样，撒腿就跑，逃到英国去了。

二月革命胜利了。

革命胜利之后成立了临时政府，这个临时政府没有再为法兰西找一个国王来,而是宣布法兰西为共和国,这就是法兰西第二共和国。

法兰西第一共和国就是前面法国大革命时建立的共和国,拿破仑称帝后它就灭亡了。

临时政府成立后,立即成立制宪会议,为法国制定一部新宪法。1848年11月,宪法制定完毕。主要内容:一是确定了普选制,选民的财产要求没有了,只要在某一选区连续居住半年以上就可以成为该选区的选民,这等于让所有工人成为了选民;二是实行总统制,总统由全体人民直接选出,总统能任免内阁,同时是军队最高统帅。

新宪法通过之后,就是总统选举了,一个令人意想不到的人以令人意想不到的优势击败了所有对手,成了法兰西总统,他将把法国带入另一个深渊。

第二帝国的兴亡

这个新当选的总统就是拿破仑的弟弟路易·波拿巴的儿子路易·拿破仑·波拿巴。

路易·拿破仑的父亲一度被哥哥拿破仑封为荷兰国王,后来由于与哥哥发生纷争——他不愿意按照哥哥的旨意肆意掠夺他的人民——而自动放弃了王位。路易·拿破仑从小过着有钱人的生活,不过也饱受颠沛流离之苦。

他对自己的血统深感自豪,立志要像他伯伯一样干一番轰轰烈烈的大事业。

1830年七月革命后,路易·拿破仑从流亡地回到了祖国,这时他年仅22岁。从1836年开始他策划了两次政变,但都迅速失败了,他也被逮捕了,在牢里关了几年。

后来他设法逃了出来,跑到了英国。在那里网罗了一帮支持者,还得到了大笔资助。

二月革命后，他觉得新政府大概不会找他算旧账了，便回到了法国。这时正值新政府要举行总统选举，他立即参加了。

这次选举共有4个候选人，令他自己也意想不到的是，他在选举中大获全胜。700万张选票中他独获550万张，几个月内他便由流亡者变成了法兰西共和国总统。

然而他的欲望远没有满足。

上台后，路易·拿破仑采取了许多措施来兑现他的诺言：他大力发展工商业，照顾资本家们的利益；又提出了一整套的社会福利计划，大谈如何让穷人过上好日子，虽然他的这些计划大部分都只是计划而已，但也有一些变成了现实，穷人们从中得到了不少好处。整个法国经济在他的治理之下也变得欣欣向荣。

但他又严格控制言论自由，令报纸杂志等一律吹捧他。通过这些措施，他获得了空前的崇拜，也许在人民眼中，他就是拿破仑。

他做这一切不过是为了满足他的野心。1851年，他宣布为了人民的利益，他需要更大的权力。为此，这年底法国举行了全民投票，他获得了超过9/10的选民的支持，并如愿以偿地获得了可以凭自己的意愿制定新宪法的权力。

仅仅一个月新宪法就弄好了，它的中心只有一个：让总统享有几乎无限的权力，他不但是行政首脑，还得到了立法大权，宣战与讲和都是他一个人的事，军队归他一人指挥。一句话，他成了名副其实的独裁者。

他是不是从此心满意足了呢？没有。又过了一年，他举行了第二次全民公决，公决的结果也令人吃惊：全体选民中竟有95%赞成他取缔共和国，登基称帝。这是1852年12月的事。

从英国亡命归来4年后，路易·拿破仑就以惊人的速度建立了一个帝国，史称法兰西第二帝国，路易·拿破仑自称法兰西皇帝拿破仑三世。

登上帝位后，路易·拿破仑一度十分风光，他对内励精图治，使法国经济蒸蒸日上，工人的工资也提高了。对外，在北非吞并了阿尔及利亚后，又把越南弄到了手。他发动了克里米亚战争，对手是强大的俄国。在英国和土耳其的帮助下，他胜利了。之前拿破仑失败，主要就是败在俄罗斯人手里，现在路易·拿破仑竟然打败了能打败拿破仑的人！可以想象他是多么得意，法国人又是多么兴高采烈。

但好景不长，从1860年开始，他的声望开始下坠了，而且坠得很快。

这主要是因为他在对外战争中屡屡失利。首先，在意大利，他曾帮助意大利打击奥地利，但看到意大利快要统一时，他立即抛弃了盟友。这使他被看作是一个背信弃义的人。其次，他又干涉遥远的墨西哥，派大军远渡重洋，硬把一个奥地利人推上墨西哥王位。也许他想在那里建立一个殖民帝国，然而他太天真了，起码美国人不会让他这样干，他建立的傀儡帝国迅速瓦解。这些失败让他失去了法国民众的信任，而且浪费了大量国库钱粮，使国家的财政赤字成了天文数字。

路易·拿破仑发现自己已经岌岌可危，于是采取了两项措施：一是给人民更多的自由。他给了议会立法、批准与否决预算的权力，对出版和言论自由也不干涉了；二是决定再发动一次对外战争。

他急切地寻找战争的借口。

1868年，借口终于来了。这年，西班牙发生了革命，女王伊莎贝拉被推翻。革命建立的临时政府想把王位送给普鲁士国王的堂兄弟列奥波尔亲王。

这不等于要对法国搞两面夹攻吗？路易·拿破仑立即向普鲁士国王提出了抗议，要求不要让他的兄弟接受这顶王冠。

普鲁士国王并不是一个好战的人，尤其不想同法国战争。他接受了路易·拿破仑的要求,规劝兄弟不要接受王位,他的兄弟接受了,公开宣布他不想当西班牙国王。

按理说,路易·拿破仑应该满意了吧?但他的目的是要激怒普鲁士人。他又派了一个代表到普鲁士国王那里,要求普鲁士国王答应永远不让他的兄弟、他整个家族的成员接受西班牙王位,而且口气无比强硬、无礼。

即使在这时,普鲁士国王也没有发怒,他温和地拒绝了路易·拿破仑的无理要求,把这事用电报告诉了他的首相。

这个首相就是大名鼎鼎的奥托·冯·俾斯麦,闻名于世的"铁血宰相"。

他这时正想着同法国开战呢!

他把国王的电报加以篡改,结果国王那彬彬有礼的回答变成了极其傲慢的侮辱性答复。然后俾斯麦把这封电报在报纸上公开发表。

这下可捅了马蜂窝,法国从上到下都一致要求以宣战来回答普鲁士人的侮辱。路易·拿破仑求之不得,1870年7月他正式向普鲁士人宣战,普法战争爆发。

结果,法国人被打得落花流水,9月2日色当一战,12万法军几乎全部被俘,其中包括路易·拿破仑。

色当惨败的消息传到巴黎,人民被路易·拿破仑的无能激怒了,他们再次革命,宣布废除帝制,重建共和。这就是法兰西第三共和国。

对于法兰西来说,这只是一场更加血腥的内战的开始。

巴黎公社

宣布共和之后,法国成立了临时政府。政府的主要成员还是原来的议员。由于普鲁士军这时已经长驱直入,直逼巴黎,所以他们宣布自己是"国防政府",并成立了国民自卫军,以保卫国家。

然而这个国防政府卫国是假,卖国是真。它早就派出大员与普鲁士谈判投降事宜，又到处请求英、俄等国调停。最后普鲁士人同国防政府签订了停战协定，根据协定，法国要向普鲁士先赔偿2亿法郎，解除正规军武装，并由国防政府召集国民大会，以批准正式的和约。

停战后，普鲁士兵临巴黎城下，国民大会选举开始了，结束后随即在波尔多召开了第一次大会，成立了政府，梯也尔任政府首脑。

新政府成立后，梯也尔开始与俾斯麦商讨正式和约，签署了这样的协议：法国向普鲁士赔款50亿法郎，割让阿尔萨斯全省和洛林省一部分给普鲁士，在赔款付清以前，普鲁士军队留驻巴黎，由法国供应给养。

如此丧权辱国的和约使巴黎人悲愤不已，他们奋起反抗，向卖国政府发动了进攻，梯也尔抵挡不住，很快逃跑了。

胜利的起义者们成立了自己的政府——巴黎公社。这是1871年3月28日的事。

面对巴黎公社，城外的梯也尔政府开始了对公社的进攻。

普鲁士人同梯也尔签署了协定，释放了在押的10万法军战俘，他们随即成了梯也尔的士兵。

这时公社已经四面楚歌：东面和北面是普鲁士大军，西面和南面则是梯也尔军队。

5月，梯也尔已经有了一支为数达13万的庞大军队。向被围困中的巴黎发动了疯狂进攻。

面对如此强大的敌人，公社方面又怎样呢？

公社虽有一支人数众多的国民自卫军，但真正能用于前线作战的只有2万来人；虽有大炮上千门，可会用大炮的人却很少。更加危险的是，公社指挥作战的人基本上是些没有带过兵打过仗的人，例如公社的主要军事指挥员德勒克吕兹竟是个文官。就是这些没有指挥能力的人在指挥，他们还要互相倾轧，争权夺利。公社引以为傲的只有一点：公社战士们非凡的勇敢，但他们如何光凭勇敢就打得过由职业军人组成，指挥统一的梯也尔政府军呢？

战争爆发后，国民自卫军连连失利，先是失掉了极为重要的蒙瓦列炮台，让梯也尔可以居高临下地轰击巴黎城内。公社战士们只能步步后退，到 5 月 8 日，战争已经到达巴黎市区。

正在这时，公社又遭到了致命打击：梯也尔和普鲁士人正式签署了和约，普鲁士军打开了他们在巴黎外围的防线，让梯也尔军队通过公社没有设防的地方猛攻过来。

接下来的就称不上战斗，只能称屠杀了，梯也尔军队逐街逐巷地攻击，公社战士们逐房逐屋地防守，巴黎城到处是街垒，到处是短兵相接的战斗。

公社战士们越来越少，地盘也越来越小，到 27 日，最后的 200 名公社战士退守拉雪兹神甫墓地，他们面前是 5000 多名梯也尔士兵。他们英勇战斗，全部壮烈牺牲。

巴黎公社覆灭了。

从开始到结束，巴黎公社共坚持了两个月。

据统计，在这场革命中，公社方面战死的有 7 万余人，公社失败后被杀的有近 3 万人。

这场革命是法兰西自 1789 年以来百年革命的天鹅之歌。

此后，法兰西，这只美丽的天鹅，真的累了，在满目疮痍的国土上躺下来，静静地等待伤口愈合。

迅猛崛起的德国

前面已经讲到，13 世纪德意志神圣罗马帝国的皇帝查理四世颁布了《金玺诏书》。诏书中明文规定了封建割据的合法性，这样的诏书使德国的分裂成为法律，直到中世纪结束很久，也没有看到国家统一的希望。

在四分五裂的德意志众多诸侯国中，最强大的当数奥地利与普鲁士。对德国的统一做出最大贡献的是普鲁士，至于奥地利，它不但没有做贡献，还成了统一的最大阻碍。

走向强盛的普鲁士

普鲁士第一个有名的君主是腓特烈一世。他继位后组建了一支 8 万多人的常备军。为了使这支军队庞大且强大，他采取了一些匪夷所思的法子，从全欧洲各地寻找身材高大的男人组成一支特别部队，再抓同样身材高大的妇女，让他们婚配，生育身材更高大的后代。为了整肃军纪，他经常手执大棒，棒打士兵、军官甚至将军。他的儿子在父亲的教育下长大，继位后更是青出于蓝。他就是闻名于世的腓特烈大帝。

腓特烈大帝不但是个军事家，还算得上是个诗人、作家和半个哲学家。他的许多著作如《军事典范》和《政治典范》等对后世都有很大影响。他训练的普鲁士军队是欧洲当时军纪最严明、战斗力最强，甚至是最讲战争艺术的军队。

这支军队的军官都是贵族出身，即所谓的容克阶级，他们的共同点是对王室极其忠诚。士兵则什么人都有，包括农民、乞丐、外国人等，这些人加入普鲁士军队后，极其严格的训练让他们成了优秀的，同时也是机器般的军人。

拿破仑崛起时，机器般的普鲁士军队相较于拿破仑那些为了他们热爱的国家与荣誉而殊死奋战的军队已经明显落后了，所以被征服了。但普鲁士人并没有因此气馁，而是立即改造自己，如像法国一样废除了农民对地主的人身依附，并且让农民们向领主购买自己耕种的土地。那些卖土地得了大笔钱财的前地主便用这些钱去投资工商业，又促进了普鲁士工商业的发展，很快使普鲁士重新强大起来。

统一德国

普鲁士自强大之日起就不断谋划如何统一四分五裂的德国。

到 19 世纪 30 年代，普鲁士联合 18 个德意志国家成立了一个"关税同盟"。在同盟内部取消了关税壁垒，这样同盟国的商品就可以彼此流通了，这大大促进了普鲁士和整个德意志的经济发展。

1848 年和 1850 年，普鲁士国王两度颁布宪法，成立了议会，分为上院与下院，把普鲁士由一个封建专制国家变成了先进的资产阶级国家。

从这时候起，普鲁士进入了经济飞速发展的时期。在短短的 20 年间，其经济规模几乎增长了 7 倍，并超过了法国，成为世界第二的经济大国，这使普鲁士的统一有了本钱。

在普鲁士的统一过程中起了最大作用的是奥托·冯·俾斯麦。

俾斯麦是个典型的容克贵族，他有三个特点：一是对普鲁士国王赤胆忠心；二是才能出类拔萃，在政治与军事两方面都是高手，是亘古少有的优秀政治家，当然从另一面来说，也是亘古少有的大阴谋家；三是酷爱战争、崇尚武力。

他将自己的一生奉献给一个伟大事业——用武力和阴谋统一德意志。他说过一段有名的话："德意志所瞩望的不是普鲁士的自由主义，而是普鲁士的威力……当代重大问题不是说空话和多数派决议所能解决的……必须用铁和血来解决。"

俾斯麦深知要实现统一就要拔掉两颗钉子：一是奥地利，二是法国。他的计划就围绕这个展开。

在德国北面有个小国丹麦，俾斯麦就从与丹麦作战开始。

德意志北部有两个小邦一向是丹麦国王的私人领地，不过并不是丹麦领土，而是德意志诸侯之一，但丹麦国王把它们并入了丹麦。俾斯麦把这作为借口向丹麦开战。

俾斯麦不是自己单独去向丹麦作战,而是以德意志同胞的名义邀请奥地利一起参加,并且许诺胜利后奥地利也能获得一个邦。奥地利人当然知道,即使不用他们帮忙,普鲁士打赢也会易如反掌,奥地利只要随便派几个兵就行了,送到手的便宜怎会不捡?

结果当然是丹麦战败求和,献出了两邦。普鲁士就把其中一个霍尔斯坦给了奥地利。

奥地利一拿到霍尔斯坦,俾斯麦立即开始了频繁的外交活动,分别向普鲁士和奥地利的三个大邻邦法国、俄国,以及这时候已基本独立的意大利献媚,例如帮俄国镇压被沙俄吞并的波兰的起义,又对法国说他不反对法国把卢森堡占过来,对意大利说他一定帮忙把威尼斯从奥地利手里夺过来。

这样一来,三国都答应在未来的战争中和普鲁士站在一边。

把这一切安排好后,俾斯麦开始向奥地利挑衅了。他的法子直截了当:要奥地利人把霍尔斯坦让给普鲁士。因为在霍尔斯坦与奥地利之间隔着一个普鲁士呢。奥地利人当然不答应。俾斯麦要的就是奥地利人不答应。

他便把这个作为借口,向奥地利宣战。

战争的结果可想而知,奥地利人哪是普鲁士大军的对手?萨多瓦一战,奥军被普鲁士军打得惨败,意大利这时趁火打劫,奥地利只好忙不迭地求和了。这时距战争开始才两个月。

普鲁士也见好就收,答应了奥地利的求和,双方在布拉格签订和约,奥地利割让霍尔斯坦,并同意普鲁士在北部德意志建立联邦。不过普鲁士只象征性地要了一点战争赔款,本来可以要更多,这让奥地利很高兴,甚至心存感激。——下文我们会看到,这也是俾斯麦的妙计。

这是 1866 年 8 月的事。

第二年，北德意志联邦成立，在这个联邦里当然一切是普鲁士说了算。普鲁士的国王是联邦的世袭首脑，普鲁士的首相是联邦的总理。

德意志由此统一了一半。

但对于俾斯麦来说，这意味着另一半德意志尚未统一。

是谁阻碍了统一？不是奥地利，此时它已经没这能力了，而是法国。

俾斯麦寻找着向法国宣战的借口。

这时法国正处在路易·拿破仑的独裁统治之下，而且他也正渴望用一场战争来平息人民对他的不满。他也把目光投向了尚未完全统一的普鲁士。

后面的事已经说过了，双方都如愿以偿，找到了战争的借口。1870年7月，普法战争爆发。

路易·拿破仑是法国的总司令，他制订了一个美好的计划：集中优势兵力迅速攻入南德意志，迫使南德意志诸邦保持中立，然后再攻普鲁士。

这个计划听起来不错，但实际上这时的法军与从前的法军已经判若两军了，直到7月底，22万法军才到边境。

普鲁士军的总司令是威廉一世，实际指挥是总参谋长老毛奇。老毛奇是个出色的统帅，他制订的战略计划简单实用：集中优势兵力，将法国主力聚歼于德法边境，再乘虚直捣巴黎。

这时普鲁士充分显示了其经济与军事的双重优势：有比法国更稠密的铁路网和更迅捷的军队。7月底，普鲁士已有装备整齐的近50万大军集中边境，等待决战。

8月2日，法军先向普军发动进攻，但随即被击退。4日，普军转入进攻。

4日、5日、6日，普军三日三战三捷。

这时，法军两大统帅之一的巴赞连败之后，没有迅速退兵，被行动迅速的普军四面围困于麦茨要塞。

另一路法军由麦克马洪指挥，本想退往巴黎固守，然而路易·拿破仑命令他去救巴赞，于是他率军冒险北进，路易·拿破仑自己也随军行进。随即在色当被普军重重围困。

9月2日，路易·拿破仑孤注一掷，与普军决战于色当，惨败。

次日，路易·拿破仑率全军投降，共计10万余人、39名将军。

10月27日，在梅斯城，巴赞率14万装备完好、士气也并不低落的法军向普军投诚。

普法战争以普军的全面胜利而告终。

普鲁士统一德国的最后一道障碍被扫除了。

1871年1月18日，在凡尔赛宫镜厅，威廉一世宣布成立德意志帝国。

分裂了千年之久的德意志终于统一。

俄罗斯的扩张与革命

前面已经讲到1685年中俄签订《尼布楚条约》，规定整个黑龙江流域和外兴安岭都是中国的领土，除此之外，整个西伯利亚属沙皇俄国。

但对于沙皇而言，这远不是他们扩张的结束，而仅仅是个开始。

1685年以后，对俄罗斯扩张影响最大的是两个人——彼得大帝和叶卡捷琳娜女皇。

彼得大帝

先来看看俄罗斯的第一个伟大的改革者彼得大帝。

1682年，彼得大帝继承皇位，称彼得一世，他继位时年龄很小，不足以担当国事，因而国家大权落到了姐姐和臣子们手中。但他长大成人后，立即把所有权力抓了过来，牢牢掌握了国家与军队，成了一个专制君主。

他大力向先进的欧洲国家学习，为此强迫大批贵族子弟到西方各国学习从冶铁、制革到造船等各种技术，又用优惠条件从英国、法国、丹麦、荷兰等国家聘请了大量技术人员和军官来俄罗斯工作，技术人员帮助俄罗斯建工厂，军官则帮助俄罗斯训练军队。

他甚至亲自到英国、荷兰等国家访问，不过不是以皇帝的身份，他穿上水手的衣服，自称是水手，到造船厂、冶金厂向那里的工匠请教，结果他自己成了出色的木匠和铁匠，还获得了一级资格证书。

彼得大帝知道强大的军队必须有强大的工业做后盾，所以他大力提倡发展本国的工业，为建立工厂的地主和商人提供种种好处。

他甚至抛弃东方习俗，向西方看齐。例如他曾强迫大臣脱掉东方式长袍，剪掉大胡子，这种长袍大胡子是俄罗斯人从蒙古人那里学来的，已经有几百年了。

经过彼得大帝的这些改革措施，俄罗斯由一个东方式的国家变成了一个准西方国家。

这些措施也使俄罗斯强大起来，使俄罗斯不仅有广大的领土、众多的人民、勇敢的军队，还有较为先进的技术。

与改革同步的是彼得大帝的征服，他的目标主要是在南面和西面为俄罗斯打开通向黑海和波罗的海的门户。

这时候的俄罗斯南面是土耳其，西面则是强大的瑞典。

与黑海的出海口相比，彼得大帝更重视波罗的海的出海口，因为从这里可以直接到达欧洲的重要国家，如英国、法国、丹麦、荷兰等，因此他花了大力气与瑞典人作战。这场战争就是漫长的北方大战。

北方大战持续了21年之久，体现了彼得大帝和俄罗斯人惊人的韧性。

先是彼得大帝趁瑞典新王查理十二世继位，且新王不过是个15岁的乳臭未干的小子时，主动发起进攻。

但他没想到这个 15 岁的小子很厉害，1700 年纳尔瓦一战，查理十二世以八千之众大败俄军 3 万余人。

此后彼得大帝不敢再惹瑞典人，直到他听说查理十二世与波兰人大战，才又卷土重来，在波罗的海沿岸夺得了一系列堡垒，打通了出海口。查理十二世打败波兰人后，立即向俄国人杀来，彼得大帝求和不成，便立即退回了俄罗斯，瑞典人在后面紧追。前面讲过拿破仑在俄罗斯的遭遇，其实是瑞典人第一次遭到大自然可怕的打击。瑞典人越深入，他们距自己的祖国越远，后勤补给越困难，天气却越来越寒冷。

1709 年春，瑞典人已经在俄罗斯大地漫无目的地奔波了差不多两年，未经一战就损兵过半，后勤补给已完全断绝。查理十二世决定夺取俄军的波尔塔瓦补给基地，等有了吃喝之后再与俄国人决战。

彼得大帝得知这个消息，立即统领大军 8 万余人飞驰而来，他知道决战时机已到。

这时瑞典军前有波尔塔瓦守军，后有彼得大帝的 8 万主力军，而他的军队不但人数只及敌军的 1/5，而且早已是伤残之旅、疲惫之师，查理十二世纵有天大的才能，又如何打得过？一战之下，立即崩溃，查理十二世只带着少数随从逃往土耳其了。

1721 年，被打得没了元气的瑞典与俄国签订了和约。俄国获得了几乎整个波罗的海东岸和芬兰的一部分土地，彼得大帝终于打通了他梦想的通向海洋的窗口。

从此，俄罗斯正式成为欧洲列强之一，并且将以不可阻遏之势继续扩张。

彼得大帝之后的另一个大改革者和扩张者是叶卡捷琳娜女皇。

女皇的征服

叶卡捷琳娜女皇于1762年继位，在位34年，在她漫长的统治生涯里，她做了两件与彼得大帝相类似的事：将俄罗斯进一步欧化，大搞扩张。

出身德意志贵族的叶卡捷琳娜女皇从小受到欧洲的西式教育，认为自己是百分百的欧洲人，她也要求她的国家成为一个百分百的欧洲国家。具体来说，她想把俄罗斯变成第二个法兰西，把俄罗斯宫廷变成第二个凡尔赛宫，因为她觉得所有欧洲国家中法兰西是最好的，而所有的宫廷中凡尔赛宫是最华贵的，所以她宫廷中的服饰、礼仪等都是模仿凡尔赛宫的。

女皇还积极赞助文学艺术，使文学家与艺术家们成为她宫廷沙龙中的宠儿，又与法国的启蒙思想家，如伏尔泰等通信，赞美他们的思想与智慧。

当在宫廷沙龙里与哲学家们通信时，叶卡捷琳娜女皇是温柔有礼、富有教养的高贵女皇。当步入战场后，她便成了个不知餍足的饕餮，她的胃口甚至比彼得大帝还要大。

从1768年开始，她两次进攻土耳其，都取得胜利，夺取了几乎整个黑海北岸。她又三次伙同普鲁士、奥地利瓜分波兰，把波兰大部分领土并到自己的帝国。

1814年俄罗斯人打败拿破仑之后，通过在维也纳的谈判取得了芬兰和罗马尼亚的一部分。

在东方，俄罗斯也在不停地推进，直到亚洲的最东端，太平洋西岸，后来的探险家、将领白令越过白令海峡，进入美洲，占领了阿拉斯加。

在中亚，俄罗斯人也不停地推进，直到阿富汗和伊朗边境。这些地方这时已经是英国的势力范围了，俄罗斯人至此才止步。

到1914年第一次世界大战前夕为止，俄罗斯的版图已经东起太平洋，西到波罗的海对岸的芬兰，北抵北冰洋，南达阿富汗和伊朗，是一个总面积超过2200万平方公里的巨大帝国。在古往今来的所有大帝国中，就领土面积而言，它仅次于成吉思汗的蒙古帝国。

克里木战争

克里木战争的起源是俄国一贯的扩张方针。这次它的目标是土耳其，这个也曾一度强大，现在已经衰弱不堪的欧亚混血帝国。

1833年，俄国强迫土耳其签订条约，准许俄国舰队自由通过黑海，也就是说，俄国舰队现在能经由黑海驶入地中海，直接进入欧洲的心脏。彼得大帝的百年梦想至此终于变成了现实。

这一条约明显不利于英国和法国，因为这标志着在地中海他们多了一个强大的对手来角逐利益，从土耳其、叙利亚、埃及直到阿尔及利亚，英国和法国的利益都将面临严重挑战，于是英国和法国决定找机会干预。

1852年，土耳其宣布把耶路撒冷的管辖权交给天主教会。基督教有两大支：天主教和东正教。法国是天主教国家，俄罗斯是东正教的大本营。沙皇认为土耳其的决定对东正教不公平，就向土耳其发出了抗议，并且乘机向土耳其发动进攻。

土耳其哪是俄国人的对手？英国和法国眼看土耳其一触即溃，立即向俄国人宣了战。这是1854年3月的事。

这场战争让一向以为自己不可战胜的俄国人看到了一个冷酷的现实：俄罗斯比英、法这些欧洲发达国家落后太多。

在克里木战争中，俄国人已经发现敌人已经不是过去的敌人了，现在他们觉得自己是侏儒，而敌人是巨人。

俄国人为什么有这种无奈的感觉呢？因为联军的战略很简单，先是对俄军的工事要塞千炮齐发，然后再发起步兵进攻。

面对联军的步兵进攻，摆在他们面前的问题是他们的枪炮的射程只有联军的三分之一。

不但枪炮如此，后勤也如此。虽然联军远在异国作战，但给养充足。本土作战的俄军却从粮食炮弹到医药，样样都缺。俄军的给养只能靠大车拉。俄国人当然也想从海上运，不过他们的帆船哪跑得过蒸汽机发动的新型战舰呢？

整个战争中联军进攻的重点是塞瓦斯托波尔要塞。这里是俄国在黑海，也是在整个南方最重要的军港，它的得失等于整个战争的得失。虽然俄国人有极其坚固的工事为依托，士兵也英勇作战，但由于联军有较大的优势，俄军仍守不住。1855年9月，在联军排山倒海般地猛轰了差不多1年后，俄军终于撤出了塞瓦斯托波尔，战争结束了。

仅在这个要塞，俄军就损失了10万以上的官兵。

停战和约对于俄罗斯是耻辱性的，它被迫拆毁了包括塞瓦斯托波尔在内的黑海沿岸所有军事基地，被迫放弃了许多早已到手的土地和权利。

彼得大帝的梦想再次沦为泡影。俄罗斯再次沦为欧洲的二流国家。

被迫改革

俄罗斯从沙皇到贵族都认识到：除改革之外，俄罗斯别无出路。

他们发现，俄罗斯落后不是由于俄罗斯的人不行，而是由于他们的制度不行。

因为这时俄罗斯的社会制度是欧洲最腐朽落后的农奴制。

在俄罗斯所有人口中，农民占了80%以上，他们不是在法国或者英国那样的农民，而是近似于奴隶的农奴。他们没有自己的土地，一年到头辛勤劳作，却吃不饱穿不暖，过着乞丐都不如的生活。他们甚至没有人身自由，可以被买来卖去，例如一个农奴甚至 10 来个卢布就可买到。沙皇和贵族们也经常把他们连同他们耕种的土地像一块布或者一个戒指一样送来送去。

农奴制给俄罗斯造成了极其不利的影响，尤其是经济。虽然在彼得大帝和叶卡捷琳娜女皇统治期间俄罗斯经济得到了发展，但比起欧洲诸国，俄罗斯的发展既慢又落后，并且后来几乎停止了，越来越落后于其他欧洲国家。

因此和约刚一签订，沙皇亚历山大二世就决心改革了。

1861 年 2 月 19 日，亚历山大二世签署了废除农奴制的法令。法令宣布：即日起，所有农奴均成为自由人；地主必须把农奴耕种的一部分土地交给农奴；贵族因土地被分配给农奴而受到的损失由国家负责补偿。

当然，农奴们不能免费分到土地，他们必须付钱。可以预付一部分，余下的先由国家代付，再由农奴在以后的 49 年内还给国家。

此后沙皇又公布了其他改革措施。如在农村建立地方自治局以管理地方的经济、教育、民政等事务，自治局的管理者由选举产生，贵族、资本家、农民都可参选；在城市建立杜马，职责与地方自治局差不多；还进行了司法改革，进行公开审判，诉讼双方可以请律师自由答辩。

这些改革措施对俄罗斯以后的发展起了不小的作用。俄罗斯的经济、政治乃至军事等都由此得益不少。

不同形式的革命

纵观欧洲近代史，可以在欧洲找到先后三个革命源泉：第一个是英国，它领导了资产阶级革命，把欧洲和世界由封建社会带入了资本主义社会。第二个是法国，它使民主、自由、平等观念深入人心，并把革命的原则推向了整个欧洲。第三个就是俄国了。

俄国最早的革命应当是1825年的十二月党人起义。

这些起义的发起者是受到法国革命影响的年轻军官。他们在亚历山大一世死后发动了起义，目标是废除腐朽的俄国农奴制。但失败了。

1861年亚历山大二世废除农奴制后，俄国的革命并没有因此消失，相反更加高涨起来。

这一波革命者有两类，第一类是民粹派。民粹派主要搞恐怖活动，被他们暗杀的俄国贵族可以开出一长列名单，他们于1881年3月炸死了亚历山大二世。后来民粹派在政府的残酷打压之下很快销声匿迹了。

就在这时，俄罗斯出现了一种新的革命，主要特点是吸收了马克思主义，认为工人阶级是革命的主导力量。革命领袖是列宁。

1870年4月，列宁生于俄罗斯的辛比尔斯克，他的父亲是个官员。他18岁时进入喀山大学法律系学习，很快便接触了马克思主义，成为一个革命者。

1898年，俄国各地的马克思主义者们在明斯克市开了一次大会，宣布成立俄国社会民主党。

列宁没有直接参与这次大会，因为他被逮捕了，1897年便被流放到了西伯利亚，此时他正在西伯利亚服流刑。

1900年，列宁服完了流刑，他立马出国，在国外办了一份革命报纸《火星报》，宣传他的革命主张，并且把报纸送回国内广为散发，这极大影响了革命者。他成了革命者的思想领袖。

1903年7月，俄国社会民主党第二次代表大会在伦敦举行。在这次大会上，年轻的社会民主党发生了大分裂。以列宁为首的一派认为社会民主党必须不同于其他一般社会党，不能敞开大门笑纳所有愿意入伙的人。党必须有严格的纪律，决策则要按"民主集中制"进行。也就是说，对任何重要问题党员们可以自由讨论，然后以民主的方式通过投票决定采取什么措施，然而一旦做出了决定，每一个党员无论是否同意都要严格执行。

列宁的这个主张得到了大多数党员的赞同，但也有一部分人不赞成，他们认为用不着那么苛刻的入党条件和严格的纪律。

这个分歧直到最后都没有得到解决，大家谁也说服不了谁，社会民主党从此分成了两派：列宁的布尔什维克，即多数派；孟什维克，即少数派。

列宁成为革命领袖不久，一次考验的机会就来了，就是1905年革命。1905年革命的导火索是日俄战争。

1904年，日俄战争一开始，俄军就屡战屡败。这在俄国一石激起千重浪，打掉了俄罗斯最后一点自尊：前面输给英法联军还情有可原，现在竟然输给了日本这样的亚洲小邦！本来就对社会现实深感不满的国民们，从农民、工人到中小资本家，都起来反抗了。最初是和平抗议，但沙皇政府的暴行使这场和平抗议变成了暴力革命。

1905年1月的一个星期日，在首都圣彼得堡，几千名和平抗议者朝沙皇居住的冬宫走去，以神甫乔治·加邦为首，后面是举着圣像、唱着歌颂俄罗斯赞美诗的手无寸铁的男人、妇女和儿童。他们是来请愿的。

沙皇本应接见他们，至少不应当为难他们，当他们走到冬宫前时，迎接他们的却是沙皇禁卫军的排枪。无数人倒在血泊之中，据后来统计，上千抗议者被无辜杀害。

1905年革命爆发了，布尔什维克进行了武装起义，但被迅速镇压。

起义虽然失败了，但革命并没有完全失败，沙皇被迫颁布了《十月宣言》，进行了一些改革，沙皇俄国从此由君主专制走向了君主立宪制。

1905 年革命的另一个重要意义在于,它第一次展示了俄罗斯人民的革命力量,这伟大的力量将在 12 年之后尽情绽现,那时,俄罗斯将从一个最腐朽的社会制度走向一个最新型的社会制度——社会主义制度。

第二十章

美国内战

前面已经讲到了美国是如何独立的。虽然美国位于东方而非西方，但它是一个地地道道的西方国家，而且在未来的日子里将成为最重要的西方国家。

大扩张

独立之初，美国的国土只包括东部大西洋沿岸狭长的一小块，大概只有现在美国领土的十分之一。

美国建国之后做的第一件大事就是侵略扩张。

美国人最常用的法子是用钱买土地。

拿破仑当政时，法国在美洲大陆有一块殖民地路易斯安那，他甚至想过要在那里建立一个殖民帝国。但由于他那时正同英国作战，深知要与英国进行殖民竞争是不现实的，拿破仑觉得与其白白让英国占领，还不如把它卖给美国，这样一则能得到一笔钱，二则能加强同美国的友谊。

双方一拍即合，签订了合约：美国以1500万美元购入路易斯安那全部土地。这是1803年4月的事。

美国用1500万美元买到了面积超过300万平方公里的土地。也就是说，每平方公里只卖了不到5美元。

这片土地是一片广阔无垠的黑土地，它将成为世界上最大的粮仓之一。

美国人买到的第二大块地是俄罗斯的阿拉斯加。

阿拉斯加距俄罗斯实在太遥远了，从莫斯科到阿拉斯加几乎要绕半个地球，而且那里只是一片极北的苦寒之地，除少数因纽特人之外，只有无穷无尽的荒漠和原始森林。沙皇认为这是一片无用之地，加上他正缺钱花，就主动提出要卖给美国。

1867年，双方签订了条约，美国人只花了700万美元就买到了这片广袤的土地。这价钱意味着差不多4亩地才卖了不到1分钱。

抢，是美国扩张的第二个法子。

美国抢的对象主要是西班牙和墨西哥。

美国的北面是加拿大，这是英国的殖民地，美国不敢随便去抢。它可以抢的就是南面的佛罗里达和墨西哥。

1810年，美国先用金钱收买了几个佛罗里达居民，策动他们独立。只要有钱，这样的人当然找得到，果真有几个人在佛罗里达闹起了独立，美国立即派兵"支持独立"，不久后就把这个"独立国家"并入了美国。

在美国扩张的过程中，吃亏最大的是墨西哥。

墨西哥是美国南面的邻邦，本来是西班牙殖民地，后来独立了。初独立时墨西哥的领土比现在大上不止一倍，它其余的领土全被美国抢走了。

1845年，美国在墨西哥的得克萨斯又收买了几个人闹独立，不久成立了一个"孤星共和国"。美国先是派兵"保护"得克萨斯的"独立"，紧接着干脆将它吞并了。

在用"独立"吞并得克萨斯的同时，美国还向墨西哥发动了侵略战争，派大军入侵墨西哥。弱小的墨西哥哪是美国的对手？不久就求和了。根据和约，美国几乎把半个墨西哥割给了自己，包括现在的新墨西哥州、加利福尼亚州、内华达州、亚利桑那州、科罗拉多州等等。

经过如此这般的巧取豪夺，到19世纪中叶，美国已经把自己的领土从阿拉巴契亚山脉以东小小的一隅扩充为横贯太平洋东西两岸的广大地区，其面积与现在差不多大，全部50个州中已经有了49个州，剩下最后一个州是远在太平洋深处的夏威夷。

这里还要特意讲的是，美国扩张的每一步都踩着印第安人的血。

要知道，美国所扩张的这些土地并不是无人居住的，印第安人已经在这里生活了万年之久。这片土地，包括整个美洲大陆，本是他们所有，然而白人殖民者们把它当作"新大陆"，将印第安人驱逐出去，甚至公开悬赏所谓的"带发头颅"，即每砍下一名印第安人的头，就可以得到50美元奖金。

偶尔美国人也"出钱"购买印第安人的土地，印第安人一般也会同意，因为他们知道，拒绝意味着整个部族被屠杀。

罪恶的制度

前面我们已经讲述了英国殖民者买卖黑奴的事，对黑人来说这是无边的苦难，黑奴贸易中有超过1000万黑人被卖到了美洲做奴隶，但非洲因此而损失的人口超过1亿人。

那些被活着贩运到美洲的黑人奴隶，除了一部分送到了西班牙的美洲殖民地之外，其他都被送到了美国。

美国的南方是一片广阔而肥沃的土地，那里种植的不是玉米和小麦，而是棉花。

工业革命开始后，市场对棉花产生了大量的需求。这些棉花的主要产地就是美国南方。可以说他们是整个工业革命的奶妈。没有了这些奶，英国工业革命中发明的那些珍妮机之类就全无用武之地。所以当时一个南方种植园主得意扬扬地说："那根小小的、细弱的棉线，一个小孩子可以弄断它，但是它却能把世界绞死。"

种棉花得靠人类灵巧的双手。

谁的双手呢？当然是黑人了。他们身强体壮，而且似乎能够忍受奴役。

结果广大棉花种植区产生了对黑奴的强烈渴求，英国奴隶贩子便源源不断地从非洲把黑奴运了过来，到19世纪中叶，美国已经有了多达500万的黑奴。

黑奴们每天天没亮就被监工的鞭子赶起来，开始一天的劳作。除了给点不至于让他们饿死、渴死的食物和水外，他们能得到的只有监工的鞭子。

这种罪恶的制度按理说是不应该存在的，然而它为什么能在美洲存在呢？答案只能归结于种族主义和资本主义。

种族主义使白人不把黑人当人，资本主义则使他们为了挣钱而不惜一切。

这种制度毕竟是罪恶的，所以自有奴隶制之日起就产生了废奴运动。

这种解放行动被称为"地下铁道"，成员们就像游击队一样，悄悄地接近奴隶主的种植园，把黑奴们悄悄带走，送到美国北方或者更北的加拿大去，因为在这两个地方奴隶制是非法的，黑奴只要一到那儿就成了自由人。

要是游击队员被奴隶主抓到，不管黑人还是白人，都可能被奴隶主用私刑处死。

然而这是正义的事业，所以仍有许多游击队员在地下铁道上前进，他们将一直努力到罪恶的奴隶制被废除，直到最后一个黑奴获得自由。

大内战

从现在开始要讲美国内战了，也就是南北战争。

内战的最根本原因就是罪恶的奴隶制。

美国通过大扩张建立的新州分为两大类：第一类是允许奴隶制存在的州，它们均位于美国南方；第二类是禁止奴隶制的州，它们均位于美国北方。

南方的蓄奴州当然希望奴隶制继续存在，北方则希望禁奴，在这个问题上南方和北方产生了尖锐的矛盾。

一开始矛盾还没有发展到要用战争来解决的程度，南北双方只在议会里作斗争。这时蓄奴州和禁奴州的数目也相等。1820年，双方在国会达成了一项协议，规定以北纬36度30分为界，此线以北新建的州为禁奴州，以南新建的州为奴隶州。

但这个法案不久就被破坏了，北方经常妥协让步。例如堪萨斯州成立时，它本来在36度线之北，应当属于禁奴州，但在奴隶州的议员们的胡搅蛮缠之下，竟同意让居民自己去决定，奴隶主们立即带领人马冲进堪萨斯，强迫新州居民接受奴隶制，而这时从北方也来了人，他们与奴隶主们大打出手，史称"堪萨斯内战"。

由此可见，南北方之间的分歧已经要用武力来解决了，内战的地雷已经深深埋在美利坚的土壤里。

正式引爆这枚地雷的是亚伯拉罕·林肯。

林肯是共和党人，他在竞选时公开提出了限制奴隶制的施政纲领，并且要求在新开发的西部实行"宅地法"，就是让人们到西部去自由开垦土地。

林肯的这些措施对老百姓是有利的。他出生在西部，父亲是贫苦农民，他从小也饱受穷困的折磨，起早摸黑在地里干活。长大一点后他就去给别人当雇工，做过艄公、店铺伙计、乡村邮递员、土地测量员的帮手等。后来他成了律师，又从了政。由于深知下层社会之所需，他提出的主张深得广大群众的欢迎。

林肯的当选使得他的反奴隶制和宅地法等措施得以实施，南方奴隶主们立即组织反击。

在林肯当选之前，他们就做好了两手准备：一手是努力竞选成功，另一手是大量储备武器。

1861年2月，林肯当选总统不到三个月，奴隶主们正式宣布南方七州独立，成立一个新国家——美利坚诸州联盟。

又过了不到一个月，南方乘林肯总统刚上任，国家形势不稳之时向北方发动了进攻，妄图占领北方，把美国变成一个奴隶制国家。

美国内战由此开始。

一开战，南方名将罗伯特·李便提出了以攻为守，集中优势兵力歼灭敌人的战略，北军总司令却想通过陆海封锁来扼杀南方，这样做的必然结果是兵力分散，战线漫长，易被敌人各个击破。

1861年7月，两军进行了第一次大战——布尔河会战。战斗在北方首都华盛顿和南方首都里士满之间进行，结果南军大胜，乘势向华盛顿攻来。这时，林肯任命以小心谨慎出名的麦克莱伦为将军，与罗伯特·李展开决战。麦克莱伦开始一味守着，长期按兵不动，后来迫于总统的压力，决定搞个"半岛战役"，即避开锋芒正盛的罗伯特·李，用水运的方式将部队送往南军后方的一个半岛上，再经离半岛不远的里士满进攻，一举攻克敌人的首都。

这个计划本来是不错的，然而麦克莱伦情报屡屡失准，军队行动迟缓，当他终于到达那个半岛时，罗伯特·李早已得知消息，集中大量兵力于此地。1862年6月，双方进行了名为"七日会战"的大规模战役。麦克莱伦哪是罗伯特·李的对手？北军遭受了开战以来最大的失败。罗伯特·李乘势北上，8月底，在第二次马恩河会战中再次大败北军，罗伯特·李又乘势大进，前锋直逼华盛顿。

林肯危急之下，急命麦克莱伦全力抗击，麦克莱伦这时也终于像个将军了，奋勇抵抗，打退了罗伯特·李。然而他立马又露出了谨慎本相，当罗伯特·李狼狈退却时，他按兵不动——如果他这时候乘势猛追，大有可能一举歼灭罗伯特·李。

此后，战场出现了暂时的平静。

由于屡战屡败，北方陷入风暴之中，人人愤愤不平，因为讲实力南方根本不是北方的对手。他们也知道北方屡败的原因：一是政府不愿公布《宅地法》，二是不愿宣布解放黑奴，使战争局限在政府军之间。人们纷纷指责林肯与北方联邦政府。

林肯知道必须改革了。

1862年9月24日凌晨，林肯终于发表了《解放宣言》，庄严宣告：南方叛乱诸州的奴隶"从现在起永远获得自由"。

在解放奴隶的同时，林肯还采取了一系列的措施，以求击败叛乱分子。

一是实行《宅地法》。规定所有忠于联邦的成年男子只要缴纳10美元的登记费，均可以在西部领取160英亩的土地，相当于我们的1000亩。耕种5年之后，这块土地就成为他的私产了。

二是武装黑人。从前联邦军队是不允许黑人参加的，现在黑人们可以自由参军作战了。从北方到南方，黑人们顿时欢呼雀跃，一窝蜂涌进联邦军。他们的加入大涨了北方军的实力。

三是实行《征兵法》。由志愿兵制改为义务兵制,规定凡20岁到45岁之间的男子都有当兵的义务。这样一来北方军顿时扩大到了上百万人,这可是西方国家前所未有的大军!

除此之外林肯还改革了军队领导体制。由各军区的分散指挥变成全国统一指挥,他任命格兰特将军为"全军大将军",统一指挥全国所有军队。格兰特是位智勇双全的将军。

实行了这场大改革后,北方势力大涨,重新转入进攻,虽然开始仍打了几场败仗,但迅速扭转了颓势,转折性的一仗是1863年7月的葛底斯堡战役。

米德指挥的12万北方大军与罗伯特·李的近9万南方大军在葛底斯堡地区展开大战,经过3天血战——被有的历史学家称为历史上最惨烈的战斗之一,罗伯特·李终于退却了。

南方从此一蹶不振。

在进行葛底斯堡战役的同时,格兰特率领北方军沿密西西比河南下,一举攻克军事重镇维克斯堡,不久另一重镇哈得逊港的守军也缴械投降,这样南方被北方军拦腰切断,已经危如累卵。

为了彻底打败南方军,北方军两员大将格兰特和谢尔曼商定了共同战略:由格兰特负责东部战区,谢尔曼负责西部战区,两军同时打击,尽快消灭敌人。

此后格兰特统领12万大军,在东部向不到6万人的罗伯特·李发动了总攻。1864年5月与南方军展开了世界上第一次大规模堑壕战。6月又进行了冷港会战。这两次会战都是"皮洛士式的胜利",北方虽然赢了,然而付出的伤亡比南方军大得多,例如冷港会战中北方损失5万人,而南方损失了3万人。不过与没有后援的皮洛士不同的是,北方军有强大的后援。而此时南方军却几乎陷入了弹尽援绝的境地。

在西线，谢尔曼率领 10 万大军进攻约翰斯顿的 6 万人。他的进攻重心是南方的交通中心亚特兰大。

我们在好莱坞名片《乱世佳人》里面可以看到这场大战的一些情景：亚特兰大广场上到处是南方伤兵，可他们连绷带都没有。《乱世佳人》真实地再现了南方人的绝望与无奈。谢尔曼的大军步步紧逼，南方却已经无力抵抗，匆忙逃进亚特兰大，又匆匆逃出。为了震吓南方人，谢尔曼下令在亚特兰大放起了大火。

在《乱世佳人》里，赫思嘉逃亡的马车旁火光冲天。那是最壮观的电影场景之一。

接着，谢尔曼制定了新战略计划——"向海洋进军"。他统领 6 万精兵，由西向东横扫，长驱千里，一直打到大西洋之滨的萨凡纳。他所过之处都是南方的经济重心，为了摧毁南方的战争基础，他下令拆毁铁路，炸塌桥梁，把工厂变成一片瓦砾，把棉田弄成不毛之地。这残酷的釜底抽薪之计几乎把南方变成了废墟。

如此，南方还有什么力量抵抗呢？这时南方军的统帅是罗伯特·李，应该说，他仍是一位杰出的将军，他败在了实力上——他的实力比北方军差得太远了。

他知道大势已去：前有格兰特 12 万大军，后有已经打到海边的谢尔曼 10 万大军，两军夹击，向他步步逼来，他却只有不到 3 万的残破之军。

但他仍率军苦战，直到听说南部联盟的首都里士满已被占领，总统议员们全成了俘虏，罗伯特·李才终于放下武器。这是 1865 年 4 月 9 日的事。

26 日，约翰斯顿也率残部向谢尔曼投降。

历时 4 年的美国内战到此结束。

虽然只是一场内战，但它的规模却比前面所讲的欧洲那些国际战争要大得多。在整个战争中,南北双方总共动员了将近400万军队,伤亡近200万,消耗军费超过250亿美元。大量新技术,如铁甲列车、高射速霰弹枪、使用蒸汽机的装甲舰乃至无线电等都在战争中首次被使用,科学技术显示了它的巨大威力,从此在战争中扮演日益重要的角色。

这场战争是自由与正义的胜利。它彻底打垮了一个人神共愤的罪恶制度,用热血向世人宣示:自由与正义必将获得胜利,而一切反自由、非正义的东西,无论它是一个国家、一种制度还是一个政府,必将遭到失败!

第二十一章

走向世界大战

这一章我们又要准备进入硝烟弥漫的战场了。

这场战争就是第一次世界大战,它的规模之大、死亡之众令其他战争相形见绌。

在进入第一次世界大战的战场之前,我们先来看看大战前夕的欧洲各国,看看它们面对战争时的形态,想想为什么会有这场如此惨烈的战争。

战争前夕的西方各国

这时候西方有七个最强大的国家:英国、德国、法国、俄罗斯、意大利、奥匈帝国、美国。六个在欧洲,一个在美洲。

今不如昔的大英帝国

英国经过选举制度、文官制度、社会福利制度等变革后,社会趋向稳定,工人的日子也好过多了。

与此同时,英国的经济却日渐衰落了。

这衰落是相对于那些飞速发展的国家，如美国和德国。例如，在1870年，英国的工业产值远远超过德国与美国，可到了1910年，英国已经落后于德国，不到美国的一半了。

这是有原因的。英国是老牌工业国，是工业革命的发祥地，它的大部分工厂还是工业革命之初建立起来的，大量机器设备没有更新，而这时技术已经大步前进了，那些后起之秀如美国、德国等则采用了新技术。

欧洲诸国又纷纷用高关税来限制进口，保护本国的工业。这时已经不同于拿破仑时代，那时其他国家不能不要英国的产品，因为它们自己不能生产，现在英国能产的它们也能产，当然用不着进口英国货了。

如此一来，几乎全靠外贸发展经济的英国自然走向衰落。

日益衰落的法国

从前面的讲述中大家可以看到，自1789年大革命开始，近100年来法国几乎成了战争的大本营、革命的专业户。

在这些如火如荼的战争与革命之中，法兰西人饱享过胜利的喜悦，也尝尽了失败的痛苦，他们那大无畏的革命精神将永远感动后来的人们。

此后的法兰西似乎终于累了，过上了平静的日子。

但这段历史也是一段颓唐的历史。

经济上法国被美国和德国超越，由世界第二变成第四。

原因相当明显：与英、德等国的大机器生产工业相比，这时法国主要还是一些小企业，技术落后，生产能力也较小。普法战争的失败使法兰西山河破碎，被夺走的阿尔萨斯和洛林正是法国最重要的工业基地，地下埋藏着丰富的铁和煤，它们是工业的粮食。

法国还赔了普鲁士50亿法郎，这笔巨债足以叫法国的财政破产，法国还有什么余钱去支持工业发展呢？

经济上如此，政治上也好不到哪里去。

普法战争结束后，法国又面临着一场政治纷争，就是保王派和共和派之间的对立，保王派差点赢得胜利，只是由于闹窝里斗才功亏一篑。后来又发生了布朗热事件，军事政变虽然失败了，但对共和政府造成了很大的危害。

这时的法国国内又出现了排犹。

犹太人在法国的政治与经济生活中一直扮演着相当重要的角色，并且对法兰西忠心耿耿。然而法国发生了德雷福斯事件。

1894年，一个犹太军官德雷福斯被无端怀疑成德国间谍，这在全国激起了冲天大浪，有的人赞成，并乘机排犹，正义之士则反对，群起抗议。这使法国社会发生了深刻的分裂。

到1910年，法国的工业产值已经只有英国的一半，不到德国的一半，只有美国的五分之一。

法兰西不可避免地衰落了。

改革后的俄罗斯

前面已经说过俄国1861年的农奴制改革。这是一场极不彻底的改革。

改革之后，农奴们的处境比改革前好不了多少，他们的日子几乎过得像从前一样苦。虽然表面上有了君主立宪制，但沙皇还是拥有几乎绝对的君权，原来那帮腐朽的贵族官僚还是俄罗斯的统治者。俄罗斯的经济虽然有了一定发展，但仍远远落后于它想赶超的西方资本主义列强，技术上和产值上都是如此。

技术上，俄罗斯的工业技术完全是从英、法、德等国引进来的过时的技术，远不能让俄罗斯先进起来。

产值上，这时的俄罗斯也远远落后于英、法、德、美这些资本主义强国。

不单如此，这时候的俄罗斯在经济上沦为了英、法、德等列强的附庸，甚至成了经济殖民地。俄罗斯是个资源极其丰富的国家，石油、煤炭、金、银、铜、铁等矿藏都很丰富，英、法、德、美等国便大量投资这些工业部门。但这样的结果是可悲的：一方面看似俄罗斯有了强大的工业部门，如冶金、石油、煤炭等；另一方面这些工业部门却牢牢地控制在异国人手中，而且挖出来的矿藏都被运到了外国做原料。俄罗斯成为西方列强的廉价原料供应国。

总之，无论1861年改革还是1905年革命，俄罗斯衰落的趋势一直没有停止，俄罗斯不仅没有赶超西方列强，而且越来越落后了。

超级暴发户美国

第一次世界大战前夕，欧洲老牌强国英国、法国、俄国都衰落了。

美国和德国是西方新强，尤其是美国。

内战结束后，奴隶制被废除。南方奴隶主们立即开始了报复。1865年4月14日，内战结束才几天，一个奴隶制的疯狂拥护者刺杀了林肯总统。

这是美国历史上第一个被刺杀的总统。

北方并没有因南方奴隶主们的新罪旧恶而虐待他们，继任的总统约翰逊刚上台便赦免了所有参加叛乱的人。

事实上，内战结束之日也就是南方的重建之时，南方开始大力发展起来。

南方如此，北方更是如此。整个美国的经济在内战后都在迅猛发展。

农业上，美国南方本来就土地肥沃，地势平坦，是发展农业的宝地。奴隶制被废除后，黑人们成了佃农，他们从白人地主那里租地，再把收获的一小部分作为租子交上去，余下的全归自己。这样他们当然会卖力地干活了。

南方的前奴隶主们由于没了奴隶干活，只好把土地卖了。北方的资本家们蜂拥而至，大量买地，建立了许多规模庞大的农场，用很少的人来种很多的地。

这时候工业革命已经把成果推向了农业，出现了各种农业机械，如播种机、耕地机、收割机等等，这些机器大大促进了农业的发展。而且这些新颖的机器都是美国人自己发明的，当时一位惊奇不已的欧洲游客这样说道：除美国人外，有谁发明过挤奶机、搅蛋机、磨刀、削苹果刀和能做一百件事情的机器呢？而这些事情自远古以来就是其他人用十个指头做的。

有了黑人的辛勤劳动，有了这些新机器，美国的农业得到了巨大发展，成了欧洲的粮仓，它满载粮食的巨轮驶向了全世界。

农业如此，工业更是如此。这里只用一些具体数据让大家看看美国这时候的发展有多快。

生铁产量：1870 年是 190 万吨，1890 年是 1030 万吨。

钢产量：1880 年是 120 万吨，1900 年是 1020 万吨。

煤产量：1870 年是 3310 万吨，1900 年则接近 3 亿吨。

石油开采：1870 年是 2 亿加仑，1900 年是 20 亿加仑。

到 1893 年左右，美国已经建设了超过 22 万公里的铁路。

在 1894 年，无论农业、工业，还是整个经济，美国已经高居世界第一了。

日益强盛的德国

1871 年 1 月分裂了千年之久的德意志终归统一。

统一之后，以铁血宰相俾斯麦为首，德国立即着手建立了一个从内到外都统一的帝国。

首先是颁布了俾斯麦亲自起草的宪法。规定帝国的立法机关由联邦会议和帝国议会组成。帝国议会由普选产生，联邦会议由各邦派代表组成。权力更大的是联邦会议，联邦会议的主席对立法有最后决定权，主席由普鲁士的首相担任。皇帝则执掌国家的行政大权，同时是军队的最高统帅，并能自由解散联邦会议和帝国议会。

所以权力最大的是皇帝和首相。

这就是德国政府与英国、美国和法国政府的不同之处，它实际上是一个专制政府。

从统一之日起，德国经济就插上了腾飞的翅膀。

农业上，德国的农业也实现了机械化，各种农业机械和新型化学肥料等开始普遍使用。

工业更是得到了蓬勃发展。就具体产量来说，1891年德国的铁产量超过464万吨，钢产量超过235万吨，煤则接近1000万吨。

就工业产值来说，1870年德国不到英国的一半，30年之后已经大体上和英国持平了，到1910年时已经超过了英国，在全世界仅次于美国。

德国的诸工业部门中，与战争有关的重工业得到了最快的发展，它积极引进和开发新技术，大搞新发明。结果德国许多工业技术在全世界都居于领先地位。当第一次世界大战爆发时，德国的武器是所有国家中最先进的，它的枪炮是发射速度最快的，德国还有了许多新式武器，如天上的飞艇、水中的潜艇等等。

意大利的统一

自罗马帝国崩溃之后，意大利一直像中世纪时的德意志一样四分五裂。到1848年左右，意大利不再是几十上百个小邦了，而是分成了四大块。第一块是撒丁王国，它是意大利人唯一的独立王国，位于意大利北部。

第二块是罗马教皇的领地,被称为教皇国,位于意大利中部。第三块是两西西里王国,由来自法国的波旁王朝统治,包括意大利的整个南部。第四块则是奥地利哈布斯堡王朝的领地,也很大。

长期受到异族统治的意大利人从来没有停止过独立的努力,其间出现了许多伟大的志士,正是他们领导意大利人民最终统一了祖国。其中最有名的三个人是卡米洛·加富尔、朱塞佩·马志尼、米塞佩·加利波第。

这三个人当中,马志尼是最早为意大利的统一而奋斗的先驱,加利波第是一个伟大的斗士,加富尔没有前面两人这么英雄,但正是他实实在在地统一了意大利。

马志尼很早就建立了一个政党,叫青年意大利党,它的目标就是统一意大利,并把意大利建成一个共和国。他的政党吸引了大批意大利的统一志士,是意大利统一的中坚力量。

统一斗争从1848年开始。这一年是欧洲的革命之年,以法国二月革命为肇始,革命浪潮席卷整个欧洲。

奥地利统治下的意大利人民乘机举行起义,取得了暂时的胜利,把奥地利人赶出了意大利。

这时,唯一由意大利人统治的意大利国家撒丁王国成了意大利统一的主力。

撒丁王国响应意大利人民的呼声,向奥地利宣战,但它的军队很快被奥地利人打败了,不久被迫与奥地利签订和约,第一次独立浪潮失败了。

1852年,撒丁国王任命加富尔为首相,为意大利的统一找来了救星。

当政伊始,加富尔就积极为统一意大利做准备。他首先大力发展经济,建立了一支强大的军队,为统一提供了可靠的基础。

他没有像1848年一样冒冒失失地向奥地利宣战,他知道凭撒丁的一己之力打败奥地利是不可能的,他必须韬光养晦,静待时机。

时机在 1855 年来了，这年克里米亚战争爆发，他立即加入英法联军，与俄国人打了起来。因为他知道，没有法国人的帮助他不可能打败奥地利人，他无论如何也要获得法国人的帮助。

就这样加富尔便和拿破仑三世成了朋友。他们商定，由法国来帮助撒丁王国打败奥地利人，撒丁则把位于意大利与法国交界处的萨伏依和尼斯让给法国。

有了法国这个强大的盟友后，1859 年，撒丁便向奥地利宣战，向意大利的奥地利人发动了进攻。

战争异常顺利，几仗之下，奥地利人就大败而逃。

此时拿破仑三世害怕一个强大统一的意大利会妨害法国的利益，所以半路上单独与奥地利人签了和约。

这样一来，撒丁人势单力孤，也只好作罢了，但他们统一了几乎整个北意大利，中部各邦也获得了独立。

1860 年 3 月，在英国的支持下，中部意大利各邦举行了公民投票，宣布合并到撒丁王国。

接下来就是征服南部的两西西里王国了，这个任务是由加利波第完成的。

1860 年 5 月，加利波第率领一千名"红衫军"登上了西西里岛。他们在西西里岛受到了意大利人的欢迎，他们与红衫军一起向奥地利人杀去，三个月之内就解放了整个西西里岛。接着加利波第又回师大陆，继续进攻，到 11 月，整个两西西里王国回到了意大利人手中。

为了建立统一的意大利，胜利后的加利波第将他征服的土地献给了撒丁王国。

这样，意大利的北中南三部都到了撒丁王国手中。

1861 年 3 月，撒丁王国改名为意大利王国。

这时候只剩下东部的威尼西亚和罗马尚未统一。

1866年，在普鲁士的压力下，奥地利同意把威尼西亚交给意大利。

这样意大利最后只剩最重要的城市罗马没有回归祖国了。这里原有法国驻军保护教皇，1870年普法战争爆发后，法军匆匆撤走，意大利军队立即向罗马进军，兵不血刃地占领了罗马。

意大利的统一至此完成，从此西方的历史舞台上多了一个重要角色。

大战由来

自从1814年拿破仑帝国崩溃后，欧洲平静了下来，有了百年的和平。

当然这并非彻底的和平，欧洲也仍有冲突，像普法战争和克里米亚战争。但欧洲总体上还是平静的。

在正式讲述第一次世界大战之前，我们先探讨下它爆发的原因。

第一次世界大战爆发的第一个原因是欧洲力量发展的不平衡，德国壮大成为欧洲首强，想得到首强所"应有"的一切，这种贪婪之心是第一次世界大战爆发的主要根源。

当然不只是德国，这时候西方列强都有自己的野心。

列强的野心

普法战争中打败法国后，德国在军事上成了欧洲第一强国，经济上1910年德国已是欧洲第一、世界第二的强国。

此后德国仍在飞速发展，到第一次世界大战爆发的1914年，德国的钢铁产量已经超过了英国和法国的总和。

德国的目标是要建立一个大日耳曼帝国，它的疆域应当包括所有德意志人和日耳曼人，其中有丹麦、荷兰、比利时、瑞士、奥地利等国，还要让波兰及整个巴尔干半岛，甚至土耳其帝国做它的卫星国。这只是帝国的本土，德国还想在全世界夺取足以与英国匹敌的殖民地。

法国想的自然首先是收复阿尔萨斯和洛林，其次是把北非的摩洛哥等地纳入殖民版图，并重新成为欧陆老大。

英国的目的则要"保守"一点，它只要保住自己已经夺得的殖民地就行了。

俄国的目的还是在黑海找到"呼吸的窗口"，控制黑海和由黑海通向地中海的门户博斯普鲁斯海峡，进而占领君士坦丁堡，控制包括波斯在内的整个波斯湾地区。它的另一个长远目标是要把俄国变成一个"斯拉夫帝国"，这个帝国将包括所有斯拉夫人居住的地区，这样它首先就要控制整个巴尔干半岛。

还有意大利，它虽然统一了，但觉得自己还不够大，认为奥匈帝国占着它的领土，因为这些领土上面住着意大利人。

至于第一次世界大战的直接祸首奥匈帝国，它远的目标是把整个巴尔干半岛都夺到自己的手中，近的目标则是把巴尔干半岛上几个小邻国如塞尔维亚弄到手中。

从上面西方列强的野心中可以看到，德国始终处于矛盾的中心：它想抢夺英国的老大地位；想保住阿尔萨斯与洛林，进一步削弱法国；它与俄国都想控制巴尔干和土耳其。

当然不只德国与英、俄、法有矛盾，可以说任何两个国家之间都有矛盾。不过矛盾向来有大有小，有主有次，相比前面这些，其他矛盾就显得次要了。

第一次世界大战就是这些矛盾激发的结果。

合纵连横

这时的欧洲与中国战国后期的局势颇为相似，欧洲列强像战国七雄一样，为了各自的利益合纵连横，结成不同的集团。

第一个大搞合纵连横的是俾斯麦。他打败法国后就到处穿梭活动，达成"三帝同盟"：1872 年，也就是普鲁士打败法国才一年，在俾斯麦的策动下，俄国沙皇、奥匈帝国皇帝和德国皇帝的代表在柏林会面，商议成立"三帝同盟"，规定三国有事互相商量，遇到威胁时互相帮忙。

但"三帝同盟"不久就瓦解了。因为德国想做老大，想把法国压得服服帖帖，想把巴尔干纳入它的势力范围。俄国如何能够容忍德国这个暴发户压在自己头上？何况巴尔干半岛早就是俄国梦想的斯拉夫帝国的关键之地，它如何会让德国和奥匈帝国的德意志人占了去？

1875 年，当德国想再打法国时，俄国提出反对；当俄国在 1878 年打败土耳其，占领保加利亚，把大半个巴尔干半岛纳入自己的势力范围——它的斯拉夫帝国之梦终于有了曙光时，德国和奥匈帝国毫不犹豫地站起来反对，这样"三帝同盟"就完了。

这时还剩下德奥两帝。这两兄弟都是同文同种的德意志兄弟。

这样德奥两国不可避免地迅速接近了。1879 年 10 月，两国签订秘密条约：规定如果它们其中一个受到俄国攻击，那么另一个要全力支援；而如果其中一个受到俄国之外的其他国家的进攻，那么另一个则要保持"善意的中立"。

过了 3 年，意大利也参加进来，它这样做是因为法国老是欺侮它，还在北非抢走了意大利认为属于它的突尼斯。现在统一了的意大利哪还会像从前一样默默忍受呢？

意大利参加的结果是得到了德奥的保证：如果法国向意大利开战，那么它们将全力支援；如果法国向德国开战，那么意大利也要支援德国。

这就是所谓的"三国同盟"。

面对这样的情形，法国和俄国迅速接近，于 1892 年正式签订了同盟协定：如果俄国受到德国或德国支持的奥匈帝国的进攻，那么法国将动员 100 万以上的大军进攻德国。如果法国受到德国或德国支持的意大利的进攻，那么俄国也将动员近 100 万大军向德国宣战。

这样欧洲大陆就形成了德奥意为一方，俄法为另一方的敌对局面。

与欧洲大陆只有一水之隔的英国又怎样了呢？

一开始英国采取了所谓的"光荣孤立"政策，两不相帮，但后来的局势发展使它改变了主意。

英国人发觉德国所想的不只是在欧洲大陆称霸，还想在全世界称老大，要建立一个领地遍及全世界的殖民帝国。更可怕的是，德国人还真有这个能力！

这时德国的工业产值已经高于英国，技术也更先进，英国所恃的唯有强大的海军，但德国已经造起了军舰，等英国回过神来时，德国已经是世界第二大海军强国了，无论是军舰性能还是水兵的战斗力，德国都不输英国。

英国人大惊失色，立即与法国人接近。

1904 年，英法签订了条约，条约解决了英法的一个主要矛盾：法国同意英国把埃及纳为殖民地，英国则同意法国占领摩洛哥。此后两国便携手对付共同的大敌德国。

英国与俄国之间本来就没什么深仇大恨，要解决的主要问题只是波斯。

于是，1907 年，英国与俄国也签订了协约，把波斯一分为三，北面归俄国，南面归英国，中间则中立，交给波斯王去统治。

至此第一次世界大战的双方——同盟国与协约国——形成了。德奥意是同盟国，英法俄是协约国。

大战爆发

现在我们来看看第一次世界大战到底是怎么爆发的。

第一次世界大战是在巴尔干爆发的。为什么会在巴尔干爆发呢？这是由巴尔干这个地方的特殊性决定的。

巴尔干的特殊性有两方面。一是人民十分复杂，有许多民族和国家，这些民族和国家，有的已经独立了，有的还处在土耳其统治之下，但正在为争取独立而奋斗。其中独立了的塞尔维亚最强大，也最有野心，它想建立一个包括所有塞尔维亚人在内的"大塞尔维亚"。二是巴尔干地区归属权尚未定。也就是说，只要有实力，谁都可以从中分一杯羹。这些想分羹的国家中，以德国、奥匈帝国、俄国和塞尔维亚最为积极。前两者都是德意志国家，而后两者都是斯拉夫国家。

为了争夺巴尔干，西方列强之间爆发了好几次危机。

第一次危机发生在 1908 年。1878 年，俄国打败了土耳其，在那一年处理巴尔干问题的国际会议上，土耳其的波斯尼亚和黑塞哥维那两省交给了奥地利管辖，不过它的主权还属于土耳其。到 1908 年，奥匈帝国突然宣布正式把波斯尼亚和黑塞哥维那两省并入自己的版图。这下塞尔维亚人气坏了，因为那两省的居民大部分是塞尔维亚人。塞尔维亚向俄国求助，沙皇便向奥匈帝国发出了战争威胁，听到这消息的德国皇帝向俄国发出了最后通牒，要求俄国人不得干涉。由于这时俄国人尚未从日俄战争失败的阴影中缓过劲儿来，不敢同强大的德国人干仗，只好忍气吞声。

这次危机表面上以塞尔维亚和俄国的失败而告终，但实际上只是旧恨之上又添了新仇。

平静了几年之后，1912 年，巴尔干又爆发了新的危机——两次巴尔干战争。

这年，几个已经独立了的巴尔干国家，包括塞尔维亚、保加利亚、希腊等国联合起来，向衰弱不堪的前领主发动了战争，为夺取土耳其在巴尔干半岛上的其他领土，他们在几周之内就取得了胜利。

然而战后瓜分胜利果实就没有那么顺利了。在战争开始前，参战诸国曾同意把马其顿和阿尔巴尼亚的一部分划给塞尔维亚。但在1913年为解决这个问题而举行的国际会议上，奥匈帝国反对把阿尔巴尼亚的土地交给塞尔维亚，并使阿尔巴尼亚成了一个独立国家。

这次事件，加上从前奥匈帝国对塞尔维亚的压制，激起了塞尔维亚人的极度仇恨。

正是这仇恨导致了奥匈帝国皇太子被暗杀。

1914年6月28日，这是一个历史将永远记住的日子。

这一天，奥匈帝国的皇太子弗朗茨·斐迪南大公来到了波斯尼亚的首府萨拉热窝，这里几年前才被帝国吞并。他选择在这一天来是一个极大的错误，因为这一天正是塞尔维亚人痛心疾首的日子：1389年的这一天，塞尔维亚帝国被土耳其征服，塞尔维亚人从此过上了亡国奴的生活。在塞尔维亚的爱国者们看来，这不正象征着奥匈帝国也想让塞尔维亚人再做亡国奴吗？塞尔维亚人的新仇旧恨一齐涌上心头，他们决定不顾一切地杀掉斐迪南。

6月28日上午10点左右，斐迪南遭到了第一次袭击，但只是擦破了点皮，大公仍然镇定地前往目的地，连路线都不改。这条路上已经埋伏了至少6批暗杀者。当大公的马车走到一个街的拐角时，一个青年冲了上来，朝大公就是一枪，大公的脑袋顿时开了花。

刺杀大公的青年名叫弗里雷·普林西普，他是波斯尼亚的塞尔维亚人，也是献身于建立"大塞尔维亚"的"黑手社"的成员。黑手社像现在意大利的黑手党一样，是个恐怖组织，目标是用暗杀、爆炸等各种恐怖手段来达到建立"大塞尔维亚"的目的，口号是"不统一，毋宁死"。

这只是一枪，然而它的声音立即震撼了世界。

失去皇太子的奥匈帝国做出了强烈反应。

7月23日，奥匈帝国向塞尔维亚递交了一份最后通牒，并要求在48小时内答复，这个通牒的条件极其苛刻。

48小时后，也就是7月25日，塞尔维亚答复了，在总共11项要求中，塞尔维亚只拒绝了1项，按当时德国首相的话来说，这几乎是一份投降书。

但对于奥匈帝国，最后通牒只是在为宣战找借口，因为在庞大的奥匈帝国眼中，小小的塞尔维亚哪里是它的对手？而只要打垮了塞尔维亚，整个巴尔干还不是它的天下了？

于是，奥匈帝国声称答复不能令它满意，28日正式向塞尔维亚宣战。

为了支持塞尔维亚人，俄国30日宣布全民总动员。

按照德国与奥匈帝国签订的协议，德国向俄国发出了最后通牒，要求俄国在12小时内停止总动员。对此俄国未予答复，8月1日，德国正式向俄国宣战。

与此同时，德国也向法国发出最后通牒，要求法国表明态度。

8月3日，德国又向法国宣战。

在宣战前的8月2日，德国向比利时发出了最后通牒，要求比利时开放边境让德国人进攻法国，比利时予以拒绝。8月4日，德国便派出大军向比利时扑去。

这天，英国以德国进攻中立的比利时为口实，向德国宣战。

至此，第一次世界大战正式爆发。

以后还有许多宣战：8月23日，日本向德国宣战。1915年5月，本来属于同盟国的意大利反戈一击，向德奥宣战。1917年4月，美国因为德国搞无限制的潜水艇战，向德国宣战。过了几个月，中国的北洋政府也向德国宣战。

到战争结束时，全世界共有 31 个国家宣了战。

所以这是一场不折不扣的世界大战！

第二十二章

第一次世界大战

从这章起我们正式迈入第一次世界大战的战场了。

我们将分三个阶段来讲述大战的具体进程。

第一次世界大战并不像拿破仑时期的战争一样,是一战定乾坤,它由一系列复杂的战争组成,甚至守与攻也是犬牙交错,守中有攻,攻中有守。

这场战争共持续了4年,这4年的战况也各有特色,不妨将战事按时间顺序来说。

由于整个战争都分成了两个战场:西线战场和东线战场,我们在介绍每一年的战争进程时将分别按东线和西线来说。

1914:初尝热血

前面讲到,战争开始的第一枪是在比利时打响的。由于前一天比利时拒绝了德军过境的要求,8月3日,德军大举侵入中立国比利时,比利时奋勇抵抗,第一次世界大战打响了第一枪。

西线战况

比利时军队虽然奋勇抵挡,但哪里是强大的德军的对手?到8月20日,德军已经攻克了比利时的首都布鲁塞尔。从21日起,德国主力便集中到了法比边境,准备从法国北部,也就是法军的左翼,向法军发动总攻。

这时的法军又怎样了呢?

此前法军的料想是德军会从阿尔萨斯与洛林的法德边境进攻法国,所以在这里修筑了坚固的工事,并把主力集中在这里。战争爆发后,法军便从这里向德军发动了进攻。德军并不与法军激战,而是缓缓地、秩序井然地退却。当法国人得意扬扬地冲进自己原先的领土时,发觉德军在他们的左翼发动了强大的攻势,这时退却的德军也顿时转入猛攻,把法军打得一下退回了原先的防线。这下法军东西两线同时告急。更为急迫的是西线,法军现在已经知道了德军的作战计划,而且这计划完全出乎他们的意料。

法军只得把军队紧急调往西线,英国则早就派出大军登陆法国,组成了英法联军。

再来看看法国西线的德军。

从21日起,集中到了法国北部的德军向法军发动了猛攻,展开了"边境战役"。由于德军准备充分,战略得当,兵力也较英法联军为多,一路势如破竹,法军全线溃退,德军长驱直入,到9月3日前锋已距巴黎不过15公里。

发觉局势危急的法军迅速调整兵力部署。把主力极速从东线和法意边境调往西线,因为东线有坚不可摧的工事,德军不大可能突破,意大利虽然参加了同盟国,但一直保持中立,且大有可能与同盟国反目。到9月4日,法军的重新部署已经完成,在西线德军进攻的正面集中了6个集团军的庞大兵力，仅仅在巴黎东北的马恩河地区就集中了 4 个集团军，共达 35 个半步兵师和 8 个骑兵师，而他们正面的德军只有第一和第二 2 个集团军，共 18 个半步兵师和 5 个骑兵师，大约只相当于英法联军兵力的一半。

这时一向行动神速、步调一致的德军犯下了一个致命错误：在第一和第二集团军之间出现了一个长达近 50 公里的空隙！

法军的飞机发现了这个致命的空隙，统帅霞飞立刻派出强大的英国集团军和法国第五集团军插入这一空隙。这样德军的第一、第二集团军陷入了被两面夹攻的被动局面。

德军统帅部意识到这个可怕的局面后，立即命令第一、第二集团军后撤，但已经来不及了，因为战斗早已开始。

从 9 月 5 日开始，德军第一、第二集团军与英法联军在马恩河地区展开了大会战。

这是一次人类历史上的空前大战：一是参战人数之众，二是战争之残酷。

就人数而言，交战双方共投入兵力约 200 万人，大炮 6600 余门。

就伤亡而言，双方共伤亡 37 万余人，其中德军的阵亡数是英法联军的 2 倍。

这就是第一次世界大战中第一次超大规模的战役——马恩河会战。

战争的结果是，开战以来气势汹汹的德军第一次遭受了惨重的失败，被迫迅速退往马恩河以北构筑防线。

接下来的战事是"向海跑"，德军和英法联军知道马恩河一带战事已暂停，于是把视线转向西边，双方都往大海边前进，力图从西北部向敌军进攻。

双方都从大海边直到马恩河修筑了坚固的防御工事，挖掘了深深的壕沟，还布上带刺的铁丝网和地雷。这时已经是 1914 年底。

从此西线便由运动战进入阵地战，由进攻战转入防御战，双方都主要蹲在壕沟里向敌人开枪。当然也有跃出壕沟进攻的时候，不过那常常等于送死。

这样的结果对德军是大大不利的，因为德国的原计划是想通过迅速作战打败法军，结束西线战事再去对付东线的俄军，以避免东西两线同时作战。这个计划现在彻底失败了，德军不得不面对一个现实：他们已经陷入东西两线同时作战的被动局面了。

再来看东线的战况。

东线战况

东线从波罗的海一直延伸到罗马尼亚，长达 1000 余公里，不过主战场是德俄边境。

大战爆发不久，法军大败，急请俄军迅速进攻，俄国未等军队集结完毕便向德军发动了进攻。

这时德军主力尚在西线，东线只有 1 个集团军和一些地方防御部队，共约 30 万人，俄军则有 2 个集团军，兵力大大超过德国。

战争开始之后，俄军大举向德军进攻。它的计划是兵分两路，沿着马祖里湖进攻，从两侧展开钳形攻势，包围歼灭德军。

针对俄国的分军战略，德军决定集中兵力各个歼灭敌人。

8 月 17 日，俄国第一集团军向德军发动了进攻，东线战役开始。

一开始，由于俄军占有兵力优势，德军接连被打退，向西退却。与此同时，俄国第二集团军也发起了进攻。

本来两个集团军之间没有什么间隙，彼此保持着密切的协同，但第一集团军接连打败德军后，便以为万事大吉，竟然开始休整起来。

第二集团军本来要会同第一集团军搞钳形攻势的,这时也莫名其妙地偏离了战线,这样在两个集团军之间出现了宽达100多公里的缺口。

德军立即发觉了这个缺口,知道机会来了,随即向俄国第一集团军集结兵力,取得了兵力上的优势。

德军先向俄军的两翼进攻,满以为自己仍处于优势的俄军并没有把侧翼的退却当作一回事,当他们终于发现情况不妙时,已经晚了,他们已经处于德军的包围之中。从8月26日开始,德军向第二集团军发动了猛攻,只用了3天,俄国第二集团军便彻底覆灭了。总司令萨姆索诺夫自杀,12万余俄军被歼。

第二集团军被歼后,第一集团军便落单了,这时德军从西线调来的两个军和一个骑兵师也到达了战场,加上原来的一个集团军,德军获得了兵力的决定性优势,从9月7日起向俄军发动了强攻,俄军抵挡不住,第一集团军很快就被歼灭了。

这样,在10多天的时间内,俄军两个集团军被歼灭,损兵25万余人。德军的损失不到俄军的十分之一。

但这并不是说在东线同盟国已经胜利了,在德军大胜的同时,奥匈帝国却危机重重。

这时俄军把奥匈帝国方面作为主战场,开战之始便集中4个集团军向奥匈帝国大举进攻,奥军不是对手,很快便瓦解,损兵近40万。

在更东边的塞尔维亚战场上,7月26日宣战后,奥匈帝国便集中了2个集团军向塞军进攻,一度占领了塞尔维亚的首都贝尔格莱德。然而塞军虽然装备奇差,40万大军只有10万支步枪,但他们士气高昂,唱着歌、端起刺刀一次次冲向奥军阵地,不但收复了首都,到1914年底,据一个塞军军官所言:"在塞尔维亚领土上不再有一个自由的敌军士兵了。"

1915：大战东线

第一次世界大战进行到第二个年头，许多事情发生了变化。总的来说，德国已经陷入了被动，因为它的战略计划遭到了重大挫折，东西两线被迫同时作战。

这一年的主力战场不再是西线，而是东线了。

东线战况

虽然在马祖里湖地区被歼灭了2个集团军，丢了25万人马，但俄国庞大无比的军队仍准备再次发动大规模进攻，计划仍是兵分两路：一路从北面进入德国，另一路从南面进攻奥匈帝国，并迅速把这个计划付诸实施。

德国方面，由于马恩河会战失败，小毛奇被撤了职，接替他的是法尔根汉，他决定不再在西线，而是先在东线与协约国决战。因为他已经看到，这时候在西线的深壕巨垒之前是不可能取得决定性胜利的。而通过前面与俄军的大战，他知道这时候的俄军比英法联军要弱一些。

1915年初，德国就大量从西线调兵到东线，最后东线的兵力已经占到了总兵力的一半以上。

1月开始，同盟国军便在东线发动了全面进攻，它也分南北两翼，南翼首先进攻，主要战场是奥匈帝国的喀尔巴阡山，奥匈帝国的军队哪是俄军的对手，不久便大败而逃，12万人成了俄军的俘虏。北翼德军却取得了胜利。但德国人发觉这样不行，一胜一败，并不能得到好处。于是改变了战略，决定不南不北，集中主力向俄军的中央突破。

德军把这看作东线的决定性战役，进行了充分准备，从西线调来了精锐之师，共有德奥的2个集团军，以及另外2个集团军作为后援。而俄军只有1个第三集团军，且兵力分散，装备也远不如德军整齐。

5月1日，德奥联军发动了闪电式强攻，俄军战线被迅速突破，德军长驱直入，3日，俄国第三集团军已被全歼。

俄军中央被突破之后，南北两线的俄军也防守不住，只得全线猛退，德军则全线猛攻，到9月，德军向东全线推进了300公里以上，俄方损失了约300万大军，从此一蹶不振。

1915年的东线战役以协约国的失败结束。

西线战况

东线的战况如此凄惨，那西线呢？好点儿，但也好不到哪儿去。

上面说到，马恩河会战结束后，战争由运动战转入阵地战，双方都修筑深壕固垒，战场陷入了胶着僵持的状态。

1915年，英法联军想趁德军将主力投入东线，西线空虚，一度发起进攻，却遭受到不小的打击，因为这年4月发生了战争史上一件具有重要意义的事。

4月的一天，英军像往常一样在阵地前注视着对面阵地的德军，他们甚至看得清德军不时在壕沟里晃来晃去的钢盔，清凉的海风从德军那边吹来。突然，他们看到对面德军阵地上飘过来一股黄色的烟雾，有一两米高，他们好奇地看着，谁也没把它当回事。

当这股烟飘到他们阵地上时，他们终于发觉有什么不对了，一触上这股烟，他们立即头昏眼花，眼泪鼻涕直冒，痛得在地上打滚。

这种黄色气体就是毒瓦斯。

从此，人类的武器库中便多了一样新式武器——毒气。它在第一次世界大战的战场上被大量使用，直到被禁用为止。

1915年的战事就这么结束了，对于协约国来说，这是悲惨的一年。英法联军加上前面俄军的损失，协约国共损失了近500万军队，同盟国的损失只有 100 万左右。

唯一的一个好消息是意大利决定抛弃与德奥的同盟，加入协约国了。

1916：血战之年

1916 年被称为决定性的一年，这一年发生了第一次世界大战中两个最大且最残酷的战役——凡尔登战役和索姆河战役，它们的规模与残酷程度远超前面的马恩河战役。

先来看看凡尔登战役。

凡尔登绞肉机

经过 1915 年大战，同盟国虽然取得了一系列胜利，但远没能彻底打败协约国。战争无限制地拖下去对同盟国肯定是不利的，因为德国必须不停地两线同时作战。前面已经看到了，每当东线吃紧时，德军便只能赶紧把军队向东线调，西线吃紧时也是一样，这样调来调去，德军累也累垮了。

所以德军还得赶快在两线之一取得胜利。但哪一线呢？按理说是东线，因为俄军被德军打得伤了元气。然而德国人没这个勇气，德国统帅部深知，俄军尚未投降，如果要彻底打败俄军，必须深入俄国境内去追歼俄军，但俄罗斯的茫茫大地等于是一片无边的沼泽，谁踏进去都有可能出不来。

那么就只好在西线一决雌雄了。

德军再次把主力从东线调往西线，准备决战。决战地点定在凡尔登。

凡尔登是巴黎东面稍北的一座要塞，是法军整个防线的中枢，也是通向巴黎的大门。德国一旦打下了凡尔登，法军整个防线就被切成了首尾不能相顾的两段，同时巴黎也将危在旦夕。

但德国人选择凡尔登作为决战之地的真实目的是要在这里歼灭法军主力,并瓦解法国人的抵抗决心。这就是此时德军统帅法尔根汉的观点。他说,凡尔登将成为"碾碎法军的石磨",法国人将在凡尔登"流尽最后一滴血"。

为了把法尔根汉的话付诸实践,德国人竭尽一切努力。从1915年1月开始,德国人就着手进行大战的准备。由精锐的第五集团军担任主攻,包括17个整编师、27万多人、1200多门大炮,司令官是德国皇太子。这时防守凡尔登的法军只有11个师、约10万人、600多门大炮,与德军相比处于绝对劣势。

2月,德军的准备完成了,向凡尔登的法国守军发动了疯狂进攻。先是漫天风雨般的炮轰,持续了8个小时,发射炮弹200万发以上,又放毒瓦斯,把整个凡尔登变成了寸草不生的人间地狱。法军大部分工事被摧毁,许多士兵在炮火中变成了灰尘。德军这时才发动进攻,一下撕开了最初几道阵地,法军危在旦夕。

这时法军统帅部知道了德军的目的,立即调集可以调动的一切人力物力驰援凡尔登,又任命贝当担任凡尔登前线总指挥。

贝当知道一切取决于增援的速度,他以罕见的速度组建了一支包括近4000辆卡车、1万名人员的运输大队,把几万吨物资、近20万名援军运往凡尔登,使凡尔登的法军在兵力上取得了优势,加上他们是凭险固守,德军再难以攻破。但德军把这儿当作整个战争的关键点,只能孤注一掷,发动了一次又一次排山倒海般的炮轰和冲锋。

在残酷无比的血战中,整片树林被削得像割去谷穗的田地,所有覆盖物都弹痕累累,所有道路都像翻耕过似的。到处都是各种残骸、被击毁的战车、大炮,碎成一块一块的尸体,几个月来都是如此。

虽然德军攻势如此凶猛,法军的守势却坚如磐石,他们边奋勇抗击,边高呼口号："他们不可通过！"

如此残酷的血战一直持续到7月。7月之后，德军已经筋疲力尽，加上英军在索姆河，俄军在东线发动了攻势，德军被迫从凡尔登调兵驰援这两处，在凡尔登的攻势便缓了下来。法军一看这势头，立即发起反击，他们兵力这时已经远强于德国，几战下来，德国人几个月来费了无数鲜血占领的一点土地全丢掉了。

在凡尔登血战中，同盟国和协约国共损失约70万人，双方的实际战果是"0"，当战役结束时，在凡尔登战线上，德军和法军的阵地仍在原处。

不过，如果更进一步看，是德军在这场战役中失败了，而且败得很惨。因为德军原来的目标是把凡尔登当作"碾碎法军的石磨"，想在这里彻底打败法军，歼灭其有生力量。但他们远没能实现这个目标，甚至连便宜也没捞着，战役中德军的损失与法军一样大，要知道同盟国这时的后备军力已经远不如协约国了。又由于德军在凡尔登战役中损失了大量精锐之师，从此德军再也没有力量发动大规模的攻势，而协约国却开始频频反攻了。

因此凡尔登战役是第一次世界大战的转折点。

在凡尔登战役进行得热火朝天时，为了缓解对法军的沉重压力，英法联军决定以英军为主发动一场新战役，地点选在索姆河。

索姆河大反击

索姆河是法国北部德军的一条主要防线，其重要性就像凡尔登之于法军一样。所以英法联军选择这里为突破口，向德军发动大反击。

为了把这场英法联军的第一次大反攻打好，协约国军做了精心准备：39个师的庞大兵力，上千万发炮弹，并且将在不到40公里宽的区域内运用它们。

战役从 6 月 24 日打起，像德国人打凡尔登时一样，先是长达一个星期的猛烈炮火，把德军阵地像耕田一样翻了一遍又一遍。从 7 月 1 日起，步兵们发动了冲锋。

但德军在索姆河不仅有地上防御工事，还有更为坚固的地下工事，被炮火摧毁的只是地表工事，当英法联军攻上来时，德军像从地下冒出来般对英法联军进行扫射。

结果是悲惨的，进攻的第一天，光英军就损失了 6 万人，更悲惨的是，英军失去了一半以上的军官，这是整个第一次世界大战中最大的军官损失。

然而战争还得继续，英法联军按既定的战略不顾伤亡地发动一次又一次冲锋，并且规模一次比一次大，援军源源不断。到 8 月份，进攻的英法联军已达 51 个师，防守的德军也有 31 个师。结果呢？在最远的地方，英法联军的推进也不到 10 公里，而且是以近 30 万的伤亡为代价的。

以后战争规模还在扩大，双方都像着了魔似的拼命往索姆河这个小地方投送兵力。到 10 月份，英法联军的规模竟达 70 多个师，兵力超过 100 万，还有近 2000 门重炮和大量作战飞机。用如此庞大的兵力发动的进攻之猛烈可想而知，然而德军也十分顽强，宁死也不后退一步。

到 11 月，天下起了大雨，本就被炮火打烂了的道路成了烂泥塘，不但汽车通不过，甚至人都没法走，在这样的条件之下，英法联军只得停止进攻。这样，规模空前的索姆河之战只好不了了之。

索姆河大战中双方的损失是这样的：英军 40 万、法军 20 万、德军 50 万，总共约 110 万，又是一项世界纪录。英法联军共往前推进了 11 公里。此后双方再筑壕沟，又打起了阵地战。

表面看来，英法联军付出了如此大的损失不过前进了这么一点，代价实在太大，颇为不值，这次进攻是失败的。但从另一个角度看，协约国在德军精心构筑的坚固阵地上推进了10多公里,这是德军的重大损失。而且经过此次的大消耗,德军再也难以充分补足人力物力,而协约国相反,它仍可以源源不断地补充所有损耗。

这是因为英国和法国的国土面积和人口数量都远超德国,英国和法国还有广阔而富庶的殖民地,且牢牢控制着大海,可以从海上运来战争资源。此外,由于制海权在手,协约国还可以通过与世界各国特别是美国做生意,买到大量武器装备。可德国呢,不但本国的土地和人口远不如英法之广之众,还因为没有制海权,仅有的几块殖民地也被协约国夺去了,更不能通过与美国等做生意来买到所需的战争物资。国内储存的那点资源哪经得起几次如凡尔登和索姆河这般的大战。

到这年年底时,协约国的军队总数已达425个师,而同盟国只有331个师。更可怕的是,协约国背后的资源无以数计,同盟国却寥寥无几。

说到底,战争的最后较量就是实力的较量,谁有最充分的战争资源,谁就能取得胜利。

在索姆河大战中,还有一种新式武器第一次登上了战场,这就是坦克。有趣的是,这种新式武器的制造者不是英国陆军,而是英国海军,英国陆军认为这玩意儿根本没用。

东线战场

在英法联军与德军苦战于凡尔登和索姆河时,为了减轻压力,英法力促业已衰弱不堪的俄国再发动一次新的攻势。

俄国只得同意,不过不敢选择攻击强大的德军,而是选择了较弱的奥军为对手。这年夏天,俄军在加里西亚发动了进攻。俄军总司令是布鲁西洛夫,这是一位优秀的将军,决定采用集中优秀兵力进行中心突击的战略,像去年德国人把俄军打得很惨的那场仗一样,但他做了一点改动,为了麻痹敌人,他一方面集中主力,另一方面派出了许多小部队在长达千里的几十个不同地点进行攻击,令敌军摸不着主要进攻方向。

6月4日,进攻开始了,奥军果然摸不准俄军的主攻方向,有强大的后备军也不知往哪儿放。俄军的主攻十分顺利,奥军的阵线简直像豆腐做的一样一冲即破,俄军一拥而上,三天工夫便推进了近40公里,还抓了7万多名奥军俘虏,奥军几乎是丢盔弃甲,望风而逃,俄军很快占领了加里西亚。

但不久,奥军回过神来,大批德军从其他战场调过来,发动了反攻,俄军被迫停止了攻击。

比起前面的两场大血战,这次战斗算不上激烈,不过俄军的战果可不小,消灭的奥匈帝国军队多达150万,俄军的损失只有敌人的三分之一。

日德兰大海战

除了东线和西线的陆上大战之外,1916年在海上也进行了规模空前的一场大海战——日德兰大海战。

当时英国的海军堪称世界之最,规模与力量无与伦比,德国人在陆上藐视英国人,但在海上却不敢造次。德国虽然已经有了一支庞大的海军,军舰的质量可能是最好的,但开战以来只偷偷派了一些小分队到海上游弋,专门找英国商船的麻烦,其主力舰队一直待在港口里。这样制海权一直牢牢控制在英国人手里,德国的海岸也被牢牢封锁住了。

战争进行了两年之后,德国人一天天感到资源的匮乏,而资源就在大海彼岸。他们自信强大的海军也只能待在港口无所事事。为了摆脱这个局面,德国海军决心放手一搏。

1916年5月的最后一天,德军庞大的"公海舰队"起锚了。这时大雾弥漫,德国舰队像一群巨大的恐龙游进了大海。

他们驶入大海没多远，在丹麦的日德兰半岛附近的海面碰上了英国军舰。自大战爆发后，英国军舰就在这一带秘密布防，随时都有军舰监视海面。

最先打起来的是双方开路的前卫舰队，一开始英国就吃了大亏，两艘庞大的战列巡洋舰被击沉。英国人一边逃跑，一边向主力舰队求救，德国舰队一看敌人逃跑，大喜之下，猛追过来。下午6时左右，英国的主力舰队赶到了，双方立即以全部主力展开了规模空前的大海战。德军努力战斗，开始击沉了不少英舰，但后来看到英舰越聚越多，简直像狼群一样围着数目少得多的德舰又撕又咬，德军知道寡不能敌众，只得退出战场。英军得势不饶人，一路猛追，德军且战且退，终于退回了基地。

这次大战中，英国一共投入了战舰150多艘，德舰只有约100艘。战斗的结果是：英国舰队损失舰只共14艘，战列巡洋舰3艘、装甲巡洋舰3艘、驱逐舰8艘，海军士兵损失近7000人。德国损失了舰只11艘，战列巡洋舰1艘、轻巡洋舰4艘、老式战列舰1艘、驱逐舰4艘，海军士兵损失约3000人。

从上面的数目看得出来，英国损失的军舰不但数目多，而且都是大型舰只，包括6艘巡洋舰。像前面的凡尔登战和索姆河战一样，英法联军损失的数量都大于德军，但实际上这次又是德军失利了。其原因也与前面一样，英法联军的战争资源比德国要大得多。例如军舰，德国总共就这么几艘，损失了一艘就少一艘，而英国有好几百艘，损失一二十艘根本算不了什么。

此役之后，英国舰队仍然牢牢控制着大海，牢牢封锁住了德国海岸，德国的军舰再也不敢出去冒险了。

1917：危机迭起

1917年是第一次世界大战最奇特的一年，整个西方世界的战争乃至政治像万花筒一样不断地变幻着，同盟国和协约国双方都体会到危机与幸运交织的复杂局面。

三件大事决定了这一年的战局：协约国大反攻、美国参战和十月革命。

反攻的悲剧

经过1916年的僵持，在凡尔登战役和索姆河战役中没有吃大亏的英法联军认为他们赢了，决定对德军实施大反攻。领导者便是在凡尔登战役中英勇奋战，挡住了德军狂攻的尼韦勒。他认为现在联军可以凭强攻打破德军的防御，所以这场反击战就被称为"尼韦勒战役"。

尼韦勒的具体计划是围歼两军阵地之间德军阵地的一块突出部（战线中深入对方战线的部分）。先由英军发动佯攻，再由法军发动主攻，然后两军会合，把围在突出部里的德军消灭。

然而这时候德军已经知道难以主动进攻，早就做好了坚守准备，他们筑起了一道坚不可摧的前沿阵地，史称"兴登堡防线"，静静地等待敌人来送死。

4月，英军首先按计划发起了攻势，几天后，法军开始了猛攻，先是长时间的猛烈炮火，再以54个师，加上100余辆新式武器——坦克的庞大兵力向德军阵地发起了冲锋。

德军的阵地岂是那么容易突破的？英法联军面临的是德军密如雨点的子弹炮弹。冲锋的军人们成片成片地倒下，德军阵地前很快就堆满了英法联军的尸体。然而尼韦勒不顾性命地发起一波又一波冲锋，当士兵们的尸体布满了阵地，填满了壕沟，他仍命令士兵们踏着同伴的尸体继续冲锋。

到5月初，英法联军已经蒙受了40万的死伤，其中绝大部分是法军，却几乎没能前进一步，躲在壕堑里的德军的损失要小得多。当尼韦勒还想让士兵们再冲锋时，他们再也忍不住了，公开起来反对这种明显毫无意义的屠杀，甚至要举行起义。这样一来，尼韦勒被迫下台，由比他更为谨慎的贝当接职。

贝当深知这时法军面临军心动摇的危机，就对英军宣布法军需要休整，暂时停止作战。

看到法军军心已乱，没法再战。为了避免整个战局的被动，英军于是单独发动了几次猛烈的进攻。

第一次进攻是在6月，英军先用新式高爆炸药对德军阵地进行了狂轰滥炸，一下就炸死了成千上万名敌军士兵。然后用坦克为前导，加上飞机，开始了冲锋。这次比法军在整个"尼韦勒战役"的成果都要大，占领了德军阵地一个突出部。

第二次进攻在7月底开始，又以同样的方法进行。然而这次德军有经验了，进行了猛烈而有效的抵抗，这时天又下起了大雨，使英军的推进更加艰难。经过近4个月的战斗，英军的推进不过五六公里，却为此付出了30万士兵的代价。

接着英国又进行了一轮新的攻击，仍旧没多大收获。这次英军开创了一种将成为以后世界战争经典形式的新战术——坦克集群战。从此坦克不仅为步兵冲锋打配合，而且也成了冲锋陷阵的主力。

总的来说，这个阶段英法联军的大反攻算不上胜利，他们既没占领多少敌军阵地，又遭受了巨大损失。不过德国的战争资源已经日渐捉襟见肘，而英法的人力物力都很充足。

但这还不足以制胜，直到一个新帮手——美国人——的到来。

美国人来了

第一次世界大战一开始,当时的美国总统威尔逊就宣布美国将严守中立。

不过美国所谓的中立很快就在事实面前变成了空话。由于英国拥有强大的海军,大战一开始它立即封锁了德国等同盟国的海岸线,德国一切需要跨过大洋的贸易就此中断了。

这时美国的商人们如果想做生意找谁呢?当然只能找协约国,协约国也开始大批大批地向美国购买几乎一切物资。英国本土除了一些煤和铁之外,谈不上有什么资源,粮食都要进口。现在战争爆发了,各种战略物资用量庞大无比,要进口的也更多了。从哪里进口呢?当然首推美国。因为美国几乎拥有协约国所需要的一切东西,从枪支弹药到粮食布匹。

这样,大战开始之后,协约国,特别是英国,从美国大买特买。英国人先是支付现钞,后来现钞没了,就把原来拥有的美国政府的债券和各种股票全卖掉。后来还是不够,便大把大把地从美国各大银行借钱,再用这些钱向美国各家工厂大肆购买。这种购买对协约国的好处有两个:第一个是得到了急需的各种物资;第二个是借了美国人很多钱,如果协约国失败了,它们的经济就会彻底崩溃,钞票将变成废纸,所以他们要想尽一切办法使协约国不败。

怎么让协约国不败呢?除了提供大量的物资之外——那已经做得不可能再好了,最直接的办法是派兵直接打。

一般史书把这当作美国参战的主要原因。这诚然是对的,但许多史书都有意无意地忽视了一个事实:美国之所以站在英国一边,还有一个主要原因是他们同文同种,甚至可以说是同一个民族。所以美国人绝不会看到与自己同文同种的英国人被动挨打而袖手旁观。

再来看看第一次世界大战中其他诸国吧。为什么俄国要向奥匈帝国宣战呢？因为奥匈帝国要打塞尔维亚。为什么俄国人要帮塞尔维亚人呢？因为他们都是斯拉夫人。为什么德国要同奥匈帝国结盟，而且同盟如此牢固呢？难道不是因为它们都是德意志国家吗？

使美国正式向德国宣战的直接原因是德国在 1917 年 2 月 1 日宣布进行的无限制潜水艇战。

当英国海军不可战胜时，德国人发明了一种足以对英国的海军造成毁灭性打击的新式武器——潜水艇。这种潜伏在水面下的军舰对英国水面上的军舰是一个极大的威胁。

2 月 1 日之前，德国人所造成的损失还不足以切断英国人的海上生命线，主要是因为德国人不敢打中立的美国的商船，只能听任这些商船把粮食乃至武器弹药送往英国。

面对这种情形，德国人知道他们唯一打败英国的办法就是用潜水艇击沉所有前往英国的商船，这样一来，得不到粮食和武器的英国必定坚持不了几个月，英国一旦失败，法国的投降也指日可待了。

于是，2 月 1 日，德国正式宣布实行无限制潜水艇战，即对前往英国等协约国的任何船只，哪怕是中立国的，也一律袭击。

战果是惊人的：仅仅 2 月到 4 月，德国的潜水艇就击沉协约国商船约 1000 艘，近 200 万吨。整个 1917 年被击沉的船只近 700 万吨。英国人再会造船也赶不上沉船的速度。

同时被击沉的还有好几艘美国的商船。

正是这件事促使威尔逊于 1917 年 4 月 2 日在国会宣读了他的《战争咨文》。

两天后，美国正式向德国宣战。

这个宣战对于战局的影响非常大。美国在大战之初的 1914 年已经占世界工业总产值的36%,是德国的两倍多。

这些资源现在都将投入对德国的作战之中。

对于德国而言,这可不是简单的危险,而是致命的危机,不可避免地决定了它及其盟友的命运。

不过,由于路途遥远,美国要组织一支百万大军,再把他们运过宽阔的大西洋可不是一件容易的事。所以美国虽然宣战了,但要让这宣战像一把利剑插到德国人头上还得等到第二年。

俄国革命

1917年,还发生了一件事,给了协约国沉重的打击:俄国发生了革命,并且在这一年退出了战争。

俄国发生的革命共有两场,分别是二月革命和十月革命。二月革命推翻了沙皇政权,不过新政府仍支持把对同盟国的战争打下去。十月革命后,在列宁的领导下,俄国立即退出了战争,同德国政府签订了《布列斯特—立托夫斯克和约》。根据和约,新建的苏维埃政府放弃了325万平方公里的国土,上面生活着6200万人口,有俄国一半的工厂、四分之三的铁和煤。

俄国与德国签订和约,付出大片领土,退出战争对几乎要失败了的同盟国无疑是天上掉下来的馅饼,他们立即将军队从东线全调到了西线,这样德国人终于摆脱了东西两线同时作战,往往顾此失彼的窘境,可以集中力量在西线与协约军一战了。

而对于协约国呢,胜利的希望转眼间化作了又一次危机。

1918:决战之年

这年是第一次世界大战的最后一年,一切都将在这一年见分晓。

年初,因为以胜利者的姿态与苏俄签订了和约,德国觉得又有了胜利的希望，立即将东线的40万大军调往西线，同行的还有一种叫"贝尔塔斯"的巨炮。这种巨炮一门就像一列巨大的火车在铁路上行驶，据说口径达五六十厘米，一发炮弹有几吨重，是前无古人、后无来者的巨炮。

德国人也知道，在夏天到来之时将会有上百万的美军到达欧洲，一旦这支生力军到来，德军将无法抵挡。他们最后的希望是在美国大军在欧洲登陆之前彻底击败英法联军，结束战争。

德国人的这个想法是正确的，然而命运女神是否会再一次眷顾英国人呢？

隆冬过去之后，从3月开始，德军用所有力量孤注一掷，一连发动了5次攻势。

第一次攻势从3月21日开始，在70公里长的地段上，德军集中了62个师、6000门火炮、1000架飞机，分3波向英法联军发动了猛攻。德军人人被告知，德意志的光荣在此一举。这时对面的联军兵力只有德军的一半，火力也处于劣势。在德军的狂轰猛炸之下，联军的阵线不久便被突破，伤亡惨重。德军在英法联军中间撕开了一道长达15公里的缺口，从这里德军可以直抵亚眠，如果他们能控制这个战略要地的话，巴黎将在他们面前大门洞开。并且，由于这时英军与法军事实上各自为战，缺乏必要的协同，如果德军趁此机会投入所有力量，或者直捣巴黎，包围法国人的首都，或者从亚眠往西横扫，消灭已经被打得很惨的英军，那么战争的结果可能会不一样了。

然而，德军在这里再一次犯了兵家大忌，兵分三路，各自为战。战场上的胜机就像棋盘上的胜机一样，往往转瞬即逝。受到挫折的英法联军纠正了他们的错误，建立了统一的指挥，法国总参谋长福煦被任命为联军统帅，统一指挥所有协约国部队。同时法军针对阵线的薄弱，立即调来重兵驰援，堵住了德军进一步攻击的通路。这时美军已经开始源源不断地到达，他们立即被派往西线，仅3月份就有近10万人。这些都弥补了德军开始攻击造成的损失。

从4月份开始，到7月份，德军先后又展开了4次攻势，每月一次，不过战果并不辉煌，反而损失了近百万的兵力。到最后一次攻势结束时，德军已经山穷水尽，再也无力进攻了。

对于将胜利建立在不停进攻之上的德军，停止进攻就意味着失败。

7月，就在德军最后一次攻势失败之时，协约国军立即准备反攻了。美国大军已经全部登陆法兰西，达百万之众。他们都是美军的精锐之师，养蓄已久，装备精良，战斗力之强可想而知。

联军决定第一步先攻占德军阵地的突出部。

8月6日，联军大反攻开始，英美法联军一齐出动，以法军为主力，在第一次世界大战发生第一次大战的马恩河地区向德军发动攻击，攻占了德军阵地的突出部，俘虏德军3万。

两天后，联军向亚眠突出部的德军发动猛攻，由于联军此时无论火力、兵力还是士气，都居于绝对优势，猛攻之下，德军在第一次攻势中费尽千辛万苦夺占的亚眠突出部在2天后就失去了，又损兵7万多。

这时协约国知道德军已经筋疲力尽，不堪一击了，但为了使它们不能全师退回国内，东山再起，联军决定发动全线反击，将德军全歼于前线。

9月26日，联军总攻开始，在西线全面进攻，由于这时候联军的兵力已经数倍于德军，福煦下令全线进攻任何有德军的地方。在联军绝对优势力量的打击之下，德军全线崩溃，号称固若金汤的"兴登堡防线"在三天之内便被击破。

此后的战争是一幕猎人追逐猎物的游戏，联军从法国一直追到比利时，快要追到德国本土了。

这时的德军已经不堪一击，其实并非他们不能战，而是他们不想再战了。自从7月份第一次攻势被打败后，德军士气急剧下降，士兵的厌战情绪如雨后春笋般冒了出来。到联军开始发动反击后，以前坚忍顽强、极少投降的德国士兵这时几乎是整营整团地投降，有时协约国几名在战线上游荡的散兵也能俘虏德军的半个师。其实不是他们去俘虏的，而是这些德军主动找上门来投降的。至于没有投降的士兵们呢，他们也不打仗，他们回家去了。路上，当他们看到那些开往前线的新兵——大都是些十五六岁的少年或者五六十岁的老头——就大声地嘲笑他们，叫他们傻瓜，怂恿他们赶快溜回去。

这时候德国的盟友们呢？

9月30日，保加利亚宣布投降。

10月31日，土耳其宣布投降。

德国最重要的盟国奥匈帝国则更惨。这个庞大的帝国是由许许多多的民族组成的，除奥地利人之外，还有匈牙利人、捷克人、斯洛伐克人、塞尔维亚人等。这些民族本来就不服奥地利，现在一看帝国完了，乘机揭竿而起，纷纷宣布独立。

11月3日，业已穷途末路的奥匈帝国宣布投降。几天之后，帝国皇帝放弃了帝位，欧洲最古老的皇室之一就此消失了。

面对这样的现实，德国的领袖们知道打不下去了。其实早在9月底，德军统帅兴登堡就告知皇帝，德军已经无法再战，只能停战。皇帝也同意了，只是要求让他继续当皇帝，然而协约国是不会容许这样一个好战的家伙继续做皇帝的。仗便继续打下去了。

11月30日，已经绝望的德军统帅部决定进行临死前的最后一击：命令基尔港的海军出海与联军海军决一死战。这时基本上保存完好的海军是德国最强大的军力。但谁都知道，这等于叫他们去送死。水兵们如何会答应，他们以起义来回应。这消息顿时传遍全德国，激起了德国革命狂潮。德国一片混乱。

在这种情况下，德国首相强行宣布德国皇帝退位。2天后，德国宣布投降。

第一次世界大战结束了。

以下是这场到目前为止人类最大悲剧的简短实录。

参战国家：31个。

参战国人口：15亿，占当时世界总人口的3/4。

死亡人数：1850万。

受伤人数：约2000万，大部分人终身残疾。

直接经济损失：1805亿美元。

间接经济损失：1516亿美元。

损失之巨大、伤亡之惨重，超过迄今为止人类历史上任何战争。